新编高职高专经济管理类规划教材

会计基础实务

（第三版）

侯晓华　胡九义　编著

清华大学出版社

北　京

内 容 简 介

本书根据财政部颁布的最新《企业会计准则》编写，内容紧扣高职高专教育的培养目标，以技能培养为主，注重实践训练与案例分析，坚持理论以"必须、够用"为度，力求体现会计理论和会计实践的融合。

本书以会计核算实际工作为主线，介绍了从填制和审核凭证、登记账簿到编制报表等各个工作环节中的会计处理方法，结合会计要素与会计等式、复式记账与借贷记账法等会计基本理论，帮助读者初步理解和掌握会计知识。

本书既可以作为高职高专会计专业及相关经济管理专业的基础课教材，又可以作为在职会计人员培训及自学者的参考书。

本书的电子课件和课后习题答案可以到 http://www.tupwk.com.cn 网站下载。

本书封面贴有清华大学出版社防伪标签，无标签者不得销售。
版权所有，侵权必究。侵权举报电话：010-62782989　13701121933

图书在版编目(CIP)数据

会计基础实务/侯晓华，胡九义　编著. —3 版. —北京：清华大学出版社，2017（2019.8重印）
(新编高职高专经济管理类规划教材)
ISBN 978-7-302-46246-0

Ⅰ. ①会⋯　Ⅱ. ①侯⋯　②胡⋯　Ⅲ. ①会计实务—高等职业教育—教材　Ⅳ. ①F233

中国版本图书馆 CIP 数据核字(2017)第 010069 号

责任编辑：胡辰浩　马玉萍
封面设计：孔祥峰
版式设计：思创景点
责任校对：成凤进
责任印制：沈　露

出版发行：清华大学出版社
　　　　　网　　　址：http://www.tup.com.cn，http://www.wqbook.com
　　　　　地　　　址：北京清华大学学研大厦 A 座　　　　　邮　　编：100084
　　　　　社 总 机：010-62770175　　　　　邮　　购：010-62786544
　　　　　投稿与读者服务：010-62776969，c-service@tup.tsinghua.edu.cn
　　　　　质 量 反 馈：010-62772015，zhiliang@tup.tsinghua.edu.cn
　　　　　课 件 下 载：http://www.tup.com.cn，010-62794504
印 装 者：北京密云胶印厂
经　　销：全国新华书店
开　　本：185mm×260mm　　　　印　　张：13.75　　　字　　数：352 千字
版　　次：2009 年 1 月第 1 版　　2017 年 2 月第 3 版　　印　　次：2019 年 8 月第 3 次印刷
定　　价：48.00 元

产品编号：072232-02

前　言

《会计基础实务》于 2009 年首次出版，是高职高专经济管理类精品教材，是浙江省 2009 年度精品建设课程《会计基础》的配套教材，是根据财政部 2006 年《企业会计准则》及其应用指南进行修订的，具有实用性、时效性、仿真性等特点。

2011 年我国高等职业教育提出要以培养高端技能型人才为目标，对我们高职院校培养人才也提出了新的要求。同时，由于企业会计准则的进一步变化、我国会计准则的国际趋同、小企业会计准则的出台等原因，我们会计基础精品课程组对《会计基础实务(第二版)》进行了修订。修订后的《会计基础实务(第三版)》具有以下几个特点。

(1) 通俗易懂，注重实务操作。本书对原来的 8 个学习情境进行了调整，更加紧扣高职高专教育的培养目标，更加注重实践训练与案例分析，形成理论和实践交叉互动，在实践中学习理论、渗透理论的新模式。以会计人员实际工作过程的工作任务入手，每一个教学情境中具体工作任务的设计都融合了理论与实践，通过任务驱动式教学方法和案例教学法的运用，实现教、学、做三合一。

(2) 课证融通，紧扣考试大纲。为了突出“结合会计从业资格考试”的设计思路，本书在每个学习情境中都增设了“会计从业资格考试同步练习”，根据会计从业资格考试大纲及历年试题设置相应的习题，大大加强了学习者对会计从业资格考试的适应能力。

(3) 注重技能，突出专业特点。本书根据实际情况适当地增设了“知识拓展”板块，以满足学生在掌握基本理论知识的基础上，能够了解更多的知识要点。

本书由浙江东方职业技术学院的《会计基础》省级精品课程负责人侯晓华、胡九义、徐丹、许苗以及苍南三鑫金属制品有限公司财务经理陈小伦等人共同编写。

本书的编辑出版得到了清华大学出版社、苍南三鑫金属制品有限公司的大力支持。同时，在编写过程中，我们参阅了许多教材，引用了有关资料，主要的参考文献已列于书后，在此一并表示诚挚的谢意！由于水平有限，本书难免存在疏漏和不妥之处，敬请读者批评指正。我们的邮箱是 huchenhao@263.net，电话是 010-62796045。

本书的电子课件和课后习题答案可以到 http://www.tupwk.com.cn 网站下载。

会计基础精品课程组

2016 年 11 月

目　录

知识目标

- 理解会计与企业经济活动的关系
- 了解会计的产生和发展
- 理解会计的目标、职能和本质
- 理解会计核算的前提和基础
- 理解会计信息质量要求

技能目标

- 能够运用会计基础理论分析经济业务

任务一 认识企业

任务引入

什么是会计？作为一名会计初学者这是一个共同的疑问。要了解会计、懂得会计，就必须先来认识与会计密切相关的一个概念——企业。

➤ 任务 1：了解企业的利益相关者。
➤ 任务 2：熟悉工业企业的生产组织流程及相关经济业务。

任务分析

作为一种单位组织，除了企业，还有行政、事业单位等，它们也存在会计、需要会计，但本书主要讲述的是企业会计，行政、事业单位会计在其他相关课程中涉及，因此现在主要围绕企业，了解企业的不同类别，认识它们各自不同的经营业务。

知识链接

一、企业分类

企业是以营利为目的，从事生产经营活动、向社会提供商品或服务的，实行自主经营、独立核算、依法设立的经济组织。

1. 按照投资人的出资方式和责任形式不同，企业分为个人独资企业、合伙企业和公司制企业

(1) 个人独资企业。《中华人民共和国个人独资企业法》规定，个人独资企业是指依法在中国境内设立，由一个自然人投资，财产为投资人个人所有，投资人以其个人财产对企业债务承担无限责任的经营实体。独资企业由来已久，其典型特征是个人出资、个人经营、个人自负盈亏和自担风险。

(2) 合伙企业。《中华人民共和国合伙企业法》规定，合伙企业是指自然人、法人和其他组织依法在中国境内设立的普通合伙企业和有限合伙企业。

普通合伙企业由普通合伙人组成，合伙人对合伙企业的债务承担无限连带责任。

有限合伙企业由普通合伙人和有限合伙人组成，普通合伙人对合伙企业债务承担无限连带责任，有限合伙人以其认缴的出资额为限对合伙企业债务承担责任。

(3) 公司制企业。公司制企业简称公司，是指由两个以上投资人(自然人或法人)依法出资组建，有独立法人财产，自主经营、自负盈亏的法人企业。根据《中华人民共和国公司法》规定，公司是指依法在中国境内设立的有限责任公司和股份有限公司。投资人以其认缴的出资额为限对公司债务承担责任。

2. 按照从事经营活动内容的不同，企业主要分为工业企业、商品流通企业和服务型企业

(1) 工业企业主要从事工业性生产经营活动或工业性劳务活动，包括供应—生产—销售 3 个环节。

(2) 商品流通企业主要从事商品购销活动，包括购进—销售两个环节。

(3) 服务型企业主要从事交通运输、餐饮、住宿、旅游等服务性劳务活动，与前两者最大的区别在于提供的是服务产品。

二、企业利益相关者

利益相关者：指与组织有一定利益关系的个人或其他群体，他们能够被其他一个群体组织影响，同时也能对群体组织产生影响。可能是组织内部的(如雇员)，也可能是组织外部的(如供应商或压力群体)。任何企业都存在其利益相关者，一般主要表现在如下 6 个方面。

1. 投资者(股东)

投资者是企业中的最重要的利益主体，投资者的利益与企业的利益的相关程度最高，他们是企业的创始者，企业的营利性质直接来源于投资者追求利润的意图。投资者的出资形成了企业的财产；同时，企业财产又与投资者个人财产相分离。企业的财产来自股东的投资，投资者一旦将财产交给企业，就丧失了对该财产的所有权或者所有权受到限制。财产属于公司所有，股东无权抽回这部分财产，公司的注册资本属于公司的自有资本，这些资本是企业进行市场活动和对外承担责任的物质基础。

2. 经营者

企业的目标实现直接依赖于经营者的实践活动。经营者的内在需求是追求个人效用的最大化，包括物质方面的货币收入和职务消费，精神方面自我实现的成就感和社会地位。如何使经营者的个人动机符合企业和投资者的利益要求，必须依赖外部因素(投资者)和企业内部结构的监督、经理市场和其他市场的竞争力量制约的约束。

3. 员工

员工关心的利益主要包括：(1)工作保障；(2)合理待遇；(3)安全的工作环境；(4)日益改善的福利；(5)工作上的升迁与成长。

4. 债权人

企业的债权人关心企业的债息收入、公司运营情况，同时还关心通货膨胀和对其的法律保障。债权人对企业的实际影响力主要包括优先求偿权、信托契约和联合收回授信等。

5. 顾客

针对企业，顾客关心的利益主要是物超所值、价格合理；安全可靠的产品与服务；诚实的商品信息以及周到的售后服务。而顾客对企业也具有很大的直接影响力，顾客对企业的产品或其他行为不满时，会通过拒买抵制企业产品、检举企业不当的做法、购买竞争对手的产品以及反宣传和法律途径来维护自己的权益，影响企业的运转。

6. 政府

作为社会的管理者，承担着调整社会成员之间相互关系，维护社会持续稳定发展秩序的重任。国家对企业管理的目的主要有 3 种：一是为了维护社会秩序，包括经济秩序、治安及其他社会秩序，这可称为国家对企业的社会性管理；二是国家以税收等形式对企业进行财政性分配和再分配，实行财政性管理；三是国家为了促进社会经济结构和运行的协调稳定和发展，运用国家之手调节经济，而对企业实行的经济调节性管理。

各级政府关心的利益：税收来源、财政平衡、预算效率和良好的经营环境。

三、不同企业的经营业务

对个人独资企业、合伙企业和公司制企业而言，企业的经营业务并不会由于投资人的出资方式和责任形式而产生多大的差异，因此，不同企业的经营业务主要针对工业企业、商品流通企业和服务型企业来介绍，其中以工业企业的经营业务最为全面和复杂。本书主要以工业企业为例进行介绍。

1. 工业企业

工业企业的经营过程主要包括筹资、供应、生产、销售和分配 5 个方面。

(1) 筹资过程常见业务主要有两个：①收到投资者投入资本；②向银行等金融机构借款。

(2) 供应过程常见业务主要有两个：①采购原材料，验收入库；②购置设备，投入使用。

(3) 生产过程常见业务主要有 4 个：①领用原材料；②支付职工工资等薪酬；③支付其他相关费用；④产品完工，验收入库。

(4) 销售过程常见业务主要有 3 个：①确定销售收入；②确定销售成本；③确定销售过程中的相关税费。

(5) 分配过程常见业务主要有两个：①形成利润；②分配利润。

工业企业的经营过程如图 1-1 所示。

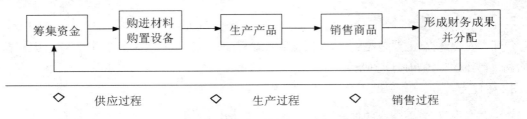

图 1-1　工业企业的经营业务流程

2. 商品流通企业

商品流通企业经营过程如图 1-2 所示。

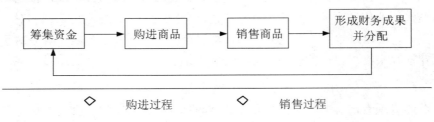

图 1-2　商品流通企业的经营业务流程

3. 服务型企业

服务型企业经营过程如图 1-3 所示。

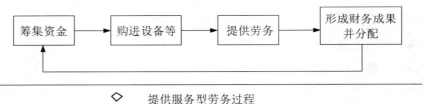

图 1-3　服务型企业的经营业务流程

 思考与讨论

1. 不是以营利为主要目的的组织有哪些?
2. 为什么说相比商品流通企业和服务型企业,工业企业的经营业务最为全面和复杂?

 实训题

结合自己所熟悉的某个企业的具体经营业务,讲述它的业务流程。

 案例分析

会计在经济活动中扮演什么角色

你能够用 500 元(人民币)或不足 500 元成功地创办一个企业吗?不管你相信与否,你的确能够。小张是东方学院人文系的学生,和其他大学生一样,她也常常为了补贴日常花销而不得不去打工挣一些零用钱。现在她正为购买一台具有特别设计功能的计算机而烦恼。尽管她目前手头仅有 500 元，可决心还是促使她决定于 2012 年 12 月开始创办一个美术培训部。她支出了 120 元在一家餐厅请朋友聚会，帮她出出主意，又根据自己曾经在一家美术培训班服务兼讲课的经验，首先向一个师姐借款 4 000 元，以备租房等使用；购置了一些讲课所必备的书籍、静物，并支出一部分钱用于装修画室。她为美术培训部取名为"周围"。随后她支出 100 元印制了 500 份广告传单，用 100 元购置了信封、邮票等。8 天后她已经有了 17 名学员，规定每人每月学费 1 800 元，并且找到了一位经济管理系较具能力的同学作合伙人。她与合伙人分别为"周围"的发展担当着不同的角色(合伙人兼作"周围"的会计和讲课教师)并获取一定的报酬。至 2013 年 1 月末，她们已经招收了 50 个学员，除了归还师姐的借款本金和利息计 5 000 元、扣减各项必需的费用外，各获得讲课、服务等净收入 30 000 元和 22 000 元。她们用这笔钱又继续租房，扩大了画室面积，为了扩大招收学员的数量，她们甚至聘请了非常有经验的教授、留学归国学者免费作了两次讲座，为下一步"周围"的发展奠定了非常好的基础。

4 个月下来，她们的"周围"平均每月共招收学员 39 位，获取收入计 24 000 元。她们还以每小时 200 元的讲课报酬雇了 4 位同学作兼职教师。至此，她们核算了一下，除去房租等各项费用共获利 67 800 元。这笔钱足够她们各自购买一台非常可心的计算机并且还有一笔不小的节余。但更重要的是，她们通过这几个月来的锻炼，明确了许多营销的技巧，也懂得了应该怎样与人合作和打交道，学到了不少有关财务上的知识，获得了比财富更为宝贵的工作经验。

分析：

(1) 会计在"周围"扮演了什么样的角色？

(2) 从案例中自己是不是获得了有关会计方面的许多术语，如投资、借款、费用、收入、盈余、投资人投资以及独资企业、合伙企业和公司等。

任务二　认识会计

任务引入

已经了解到企业的相关利益者、不同企业的经济业务，那么这些知识与会计之间究竟存在什么关系？会计又是什么？

> 任务 1：了解会计的产生和发展。
> 任务 2：理解会计的目标和职能。
> 任务 3：理解会计的本质。
> 任务 4：了解会计的法规体系。

任务分析

本任务要求能够结合工业企业经济业务相关内容，从会计的目标、职能等各方面归纳总结什么是会计。

知识链接

一、会计的产生和发展

会计的产生是基于社会生产实践的需要，如古代人们的结绳记事、垒石记事。我国早在西周时代设有称为"司会"的专门官吏，掌管王朝的财物赋税，进行"月计岁会"。到了春秋战国时代，有了比较系统的反映经济出入事项的会计记录，如西汉官厅创立的"上计簿"，确定了中式会计报告的基本形式。进入唐宋时代，"四柱结算法"的创建和运用，使中式记账方法面目为之一新。到明末清初，"龙门账"和"四脚账"的先后出现使会计得到进一步发展。

一般认为，会计发展历经了以下 3 个阶段。

(1) 古代会计。其主要表现为官厅会计，会计从业人员多为各级官厅、衙门服务。

(2) 近代会计又称为企业会计。其标志是 14、15 世纪复式记账体系的形成。

(3) 现代会计又称为预测、决策会计。其标志是 20 世纪 20 年代以来在传统会计的基础上形成管理会计的内容和体系。现代会计产生两大分支——财务会计和管理会计。

1992 年以来，我国颁布并实施了基本会计准则和具体会计准则，逐步建立了与国际会计惯例相接轨的科学的现代会计体系。

2006 年 2 月 15 日，财政部对我国会计准则作了修订，颁布了新的《企业会计准则》，包括一个基本准则和 38 个具体准则，自 2007 年 1 月 1 日起施行。新会计准则的颁布和施行，标志着我国与国际财务报告准则趋同的企业会计准则体系已基本建成。

二、会计的目标

会计目标是指会计工作所期望达到的结果。

会计的目标并不是一成不变的，而是随着社会经济环境的变化而变化的。目前会计界对会计的目标主要持有两种观点：受托责任观和决策有用观。

受托责任观的主要观点是管理人员受资金提供者(股东和债权人)的委托，对企业经济资源进行管理。因而，会计应能够向资金提供者提供借以评价管理人员履行受托责任情况的信息。

随着企业经营活动的日益社会化及证券市场的发展，人们逐渐认识到受托责任的对象已大大拓展，不仅限于管理人员和股东、债权人的关系，企业管理当局还应对所有相关的利益集团承担一定的责任，这些利益集团包括国家、银行与金融机构、潜在投资者、供应商等。随着证券市场日益发展投资者，特别是潜在投资者所关注的内容不再停留在反映管理当局经营业绩的历史信息。他们的视线逐渐转到有关企业未来发展前景的信息上来，因此他们迫切需要管理当局提供能预测企业经济前景的信息。显然，以反映受托责任为主要目标的财务报告已不再满足使用者的信息要求，取而代之的是决策有用观，即向企业利益相关集团，提供有助于他们做出投资、信贷等决策的信息。

三、会计的基本职能

会计的基本职能是指会计应当具有的功能。马克思曾把会计的基本职能概括为"对过程的控制和观念的总结"。会计职能不是一成不变的，而是随着社会经济环境的变化而变化的。目前，会计界认定会计的基本职能为核算和监督。

1. 核算

会计核算职能，也称反映职能，是指会计以货币为主要计量单位，通过确认、记录、计算、报告等环节，对特定主体的经济活动进行记账、算账、报账，为各有关方面提供会计信息的功能。

会计核算职能的特征表现在：核算以货币为主要计量单位；核算具有完整性、连续性和系统性；对经济活动进行事前、事中、事后核算。

2. 监督

会计监督职能，又称会计控制职能，是指会计人员在进行会计核算的同时，对特定主体经济活动的真实性、合法性和合理性进行审查。

会计监督职能的特征表现在：监督主要通过价值指标来进行；监督包括事前、事中和事后监督；监督分为内部监督和外部监督。

当然，随着经济的发展，会计除了核算和监督两项基本职能之外，还拓展产生了预测经济前景、参与经济决策、评价经营业绩等多项职能。

四、会计的本质

和会计目标一样，对于会计的本质认识会计界也形成了两个主要观点：信息系统论和管理活动论。

信息系统论认为，会计是以货币为主要计量单位，以凭证为依据，采用专门的技术方法，对企业的经济活动进行核算和监督，并向有关方面提供会计信息的一种经济信息管理系统。

管理活动论认为，会计是以货币为主要计量单位，运用一系列专门的技术方法，对各种组织的经济活动进行连续、系统、全面核算和监督的一项经济管理活动，是一项经济管理工作。

五、会计法规体系

1. 会计法律

会计法律是由全国人民代表大会及其常务委员会制定的法律，如 1999 年 10 月 31 日第九届全国人民代表大会常务委员会修订通过的《会计法》，它在会计法规体系中是层次最高的，是制定其他会计法规的依据，是最高准则。

2. 会计行政法规

会计行政法规是由国务院制定并发布，或由国务院有关部门拟定并经国务院批准发布的法律规范，如《总会计师条例》、《企业会计准则》、《企业财务会计报告条例》，它是以《会计法》为依据制定的，通常以条例、办法、规定等名称出现。

3. 国家统一的会计制度

国家统一的会计制度是由国务院财政部门制定的，关于会计核算、监督、会计机构和会计人员以及会计工作管理的制度，包括规章和规范性文件。

4. 地方性会计法规

地方性会计法规是由省、自治区、直辖市人大及常务委员会在与会计法律、行政法规不相抵触前提下制定的。

思考与讨论

1. 会计基本职能是什么？有何特征？
2. 企业会计核算主要包括哪些？
3. 分组讨论什么是会计，每组派 1 名代表说明自己的观点。

案例分析

副总统卷入假账丑闻

2002 年 7 月 10 日，美国一个代表公众利益的法律机构对副总统切尼和他曾经担任过首席执行官的哈利伯顿能源公司提出起诉，指控其虚报公司收入以欺骗股票持有者。

这一名为"司法观察"的法律机构是在哈利伯顿公司总部所在地得克萨斯州达拉斯市的联邦地区法院提出这一起诉的。

这个法律机构称，在切尼担任首席执行官时，哈利伯顿公司虚报了尚未入账的公司收入，虚报数额高达 4.45 亿美元，从而抬高了公司股票并给股票持有者造成了损失。

这个机构是在布什总统于 2002 年 7 月 9 日刚宣布一系列打击财务欺诈的措施后对切尼和哈利伯顿公司提出起诉的。白官发言人弗莱舍当天表示，这一起诉缺乏根据，不会有什么结果。切尼于 1995 年至 2000 年曾担任哈利伯顿公司首席执行官。

分析：

结合该案例，谈谈对会计目标的认识。

任务三　会计核算基础

任务引入

所有的会计核算工作都是建立在一定的假设条件上的，在确认会计事项时有一定的标准，它们就是会计核算前提和基础。会计核算就是要提供会计信息，那么会计人员提供的会计信息是否就能满足信息使用者的需要呢？会计信息在质量上是否应该有一定的标准或者要求？按照要求提供信息又是需要采用一定的方法来完成，那么会计有哪些方法？在前面的学习中，我们是否已经运用了一些方法？

➢ 任务 1：理解会计核算的基本前提。
➢ 任务 2：理解会计核算基础。
➢ 任务 3：理解会计信息质量要求。
➢ 任务 4：理解会计核算方法的运用。

任务分析

本任务重点在于结合企业经营活动和经营业务来理解 4 个前提和权责发生制的核算基础；结

合企业经营活动和经营业务来理解会计信息质量要求，理解会计核算方法在会计核算工作的具体运用。

知识链接

一、会计基本前提

会计核算需要对外提供会计信息。会计信息是经过确认、计量、记录和报告4个程序来取得的，这些程序的运行都必须建立在一定的前提之上。会计核算基本前提是对会计核算所处时间、空间环境等所做的合理设定，包括：会计主体、持续经营、会计分期和货币计量。会计核算基本前提也称为会计核算的基本假设。

1. 会计主体

会计主体又称为经济主体，是指具有独立资金、独立地进行经济活动、独立地进行会计核算的单位或组织，是会计工作为之服务的特定单位或组织。

每个企业或独立核算的单位都是独立于业主和其他单位的会计主体。会计所计量和报告的一切要素都是针对一个主体而言的，而不是业主或其他单位的信息。它为会计工作规定了空间范围，严格区分该主体与其他主体、主体和其所有者是规定会计主体的根本目的。

同时，还须注意会计主体与法律主体的区别。法律主体指的是独立承担法律责任的个体，所以法律主体是会计主体，但会计主体不一定是法律主体，它可能大于也可能小于法律主体，如集团公司对外提供合并报表，它是会计主体，但它不是法律主体；企业某个独立核算的部门或车间是会计主体，但不是法律主体。

2. 持续经营

指会计主体的生产经营活动将会按既定目标正常地无限期地延续下去，在可以预见的将来，企业不会面临破产清算。这一假设认为，除非有证据表明各主体在可预见的将来是会面临清算破产的，否则它的生产经营活动就不会终止。它明确了会计核算的时间范围。虽然企业在激烈的市场竞争中，难免有倒闭的风险，但持续经营不仅是主体利益关系集团的愿望，也符合大多数企业的实际情况。只有建立在持续经营的假设基础上，企业采用的会计程序和方法才能稳定，会计核算才有存在的意义。

3. 会计分期

会计分期是将会计主体连续不断的经营活动人为地分割为一定的时期，据以记账和编制财务会计报告，及时地提供有关财务状况和经营成果的会计信息。

会计分期是建立在持续经营上的。持续经营假设将会计主体当作一个长期存在的经营单位，然而使用者需要的是及时的信息，以便他们做出适当的投资、信贷决策。这样就必须人为地将企业的生产经营活动过程划分为一定的期间，通常是以日历年度作为划分标准的。每个会计主体，都要定期将有关企业经营成果，财务状况及现金流量情况的信息，提供给外部信息使用者。会计期间包括月、季、半年和年度，其中月、季和半年统称为会计中期，我国规定以公历年度(1月1日—12月31日)作为会计年度。

4. 货币计量

货币计量是指会计以货币作为主要计量单位，对企业的生产经营活动和财务状况进行反映，并假定货币本身的价值是基本稳定不变的。

它有两层含义：第一，以货币(通常为主体所在国的法定货币)为计量单位；第二，假定作为计量单位的货币，其购买力是稳定的。货币计量的假设认为，会计是一个可运用货币对企业经济活动进行计量，并将计量结果加以传递的过程。当然，这一假设并不是十分完美的。其一，它容易导致人们把会计认为只传递货币信息，实际上会计还包括非货币信息的披露。其二，在现实条件下，假定货币购买力稳定是容易受到挑战的。在通货膨胀的条件下，基于该假设所编制出来的财务报表将误导信息使用者。

我国会计准则规定，会计核算以人民币为记账本位币。对于业务收支以外币为主的单位，可以选定其中一种外币作为记账本位币，但编报的财务会计报告应当折算为人民币反映。

二、会计核算基础概述

在经济活动过程中，由于会计核算以会计分期和持续经营为前提，而出现了有些会计事项属于本期，有些会计事项属于非本期的现象，如何确认收入与费用，以确定损益，就必须有一个标准。会计核算基础就是确认收入与费用的标准。

会计核算基础主要有下面两种。

1. 收付实现制(亦称现金收付制)

收付实现制是以款项的实际收付为标准来确定当期收入和费用的会计核算基础。在收付实现制下，凡在当期实际支付的费用，不论其应否在当期收入中取得补偿，均应作为当期的费用处理；凡在本期实际收到的款项，不论其应否归属于当期，均应作为当期的收入处理。

收付实现制核算简单、方便，容易被人们接受，但计算出来的本期盈亏不准确、亦不合理，所以企业不予采用，它主要用于非营利性的行政、事业和团体单位。

例如，某企业于2012年6月收到其客户的预付购货款8 000元，存入银行。根据收付实现制原则，该款项是在6月收到的，应作为该月份的收入。

2. 权责发生制(亦称应计制)

权责发生制是以权利和责任发生的时间作为标准来确定当期收入和费用的会计核算基础。在权责发生制下，凡在当期取得的收入或者应当负担的费用，无论款项是否已经收付，都应当作为当期收入和费用；反之，凡不属于当期的收入和费用，即使款项已经在当期收到或者已经当期支付，都不能作为当期收入和费用。

权责发生制相对于收付实现制而言，核算手续比较复杂，但能合理计算确定本期的损益，适用于企业会计。

例如，某企业2012年2月份销售产品30 000元，款项尚未收到，根据权责发生制原则，2月份应该确认实现销售收入30 000元。

我国企业会计准则规定，企业在会计确认、计量和报告应当以权责发生制为基础，行政单位会计应当以收付实现制为基础；事业单位中经营业务以权责发生制为基础，除经营业务以外的其他大部分业务应当以收付实现制为基础。

思考与讨论

1. 会计核算的基本前提是什么？
2. 如何区分权责发生制和收付实现制？

 实训题

1. 某企业 2012 年 12 月发生以下经济业务：

(1) 支付上月份电费 5 000 元；

(2) 收回上月的应收账款 10 000 元；

(3) 收到本月的营业收入款 8 000 元；

(4) 支付本月应负担的办公费 900 元；

(5) 支付 2013 年财产保险费 1 800 元；

(6) 本月营业收入 25 000 元，款项尚未收到；

(7) 预收客户货款 5 000 元；

(8) 负担年初已经预付的财产保险费 600 元。

要求：

(1) 比较权责发生制与收付实现制的异同；

(2) 通过计算说明它们对收入、费用和盈亏的影响；

(3) 说明各有何优缺点。

 案例分析

东方综合加工厂所得税业务

东方综合加工厂是一家从事综合加工业务的小型地方国有企业，由于多年经营不善，决定交给该厂职工张斌承包经营，承包期为 2008 年 7 月 1 日至 2009 年 6 月 30 日。在承包期 2009 年 1 月至 6 月的经营期内，按所得税法规定，承包者根据他的经营净所得先预缴了两个季度的所得税。由于张斌在经营过程中采取了一些急功近利的经营措施，如超强度使用设备、不对设备进行应有的保养等，因此，当后任承包者继续经营该企业时，企业发生了较大亏损，亏损额超过了 2009 年 1 月至 6 月的净所得，该企业全年出现净亏损。按照税法规定，税务部门退回了该企业 2009 年上半年预缴的所得税。对于这笔退税款，张斌认为应归其个人拥有，后任承包者认为应归企业所有，发生了较大的争议。

分析：

上述退税款，应当归谁拥有？

三、会计信息质量要求

会计信息的质量高低将直接影响到信息使用者据以做出的判断、决策是否正确，因此，企业应按以下质量要求提供会计信息。

1. 可靠性

可靠性要求企业以实际发生的交易或者事项为依据进行会计确认、计量和报告，如实反映符合确认和计量要求的各项会计要素及其他相关信息，保证会计信息真实可靠，内容完整。可靠性是对会计核算工作和信息质量上的最基本要求，它要求会计工作以客观事实为依据，要能经得起验证。

2. 相关性

相关性要求企业提供的会计信息应当与财务会计报告使用者的经济决策需要相关，有助于财务会计报告使用者对企业过去、现在或者未来的情况做出评价或者预测。这就要求会计在收集、加工处理信息过程中，需要考虑信息使用者的要求，提供能有助于其做出决策的相关信息。

3. 可理解性

可理解性要求企业提供的会计信息应当清晰明了，便于财务会计报告使用者理解和使用。这就要求会计记录必须书写清楚规范，经济业务的说明应简明扼要，通俗易懂。

4. 可比性

可比性要求同一企业在不同时期发生的相同或者相似的交易或者事项，应采用一致的会计政策，不得随意变更。如确需变更，在符合变更的情况下允许变更，同时应在附注中加以说明。这是要求会计信息需保持纵向可比。不同企业发生的相同或者相似的交易或者事项，应采用规定的会计政策，确保信息口径一致，相互可比。这是要求会计信息须保持横向可比。

5. 实质重于形式

实质重于形式要求企业应当按照交易或者事项的经济实质进行会计确认、计量和报告，不应仅以交易或者事项的法律形式为依据。如融资租赁方式租入的固定资产，虽然在法律形式上不属于承租方，但在经济实质上却由承租方控制和管理，因此，在会计上将其作为承租方的自有资产管理。

6. 重要性

重要性要求企业提供的会计信息应当反映与企业财务状况、经营成果和现金流量等有关的所有重要交易或者事项。对于次要的会计事项，在不影响信息可靠性和不至于误导信息使用者的基础上，可以适当反映，简化处理。对于会计事项的重要程度应从质和量两个方面进行判断。

7. 谨慎性(稳健性)

谨慎性要求企业对交易或者事项进行会计确认、计量和报告应当保持应有的谨慎，不应高估资产或者收益、低估负债或者费用。如各项资产计提准备金、固定资产计提折旧采用加速折旧法均体现了谨慎性的要求。在激烈的市场竞争中，有助于提高企业抵御风险的能力。

8. 及时性

及时性要求企业对于已经发生的交易或者事项，应当及时进行会计确认、计量和报告，不得提前或者滞后。只有这样才能保证会计信息的时效性。

四、会计核算方法

会计方法是用来核算和监督企业的经营活动，实现会计目标的技术手段。一般包括会计核算方法、会计分析方法和会计检查方法，其中会计核算方法是会计方法中最基本的方法。

会计核算方法是根据会计对象的特点，对会计核算具体内容进行完整、连续、系统反映所采用的一系列专门方法。它主要包括以下内容。

1. 设置会计科目和账户

会计科目就是对会计对象的具体内容进行分类核算的项目。账户是根据会计科目设置的，序时分类地记录各项经济业务的工具。设置会计科目和账户是对会计核算的具体内容进行分类核算的一种专门方法。由于会计对象的具体内容是复杂多样的，因此有必要对经济业务进行系统分类，以便分门别类地、连续地记录，以取得各种符合信息使用者需要的信息。

2. 复式记账

复式记账是对每一项经济业务都要以相等的金额，在相互关联的两个或两个以上账户中进行记录的记账方法。这种记账方法能够全面、清晰地反映出经济业务的来龙去脉，可以检查有关账簿记录是否正确，是一种比较科学的记账方法。

3. 填制和审核会计凭证

会计凭证是记录经济业务、明确经济责任的书面证明，是登记账簿的依据。正确填制和审核会计凭证，是做好会计工作的前提，可以为经济管理提供真实可靠的数据资料，也是实行会计监督的一个重要方面。

4. 登记账簿

账簿是以审核无误的会计凭证为依据，全面、连续、系统地记录各项经济业务的簿籍，为编制会计报表提供了会计数据。账簿记录是重要的会计资料，也是进行会计分析、会计检查的重要依据。

5. 成本计算

成本计算是指在生产经营过程中，按照一定对象归集和分配发生的各种费用支出，以确定该对象的总成本和单位成本的一种专门方法。产品成本是综合反映企业生产经营活动的一项重要指标。正确地进行成本计算，可以考核生产经营过程的费用支出水平，可以反映和监督各项费用的发生是否符合节约原则，并为成本分析提供资料。

6. 财产清查

财产清查，就是通过对实物、现金的实地盘点和对银行存款、债权债务的查对，来确定企业各项财产的实存数，并查明账面结存与实存数是否相符的一种专门方法。若发现账实不符，查明原因，经过批准手续调整账目，使账实相符。通过财产清查，保证会计核算资料的真实可靠，还可以查明各项财产物资的保管和使用情况以及各种结算款项的执行情况，加强对企业各项财产物资的管理。

7. 编制会计报表

会计报表是根据账簿记录定期编制的，总括反映企业在一定时期财务状况、经营成果和现金流量的书面文件。会计报表是衡量和评价企业的生产经营情况，考核、分析财务计划和预算执行情况以及编制下期财务预算的重要依据。

以上会计核算的 7 种方法，虽各有特定的含义和作用，但并不是独立的，而是相互联系、相互依存、彼此制约的，它们构成了一个完整的方法体系。在会计核算中，应正确地运用这些方法。一般在经济业务发生后，按规定的手续取得和填制会计凭证，按会计科目对经济业务进行分类核算，并运用复式记账法在有关会计账簿中进行登记，特定期末还要对生产经营过程中各种费用进行成本计算和财产清查，在保证账证、账账、账实相符的基础上，根据账簿记录资料和其他资料，编制会计报表，如图 1-4 所示。

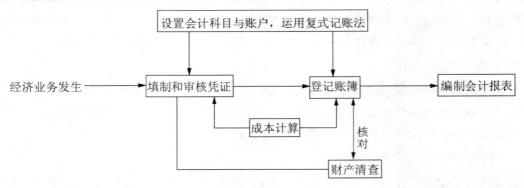

图 1-4　会计核算方法

 思考与讨论

1. 会计信息质量要求包括哪些？
2. 会计核算方法包括哪些？
3. 分组讨论，试分别举例说明会计核算方法在会计工作中的运用。
4. 分组讨论，试分别举例说明会计信息的质量要求。

 案例分析

1998 年 9 月 25 日，才挂牌上市一天的上海贝岭股份有限公司(以下简称贝岭公司，证券代码为 600171)在《上海证券报》上发布了一则重要公告，公告称，该公司在其上市公告书中关于每股税后利润的刊登有误，现特此更正。此公告一登出，当天贝岭公司的股票就停牌半天。下午复牌后，股价一路下跌，给部分投资者造成了损失。对此，许多证券投资者颇为迷惘与气愤。迷惘和气愤之余，他们不禁要问，经过上市公司、证券承销机构、会计师事务所以及律师事务所等多重机构审核的重要公司会计信息，为何还会出现如此不可理解的重大错误？证券投资者因上市公司披露的会计信息有重大错误而产生的损失，究竟应该由谁来负责？证券投资者应该向谁来讨一个说法？

案例有关资料：

(1) 1998 年 8 月 12 日，贝岭公司公布于《上海证券报》和《中国证券报》的《招股说明书》盈利预测表中有关每股盈余做了如下列示。

贝岭公司盈利预测表

第六项——每股盈余：

1998 年 4—6 月按实际税负，7—12 月按 33%所得税计算 0.384 9 元/股；

1998 年 4—6 月按实际税负，7—12 月按 15%所得税计算 0.433 1 元/股。

(2) 1998 年 9 月 23 日，该公司在两大证券报上公布的《上市公告书》第十一项第三点有关每股盈余做了如下列示："第十一项'重要事项揭示'第三点：经会计师事务所华业字[98]第 750 号盈利报告审核，本公司 1998 年预测的税后利润总额为 11 442.36 万元(1998 年 1—6 月份按实际税负，7—12 月份按 15%所得税率)，按发行后总股本全面摊薄计算，每股税后利润为 0.384 9 元。

(3) 1998 年 9 月 25 日，该公司在两大证券报上刊登更正说明，内容如下。

上海贝岭股份有限公司于 1998 年 9 月 23 日刊登的《上市公告书》中，第十一项"重要揭示"的第三点刊登有误，现说明如下：经会计师事务所华业字[98]第 750 号盈利预测报告审核，本公司预测的税后利润总额为 11 442.36 万元(1998 年 1—6 月份按实际税负,7—12 月份按 15%所得税率)，按 8 月份发行每股加权税后利润为 0.45 元；按发行后总股本全面摊销计算，每股税后利润为 0.342 4 元。

分析：

结合以上案例，分析为什么说可靠性是对会计核算工作和信息质量的最基本要求？

会计从业资格考试同步练习

1. 单项选择题

(1) 财务会计主要侧重于( )的信息，为外部有关各方提供所需数据。

　　A. 对外、未来　　　　　　　　B. 对内、过去

　　C. 对内、未来　　　　　　　　D. 对外、过去

(2) 管理会计主要侧重于( )的信息，为管理部门提供数据。

　　A. 对外、未来　　　　　　　　B. 对内、过去

　　C. 对内、未来　　　　　　　　D. 对外、过去

(3) 在可预见的未来，会计主体不会破产清算，所持有的资产将正常营运，所负有的债务将正常偿还。这属于( )。

　　A. 货币计量假设　　　　　　　B. 会计分期假设

　　C. 持续经营假设　　　　　　　D. 会计主体假设

(4) 会计的本质就是一项( )活动。

　　A. 服务　　　　　　　　　　　B. 后勤

　　C. 参谋　　　　　　　　　　　D. 管理

(5) ( )职能是会计从产生之日起就具有的一种基本职能。

　　A. 会计的监督　　　　　　　　B. 预测经济前景

　　C. 会计的核算　　　　　　　　D. 会计的核算和监督

(6) ( )是指会计主体在财务会计确认、计量和报告时采用货币作为统一的计量单位，反映( )的生产经营活动。

A. 货币计量、法律主体　　　　　　　B. 持续经营、会计主体

C. 货币计量、会计主体　　　　　　　D. 会计分期、会计主体

(7) 形成权责发生制和收付实现制不同的记账基础，进而出现应收、应付、预收、预付、折旧、摊销等会计处理方法所依据的会计基本假设是(　　)。

A. 会计主体　　　　　　　　　　B. 持续经营

C. 会计分期　　　　　　　　　　D. 货币计量

(8) 下列各项中，不属于会计核算的环节的是(　　)。

A. 确认　　　　　B. 记录　　　　　C. 报告　　　　　D. 报账

(9) 房屋按照年限平均法计算折旧，假设房屋使用 20 年，体现的是(　　)前提。

A. 会计主体　　　　B. 持续经营　　　　C. 会计分期　　　　D. 货币计量

(10) 会计的基本职能包括(　　)。

A. 会计控制与会计决策　　　　　　B. 会计预测与会计控制

C. 会计核算与会计监督　　　　　　D. 会计计划与会计决策

(11) 会计核算和监督的内容是特定主体的(　　)。

A. 经济资源　　　　　　　　　　B. 资金运动

C. 实物运动　　　　　　　　　　D. 经济活动

(12) 持续经营从(　　)上对会计核算进行了有效界定。

A. 空间　　　　B. 时间　　　　C. 空间和时间　　　　D. 内容

(13) 企业固定资产可以按照其价值和使用情况，确定采用某一方法计提折旧，它所依据的会计核算前提是(　　)。

A. 会计主体　　　B. 持续经营　　　C. 会计分期　　　D. 货币计量

(14) 界定从事会计工作和提供会计信息的空间范围的会计基本前提是(　　)。

A. 会计职能　　　B. 会计主体　　　C. 会计内容　　　D. 会计对象

2. 多项选择题

(1) 管理会计主要侧重于对内、未来的信息，为内部管理部门提供数据；向企业内部管理者提供进行(　　)所需的相关信息。

A. 经营规划　　　B. 经营管理　　　C. 经营成果　　　D. 预测决策

(2) 会计核算的基本假设包括(　　)。

A. 持续经营　　　B. 收付实现制　　　C. 权责发生制　　　D. 会计主体

(3) 会计分期的意义有(　　)。

A. 为企业选择会计处理方法、进行会计要素的确认和计量提供了基本前提

B. 为及时提供会计信息提供了前提

C. 为会计进行分期核算提供了前提

D. 为应收、应付、递延、待摊等会计处理方法提供了前提

(4) 下列各项中，可以作为一个会计主体进行核算的有(　　)。

A. 销售部门　　　B. 分公司　　　C. 母公司　　　D. 企业集团

(5) 会计监督职能是指会计人员在进行会计核算的同时，对经济活动的(　　)进行审查。

A. 真实性　　　　B. 合法性　　　　C. 合理性　　　　D. 时效性

(6) 下列说法正确的有( )。

A. 会计人员只能核算所在主体的经济业务，不能核算其他主体的经济业务

B. 会计主体可以是企业中的一个特定部分，也可以是几个企业组成的企业集团

C. 会计主体一定是法律主体

D. 会计主体假设界定了从事会计工作和提供会计信息的空间范围

(7) 会计期间可以分为( )。

A. 月度　　　　B. 季度　　　　C. 半年度　　　　D. 年度

(8) 下列说法正确的有( )。

A. 在境外设立的中国企业向国内报送的财务报告，应当折算为人民币

B. 业务收支以外币为主的单位可以选择某种外币作为记账本位币

C. 会计核算过程中采用货币为主要计量单位

D. 我国企业的会计核算只能以人民币为记账本位币

(9) 会计核算职能是指会计以货币为主要计量单位，通过( )等环节，对特定主体的经济活动进行记账、算账、报账。

A. 确认　　　　B. 记录　　　　C. 计量　　　　D. 核对

(10) 4 个基本假设中，( )确立了会计核算的时间长度。

A. 会计主体　　B. 持续经营　　C. 会计分期　　D. 货币计量

(11) 下列各项中，属于会计核算基本前提的有( )。

A. 会计主体　　B. 持续经营　　C. 会计分期　　D. 货币计量

3. 判断题

(1) 会计具有核算和监督的基本职能，对业务的合法性和合理性进行审查。( )

(2) 会计核算所产生的会计信息应具有完整性，就是指各种经济业务应按照其发生的时间顺序依次进行登记。( )

(3) 主要利用货币计量，从数量方面综合反映各单位的经济活动情况，是现代会计的一个重要特征。( )

(4) 事前监督就是会计部门在参与制定各种决策以及相关计划时，依据有关的政策法规和经济法律，对各项经济活动的可行性、合理性、合法性和有效性的审查。( )

(5) 会计核算的基本假设是会计确认、计量和报告的前提，是对会计核算所处时间、空间环境等所做的合理设定。( )

(6) 在境外设立的中国企业，向国内报送的财务会计报告，应当折算为人民币。( )

(7) 目前，我国的行政单位会计大部分业务采用权责发生制。( )

(8) 权责发生制基础要求，凡是当期已经实现的收入和已经发生或应当负担的费用，无论款项是否收付，都应当作为当期的收入和费用，计入利润表。( )

(9) 由自然人创办的独资与合伙企业、企业集团具有法人资格，也都是会计主体。( )

(10) 如果会计主体不能持续经营，则组织会计核算工作的必要性就不存在了。( )

(11) 会计核算和会计监督是会计的基本职能，而会计监督又是会计最基本的职能。( )

(12) 由于有了持续经营这个会计核算的基本前提，才产生了当期与其他期间的区别，从而出现了权责发生制与收付实现制的区别。（　　）

(13) 持续经营假设是假设企业可以永久存在，即使进入破产清算，也不应该改变会计核算方法。（　　）

(14) 会计主体是进行会计核算的基本前提之一，一个企业可以根据具体情况确定一个或若干个会计主体。（　　）

(15) 会计主体不一定是法律主体，但法律主体一定是会计主体。（　　）

(16) 企业会计的对象就是企业的资金运动。（　　）

(17) 会计主体为会计核算确定了空间范围，会计分期为会计核算确定了时间范围。

(18) 我国企业会计采用的计量单位只有一种，即货币计量。（　　）

(19) 会计的监督职能是会计人员在进行会计核算的同时，对特定会计主体经济活动的真实性、合法性、合理性进行审查。（　　）

(20) 在我国境内设立的企业，会计核算可以不以人民币作为记账本位币。（　　）

学习情境二 会计信息的转换

知识目标

- 掌握会计要素
- 掌握会计科目和账户，理解相互关系
- 理解会计等式
- 理解复式记账原理
- 掌握借贷记账法的记账符号、账户结构、记账规则和试算平衡

技能目标

- 能够利用要素、等式、科目等知识分析经济业务
- 能够运用借贷记账法编制会计分录
- 能够根据会计分录登记 T 字形账户
- 能够编制发生额及余额试算平衡表

导入案例

大学生活的花费与来源

2 月底、3 月初是首府各大院校开学的日子，大学生们拿着新学期父母给的生活费回到校园，和以往一样，男生请客聚餐，女生美容买衣服，有的还购置了电脑、手机等贵重物品。短短几天的时间，一些学生就花去了将近一个学期的生活费。

3 月 1、2 日午饭时间，记者先后走访了新疆大学、新疆医科大学、新疆农业大学附近的小餐馆，随便走进一家餐馆，都可以看到一些大学生三五成群地聚在餐桌旁拿着菜单点菜。据了解，新学期开始，女大学生做离子烫、包月护肤早已不是什么新闻了，她们每次的花费达 300~400 元。

据了解，大学生把电脑、手机、CD、MP3、录音笔称为 5 件武器。新学期开始，为了买这些武器，有些大学生花光了一个学期的生活费。正在赛博数码广场购买电脑的新疆大学的张建说："这台电脑共花了 3 500 元，大部分都是父母给的生活费。"

(资料来源：新疆都市报，2004.3.3，"新学期刚开始 大学生花光生活费")

讨论：

1. 大学生活的花费与来源是什么？

2. 谈谈自己日常生活的开支和财产从哪里来的？得到的"钱"又花在哪些方面，这些"钱"与日常生活的开支和财产又有什么关系？

任务一　掌握会计要素

企业的经营业务通过原始凭证得到了记录和证明，但这样的记录和证明是散乱的，不具备系统性和可比性。会计人员要将经营业务转化为系统化可比的会计信息，还需要一个转化过程。转化的第一步就是先来了解会计对象，在此基础上掌握会计要素。

➢　任务 1：了解会计对象。

➢　任务 2：掌握会计要素。

➢　任务 3：理解会计要素计量属性。

会计要素是非常重要的会计专业术语，体现在几乎所有的会计工作中，因此要素的理解及正确界定既是重点也是难点。而会计要素是对会计对象的基本分类，因此要掌握会计要素就必须先从会计对象入手。在认识经营业务后，要了解会计对象并不困难。

一、会计对象

会计的对象是指会计所核算和监督的内容。凡是各单位或组织能够以货币表现的经济活动，都是会计核算和监督的内容，也就是会计的对象。企业的会计对象就是在企业经营过程中发生的、能以货币表现的各项经济活动。以货币表现的经济活动通常又称为价值运动或资金运动。如工业企业主要经营过程分为供应—生产—销售 3 个阶段，其经济活动包括筹集资金、购进材料和设备、投入材料等进行生产、产品完工入库、销售产品取得收入、得到利润进行分配，相应的价值运动或资金运动从资金投入、资金使用到资金退出，历经货币资金—储备资金、固定资金—生产资金—成品资金，最后又回到货币资金，如图 2-1 所示。因此，企业的会计对象就是在企业的经营过程中能够用货币表现的各项经济业务。

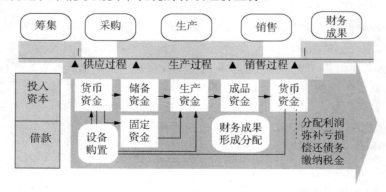

图 2-1　会计核算方法

会计核算的内容，是指应当进行会计核算的经济业务和经济事项。

经济业务又称经济交易，是指单位与其他单位和个人之间发生的各种经济利益交换，如购买原材料、销售商品等。

经济事项，是指单位内部发生的具有经济影响的各种事件，如计提折旧、支付职工工资、报销差旅费等。

根据我国《会计法》第十条的规定，单位发生下列交易或事项应当办理会计手续，进行会计核算。

1. 款项和有价证券的收付

款项是作为支付手段的货币资金，包括库存现金、银行存款和其他货币资金以及单位其他部门使用的备用金等。

有价证券是指表示一定财产拥有权或支配权的证券，如国库券、股票、公司债券等。

款项和有价证券是流动性最强的资产，单位应将它们作为内部会计控制的重点，加强监督与管理，保证其流动性、安全性，提高其使用效率。

2. 财物的收发、增减和使用

财物是财产、物资的简称，是指单位具有实物形态的经济资源，一般包括原材料、燃料、包装物、低值易耗品、库存商品等流动资产和房屋、建筑物、机器设备等固定资产。

3. 债权债务的发生和结算

债权是指单位未来收取款项的权利，包括应收账款、应收票据、预付账款、其他应收款、应收股利、应收利息等。

债务是指由过去的交易、事项形成的，由单位承担并预期会导致经济利益流出单位的现时义务，包括短期借款、长期借款、应付账款、应付票据、其他应付款、应付利息、应付职工薪酬、应交税费等。

4. 资本的增减

资本是投资者为开展生产经营活动而投入的资本金。资本增减政策性很强，一般都应以具有法律效力的合同、协议、董事会决议或政府部门的有关文件为依据。

5. 收入、支出、费用、成本的计算

收入是指企业在销售商品、提供劳务及让渡资产使用权等日常活动中所形成的经济利益的总流入。

支出是指企业实际发生的各项开支，以及在正常生产经营活动以外的支出和损失。

费用是指企业为销售商品、提供劳务等所发生的经济利益的流出，包括生产费用和期间费用。

成本是指企业为生产产品、提供劳务而发生的各种耗费，是按一定产品或劳务对象所归集的费用，是对象化的费用。

6. 财务成果的计算和处理

财务成果是指企业在一定期间内通过从事经营活动而在财务上所取得的结果，具体表现为盈利或亏损。

财务成果的计算和处理一般包括利润的计算、所得税的计算、利润分配或亏损弥补等事项。

7. 需要办理的其他事项

除上述 6 项经济业务事项以外，按照国家统一的会计制度规定应办理会计手续和进行会计核算的其他经济业务。

二、会计要素

会计要素是按照会计对象的具体内容对其进行的基本分类。《企业会计准则》规定，企业会计要素包括 6 项：资产、负债、所有者权益、收入、费用和利润。资产、负债、所有者权益统称为静态会计要素，反映企业的财务状况。收入、费用和利润统称为动态会计要素，反映企业的经营成果。

1. 资产

《企业会计准则》规定：资产是指企业过去的交易或者事项形成的、由企业拥有或者控制的、预期会给企业带来经济利益的资源。企业过去的交易或者事项包括购买、生产、建造行为或其他交易或者事项。由企业拥有或者控制，是指企业享有某项资源的所有权，或者虽然不享有某项资源的所有权，但该资源能被企业所控制。预期会给企业带来经济利益，是指直接或者间接导致现金和现金等价物流入企业的潜力。

由此可见，资产具有以下几个基本特征：

第一，资产预期能够给企业带来经济利益，这是最主要的特征，凡是预期不能给企业带来经济利益的，都不能确认为资产；

第二，资产都是为企业所拥有的，或者即使不为企业所拥有，但也是企业所控制的；

第三，资产都是企业在过去发生的交易、事项中获得的。预期在未来发生的交易或者事项不形成资产。

符合准则规定的资产定义的资源，在同时满足以下条件时，才能确认为资产：

(1) 与该资源有关的经济利益很可能流入企业；

(2) 该资源的成本或者价值能够可靠地计量。

资产按照流动性(变换为现金的能力)分类，可以分为流动资产和非流动资产。

流动资产是指企业可以在一年内或者超过一年的一个营业周期内变现或者耗用的资产，通常包括库存现金、银行存款、交易性金融资产、应收账款、应收票据、预付账款和存货等。

除流动资产以外的资产都属于非流动资产，通常包括长期股权投资、固定资产、无形资产等。

2. 负债

《企业会计准则》规定：负债是指企业过去的交易或者事项形成的、预期会导致经济利益流出的现时义务。也就是说，负债是企业承担的、以货币计量的、在将来需要以资产或劳务偿还的债务，它代表着企业的偿债义务和债权人的求偿权利。

由此可见，负债具有以下几个基本特征。

第一，负债是企业承担的现时义务。这是负债的一个基本特征。其中，现时义务是指企业在现行条件下已承担的义务。未来发生的交易或者事项形成的义务，不属于现时义务，不应当确认为负债。

这里所指的义务可以是法定义务，也可以是推定义务。其中，法定义务是指依照法律法规的规定必须履行的义务，通常在法律意义上需要强制执行。例如，企业购买商品形成应付款项，企业向银行的借款，企业按照税法规定应当交纳的税款等，均属于企业承担的法定义务，需要依法予以偿还。推定义务是指根据企业多年来的习惯做法、公开承诺或者宣布的政策等特定情况下产生或推断出的企业应承担的责任。例如，某企业一直以来对售出商品提供一定期限内的售后保修服务，预期将为售出商品提供的保修服务就属于推定义务，应当将其确认为一项负债。

第二，负债的清偿预期会导致经济利益流出企业。企业在履行义务如果不会导致企业经济利益流出的，就不符合负债的定义。具体表现为以资产偿还、以提供劳务偿还、将负债转为资本等。

符合准则规定的负债定义的义务，在同时满足以下条件时，确认为负债：

(1) 与该义务有关的经济利益很可能流出企业；

(2) 未来流出的经济利益的金额能够可靠地计量。

负债按照流动性分类，可以分为流动负债和非流通负债。

流动负债是指将在一年或超过一年的一个营业周期内偿还的债务，主要包括短期借款、应付票据、应付账款、预收账款、应付职工薪酬、应交税费、应付股利等。

非流动负债是指偿还期在一年以上或超过一年的一个营业周期以上的债务，主要包括长期借款、应付债券、长期应付款等。

3. 所有者权益

所有者权益是指企业全部资产扣除全部负债后由所有者享有的剩余权益，即所谓的净资产，体现投资人对企业净资产的要求权。公司的所有者权益又称股东权益。

所有者权益的特征主要包括以下几点。

第一，所有者权益形成的资金可供企业长期使用，其出资额在企业依法登记后，在企业经营期间不得随意抽回。

第二，所有者投资形成的资产是企业清偿债务的物质保证。即企业的资产必须在保证企业所有债务得以清偿后，才能归还给投资者。

第三，所有者以其出资额参与企业的经营管理，参与企业利润的分配，同时，也以其出资额承担企业的经营风险。

虽然所有者权益和负债都对企业资产享有要求权，但两者间有本质上的不同，主要表现在：对象不同、性质不同、偿还期不同、权利不同及风险不同。

所有者权益的来源包括所有者投入的资本、直接计入所有者权益的利得、损失和留存收益。

投入资本是指投资者实际投入企业的资本。一般情况下，投资者投入资本，即构成企业的实收资本，也正好等于其在登记机关的注册资本。所谓注册资本，是指企业在设立时向工商行政管理部门登记的资本总额，也就是全部出资者设定的出资额之和。企业对资本的筹集，应该按照法律、法规、合同和章程的规定及时进行。如果是一次筹集，投入资本应等于注册资本；如果是分期筹集，在投资者最后一次缴入资本以后，投入资本应等于注册资本。在股份公司，投入资本称为股本。但是，在一些特殊情况下，投资者也会因种种原因超额投入(如溢价发行股票等)，从而使其投入资本超过其在企业注册资本中应享有的份额，在这种情况下，企业进行会计核算时，应将投资者投入资本中超过注册资本中应享有份额部分计入资本公积。

直接计入所有者权益的利得和损失，是指不应计入当期损益、会导致所有者权益发生增减变动的、与所有者投入资本或者向所有者分配利润无关的利得或者损失，计入资本公积核算。

利得是指由企业非日常活动所形成的、会导致所有者权益增加的、与所有者投入资本无关的经济利益的流入。损失是指由企业非日常活动所发生的、会导致所有者权益减少的、与向所有者分配利润无关的经济利益的流出。

留存收益包括盈余公积和未分配利润。

盈余公积是指企业从税后净利润中按一定比例提取的公积金，分为法定盈余公积和任意盈余公积。盈余公积按规定可用于弥补企业亏损，也可按法定程序转增资本金。

未分配利润是指经过利润分配后，剩余未分配完的利润，可以留待以后年度分配。如果未分配利润出现负数，即表示年末未弥补的亏损，应由以后年度的利润或盈余公积来弥补。

4. 收入

收入是指企业在日常活动中形成的、会导致所有者权益增加的、与所有者投入资本无关的经济利益的总流入。

由此可见，收入具有以下几个基本特征。

第一，收入是从企业的日常活动中产生的经济利益的流入，而不是从偶发的交易或事项中产生的。如工业企业的产品销售收入、服务型企业提供劳务取得的收入。而企业接受捐赠、取得罚没款或赔款等是由于偶发的事项产生的经济利益的流入，不符合收入的定义，不能确认为收入。

第二，收入可以表现为资产的增加，如增加银行存款等；或负债的减少，如以商品或劳务抵偿债务；或二者兼而有之。

第三，收入会导致所有者权益的增加。所有者权益是企业资产扣除负债后的剩余部分，如上所述，收入可以表现为资产的增加或负债的减少，或二者兼而有之，最终必然导致所有者权益增加，且该增加是企业日常经营所形成的，并非所有者投入。

第四，收入只包括本企业经济利益的总流入，为客户或第三方代收的款项不属于收入。

收入包括主营业务收入和其他业务收入。

主营业务收入是企业主要经营活动形成的，如产品销售收入、商品销售收入。其他业务收入是企业除主要经营活动以外的其他经营活动形成的，如原材料销售收入、无形资产转让使用权收入、固定资产和包装物出租收入等。

5. 费用

费用是指企业在日常活动中发生的、会导致所有者权益减少的、与向所有者分配利润无关的经济利益的总流出。

由此可见，费用具有以下几个基本特征。

第一，费用是在日常经营活动中产生的耗费，而不是由偶发的交易或事项导致。如工业企业为取得销售收入而相应承担的销售成本、销售费用及税金等。而企业对外捐赠、被罚款或赔款等是由于偶发的事项产生的经济利益的流出，不符合费用的定义，不能确认为费用。

第二，费用可以表现为资产的减少，如支付了银行存款；或表现为负债的增加，如款项暂欠产生应付账款等；或者二者兼而有之。

第三，费用会导致所有者权益的减少。如上所述，费用可以表现为资产的减少或负债的增加，或二者兼而有之，最终必然导致所有者权益减少，且该减少是企业日常经营中发生的，并非向所有者分配利润。

费用按经济用途分为生产费用和期间费用。

生产费用是指企业为生产一定种类和数量的产品所发生的费用，包括3个成本项目：直接材料、直接人工和制造费用。

期间费用是在一定期间发生的、不计入产品生产成本、直接计入发生当期损益的费用，包括管理费用、财务费用和销售费用。

6. 利润

利润是企业在一定会计期间的经营成果，其金额取决于收入、费用、直接计入当期利润的利得和损失金额的计量，即"利润＝收入－费用＋计入当期利润的利得－计入当期利润的损失"。

企业的利润总额，就其构成内容来看主要包括以下两个方面：一是通过生产经营活动获得的营业利润；二是直接计入当期利润的利得和损失，即营业外收入和营业外支出。

企业的净利润，是利润总额减去所得税费用后的金额。

三、会计计量属性

《企业会计准则——基本准则》规定：企业在将符合确认条件的会计要素登记入账并列报于会计报表及其附注时，应当按照规定的会计计量属性进行计量，确定其金额。会计计量属性主要包括如下几个方面。

1. 历史成本

历史成本，又称为实际成本。在历史成本计量下，资产按照购置时支付的现金或现金等价物的金额，或者按照购置资产时所付出的对价的公允价值计量。负债按照因承担现时义务而实际收到的款项或者资产的金额，或者承担现时义务的合同金额，或者按照日常活动中为偿还负债预期需要支付的现金或现金等价物的金额计量。

2. 重置成本

重置成本，又称为现行成本。在重置成本计量下，资产按照现在购买相同或者相似资产所需支付的现金或者现金等价物的金额计量。负债按照现在偿还该项债务所需支付的现金或者现金等价物的金额计量。

3. 可变现净值

在可变现净值计量下，资产按照其正常对外销售所能收到的现金或者现金等价物的金额扣减该资产至完工时估计将要发生的成本、估计对外销售时可能发生的销售费用以及相关税费后的金额计量。

4. 现值

在现值计量下，资产按照预计从其持续使用和最终处置中所产生的未来净现金流入量的折现金额计量。负债按照预计期限内需要偿还的未来净现金流出量的折现金额计量。

5. 公允价值

在公允价值计量下，资产和负债按照在公平交易中，熟悉情况的交易双方自愿进行资产交换或者债务清偿的金额计量。

企业在对会计要素进行计量时，一般应当采用历史成本。如需采用重置成本、可变现净值、现值、公允价值等计量时，应当保证所确定的会计要素金额能够取得并可靠计量。

 思考与讨论

1. 会计 6 个要素间存在什么样的关系？

2. 下列项目分别属于什么会计要素？

办公楼	水电费	空调	现金	赊购材料的款项
赊销产品的款项	广告费	当年的利润	提供劳务取得的收入	

3. 结合自己生活中的事物，列举几个资产、负债和所有者权益项目。

 案例分析

张无忌是否应该辞职

张无忌原在某事业单位任职，月薪 1 500 元。2008 年年初张无忌辞去公职，投资 100 000 元(该 100 000 元为个人从银行借入的款项，年利率 4%)开办了一个公司，从事餐饮服务业务。该公司开业一年来有关收支项目的发生情况如下：

(1) 餐饮收入 420 000 元；

(2) 出租场地的租金收入 50 000 元；

(3) 兼营小食品零售业务收入 32 000 元；

(4) 各种饮食品的成本 260 000 元；

(5) 支付的各种税金 21 000 元；

(6) 支付的雇员工资 145 000 元；

(7) 购置设备支出 160 000 元，其中本年应负担该批设备的磨损成本 40 000 元；

(8) 张无忌的个人支出 20 000 元。

分析：

张无忌辞职创办企业是否合适？

任务二　理解会计等式

任务引入

会计要素是在对会计对象进行基本分类后形成的，虽然各不相同，但又存在着必然的联系。它们究竟存在什么样的数量关系，经济业务又会对这种数量关系产生什么样的影响？

➢ 任务 1：掌握会计等式。

> 任务 2：理解经济业务对等式的影响。

任务分析

首先需要认识几个不同又相互关联的会计等式，掌握等式的平衡关系，然后根据不同类型的经济业务逐一分析其对等式的影响，最终达到理解会计等式的目的。

知识链接

一、会计等式

会计等式，也称会计平衡公式或会计方程式，它是对各会计要素的内在经济关系利用数学公式所做的概括和科学表达。反映资产、负债、所有者权益之间数量关系和收入、费用、利润之间的数量关系的会计等式是基本的会计等式。

1. 反映资产、负债和所有者权益之间数量关系的会计等式

任何企业要从事经营活动、开展经济业务，都必须拥有或控制一定的资产，如银行存款、存货、房屋、机器设备等，这些资产均有其资金来源。为企业提供资金来源者对企业的资产就具有求索权，在会计上称这种求索权为权益。

资产与权益反映了同一资金的两个不同的侧面，资产表明了企业拥有哪些经济资源，以及拥有多少，表现为资金存在形态；权益则表示资产的来源，即资产由谁提供，表现为资金来源渠道。没有权益就没有资产，没有资产就无所谓权益。从数量方面来观察，一个企业的资金存在形态必然等于资金来源渠道，一个企业的资产总额必然等于权益总额。资产和权益之间的这种数量关系可以用等式表示为：

$$资产 = 权益 \qquad (2\text{-}1)$$

资金的来源渠道无外乎有两种：一是由投资人提供；二是由债权人提供。既然企业的债权人和投资人为企业提供了资金，由此形成了资产，就必然对企业的这些资产享有权益。其中，属于债权人的部分称为债权人权益，通常又称为负债；属于投资人的部分称为投资人权益，又称为所有者权益。因此，资产和权益之间的数量关系又可以表示为：

$$资产 = 负债 + 所有者权益 \qquad (2\text{-}2)$$

式(2-1)和式(2-2)反映了资产、负债及所有者权益之间存在的恒等关系，这种数量关系表明了企业在特定日期的财务状况，因此，这一等式又被称为静态会计等式。它是设置账户、复式记账、试算平衡和编制资产负债表的理论依据，是最基本的会计恒等式，如表 2-1 所示为简易的资产负债表。

表 2-1　资产负债表(简易)

年　　月　　日

项　　目	余　　额	项　　目	余　　额
资产		负债及所有者权益	
合计		合计	

2. 反映收入、费用、利润之间数量关系的会计等式

企业的资产投入营运后，随着企业经济活动的进行，企业一方面会取得收入，另一方面也会发生各种各样的费用。合理地比较一定期间的收入与费用，便可确定企业在该期间所实现的经营成果。收入大于费用的差额称为利润，反之，收入小于费用时，其差额为亏损(此处收入、费用为广义概念)。收入、费用和利润 3 个会计要素之间的数量关系可以用等式表示为：

$$利润＝收入－费用 \tag{2-3}$$

式(2-3)反映了收入、费用和利润 3 个会计要素之间的数量关系。这种数量关系表明了企业在一定会计期间的经营成果，因此，这一等式又被称为动态会计等式。它是企业计算确定经营成果，编制利润表的理论依据。

3. 两个基本的会计等式之间的关系

如前所述，收入可以表现为资产的增加或负债的减少，或二者兼而有之，最终必然导致所有者权益增加；费用可以表现为资产的减少或负债的增加，或二者兼而有之，最终必然导致所有者权益减少。因此，企业的资产、负债、所有者权益、收入、费用和利润之间必然存在着内在联系。将上述基本等式综合在一起可得到如下扩展等式：

$$资产＝负债＋所有者权益＋(收入－费用) \tag{2-4}$$

或

$$资产＝负债＋所有者权益＋利润(亏损) \tag{2-5}$$

在会计期末，利润(亏损)进行分配，转入所有者权益之后，这样会计等式又恢复为：

$$资产＝负债＋所有者权益$$

二、经济业务对会计等式的影响

1. 经济业务类型

企业在经营过程中，经济业务种类繁多，错综复杂，如购入原材料、支付工资、销售产品、收回欠款等，这些经济业务的发生必然引起资产和权益的增减变化，归纳起来不外乎以下 4 种类型。

(1) 资产和权益项目同时增加。即等式左右两边同时增加，增加的金额相等。资产和权益同时等额增加，虽然双方总额发生变动，但资产和权益两者仍保持平衡关系。

(2) 资产和权益项目同时减少。即等式左右两边同时减少，减少的金额相等。资产和权益同时等额减少，虽然双方总额发生变动，但资产和权益两者仍保持平衡关系。

(3) 资产项目此增彼减。即等式左边要素内部项目增减，增减金额相等。资产项目一增一减，只表明资产形态的转化，而不会引起资产总额的变动，更不涉及负债和所有者权益项目。因此，不会破坏资产和权益之间的平衡关系。

(4) 权益项目此增彼减。即等式右边要素内部项目增减，增减金额相等。权益项目之间一增一减，只表明资金来源渠道的转化，而不会引起权益总额的变动，更不涉及资产项目。因此，不会破坏资产和权益之间的平衡关系。

2. 经济业务对会计等式的影响

上述资产、权益变动的经济业务对会计等式的影响,具体可以归纳为如表 2-2 所示的 9 种情况。

表 2-2　经济业务对会计等式的影响

	资产	=	负债	+	所有者权益
(1)	增加		增加		
(2)	增加				增加
(3)	减少		减少		
(4)	减少				减少
(5)	增加 减少				
(6)			增加 减少		
(7)					增加 减少
(8)			增加		减少
(9)			减少		增加

以光明厂为例,该企业 2012 年 7 月发生下列经济业务:

(1) 购入原材料一批,价款 50 000 元,暂欠供货单位。

这笔经济业务使属于资产要素的原材料项目增加 50 000 元,同时使属于负债要素的应付账款项目增加 50 000 元。会计等式两边同时增加,两方总额依然相等。

(2) 收到丁投资者设备一部,价值 100 000 元,当即投入使用。

这笔经济业务使属于资产要素的固定资产项目增加 100 000 元,同时使属于所有者权益要素的实收资本项目增加 100 000 元。会计等式两方同时增加,两方总额依然相等。

(3) 以银行存款归还长期借款 100 000 元。

这笔经济业务使属于资产要素的银行存款项目减少 100 000 元,同时使属于负债要素的长期借款项目减少 100 000 元。会计等式两方同时减少,两方总额依然相等。

(4) 丙合伙人收回投资 100 000 元,以存款支付。

这笔经济业务使属于资产要素的银行存款项目减少 100 000 元,同时使属于所有者权益要素的实收资本项目减少 100 000 元。会计等式两方同时减少,两方总额依然相等。

(5) 从银行提出现金 60 000 元备用。

这笔经济业务使属于资产要素的库存现金项目增加 60 000 元,同时使属于资产要素的银行存款项目减少 60 000 元。会计等式的资产要素有增有减,且增减相等,而会计等式的另一方没有发生变动,两方总额依然相等。

(6) 从银行取得短期借款 50 000 元,用来偿还前欠货款。

这笔经济业务使属于负债要素的短期借款项目增加 50 000 元,同时使同属负债要素的应付账款项目减少 50 000 元。会计等式的负债要素有增有减,而会计等式的另一方没有发生变动,两方总额依然相等。

(7) 按照法定程序,将盈余公积转增资本金 400 000 元。

这笔经济业务使属于所有者权益要素的实收资本项目增加 400 000 元,使属于所有者权益项目的盈余公积项目减少 400 000 元。会计等式的所有者权益项目有增有减,而会计等式的另一方没有发生变动,两方总额依然相等。

(8) 合伙人乙要求代为偿还所欠货款 300 000 元,作为其投资的减少。

这笔经济业务使属于负债要素的应付账款项目增加 300 000 元,使属于所有者权益要素的实收资本项目减少 300 000 元。会计等式的一方有增有减,且增减金额相等,而会计等式的另一方没有发生变动,两方总额依然相等。

(9) 客户 B 代本企业偿还一笔长期借款 100 000 元,作为对本企业的投资。

这笔经济业务使属于所有者权益要素的实收资本项目增加 100 000 元,使属于负债要素的长期借款项目减少 100 000 元。会计等式的一方有增有减,且增减金额相等,而会计等式的另一方没有发生变动,两方总额依然相等。

综上所述,无论企业的经济业务如何千差万别,引起资产和权益发生各种各样的变化,都不会破坏会计等式的平衡关系。

 思考与讨论

1. 会计等式为何会成立?
2. 经济业务的发生对会计等式有何影响?

 实训题

1. 资料:

(1) 某企业 2012 年 12 月 31 日资产总额 368 000 元;

(2) 2012 年 1 月 1 日权益总额 315 000 元;

(3) 2012 年全年收入总额 176 000 元。

要求:

计算 2012 年度费用,并列出期末资产与权益的会计等式。

2. 某企业 2012 年 12 月期初资产 50 万元,负债 10 万元,所有者权益 40 万元,12 月份共发生下列经济业务。

(1) 接受某单位投资的机器设备 3 台,价值 300 000 元。

(2) 用银行存款 20 000 元归还长期借款。

(3) 购进一批材料,价值 100 000 元,用银行存款支付。

(4) 向银行取得 1 年期贷款 150 000 元偿还前欠的货款。

(5) 向银行提取现金 10 000 元,以备发工资。

(6) 收回应收的货款 50 000 元。

(7) 购进设备一台,价款 10 000 元,款项尚未支付。

要求:

上述经济业务发生后使企业资产、负债、所有者权益发生了怎样的变化?变化后的会计等式是否能保持平衡?

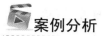案例分析

会计事项发生后会计等式是否还相等

GOODBYE 公司 2013 年 1 月份发生的全部经济业务如下。

1. 商店购买并收到商品存货 5 000 元，答应在 30 天内付款。

2. 成本为 1 500 元的商品存货售出，得到现金收入 2 300 元。

3. 成本为 1 700 元的商品存货售出，销售价格为 2 620 元，客户同意在 30 天内支付贷款 2 620 元。

4. 商店购买了一份 3 年期火灾保险合同，支付现金 1 224 元。

5. 商店购置了两块同样大小的土地，共计 24 000 元，其中现金支付 6 000 元，其余 18 000 元为 10 年期抵押付款。

6. 商店把其中一块土地卖出去，售价 12 000 元；收到现金 3 000 元，另外，买方承担 9 000 元抵押付款。

分析：

以上发生的会计事项对会计等式的影响。

任务三　掌握会计科目与账户

任务引入

会计对象基本分类后形成了六大会计要素。根据管理、决策活动对会计信息的要求，这种分类显然过于粗略，必须在基本分类基础上对六大要素进行进一步的分类，以满足企业管理要求。会计科目和账户由此产生。

➢ 任务 1：掌握会计科目。

➢ 任务 2：掌握会计账户。

任务分析

掌握会计科目与账户的含义，熟悉会计科目的内容和级次，对常见科目有一定的认识，了解账户的基本结构和期末余额的计算，重点理解科目与账户两者间的关系。

知识链接

一、会计科目

1. 会计科目的含义

会计科目，简称科目，是按照经济业务的内容和经济管理的要求，对会计要素的具体内容进行分类核算的项目名称。

每一个会计科目既反映其特定的经济业务内容，又满足一定的经济管理的需要。如企业的

原材料、辅助材料和企业的机器设备、车间厂房都属于资产要素，但是由于本身性质和特点的不同，以及对其管理上的要求有较大差异，因此会计上要分门别类地加以核算。企业的原材料、辅助材料计入"原材料"科目，而企业的机器设备、车间厂房计入"固定资产"科目。企业向银行的贷款都是属于负债要素，但是由于贷款期限的不同，相应管理上的要求也不一样，因此会计上设置了"短期借款"和"长期借款"两个科目分别核算。差旅费和广告费都属于费用要素，但由于其经济用途不同，应分别计入"管理费用"和"销售费用"进行核算。

设置会计科目，有助于全面、完整、系统地反映会计要素在一定期间的增减变化，为企业经济管理提供了具体分类的分析项目，有利于对企业经济活动的深入分析、评价和考核，保证了会计信息全面、完整、系统的提供。

2. 设置会计科目的原则

(1) 合法性。指设置会计科目应当符合国家统一的会计法律法规的规定。

(2) 相关性。指设置会计科目应为提供有关各方所需要的会计信息服务，满足对外报告与对内管理的要求。

(3) 实用性。指设置会计科目在符合国家统一要求的原则上，应结合单位自身特点和经营管理的要求，根据单位实际需要自行增设、减少或合并某些会计科目。

3. 会计科目的分类

(1) 按照所反映的经济内容，会计科目可分为以下 6 类：①资产类科目，例如"库存现金"、"银行存款"、"应收账款"、"预付账款"、"原材料"、"固定资产"等。②负债类科目，例如"短期借款"、"应付账款"、"预收账款"、"应付债券"、"长期应付款"等。③共同类科目，例如"衍生工具"、"套期工具"等。④所有者权益类科目，例如"实收资本"、"资本公积"、"盈余公积"、"本年利润"等。⑤成本类科目，例如"生产成本"、"制造费用"等。⑥损益类科目，例如"主营业务收入"、"其他业务收入"、"营业外收入"、"主营业务成本"、"管理费用"、"财务费用"等。

我国的会计科目和核算内容都是由财政部统一规定的，表 2-3 摘要列示财政部 2006 年颁布的会计科目表。

表 2-3 会计科目表(简化)

序 号	编 号	会计科目名称	序 号	编 号	会计科目名称
一、资产类			28*	2221	应交税费
1*	1001	库存现金	29*	2231	应付利息
2*	1002	银行存款	30*	2232	应付股利
3	1012	其他货币资金	31*	2241	其他应付款
4	1101	交易性金融资产	32*	2501	长期借款
5*	1121	应收票据	33	2502	应付债券
6*	1122	应收账款	34	2701	长期应付款
7*	1123	预付账款	三、共同类		
			四、所有者权益类		
8*	1131	应收股利			

(续表)

序　号	编　号	会计科目名称	序　号	编　号	会计科目名称
9	1132	应收利息	35*	4001	实收资本
10*	1221	其他应收款	36*	4002	资本公积
11	1231	坏账准备	37*	4101	盈余公积
12	1401	材料采购	38*	4103	本年利润
13*	1402	在途物资	39*	4104	利润分配
14*	1403	原材料	五、成本类		
15	1404	材料成本差异	40*	5001	生产成本
16*	1405	库存商品	41*	5101	制造费用
17	1511	长期股权投资	六、损益类		
18*	1601	固定资产	42*	6001	主营业务收入
19*	1602	累计折旧	43*	6051	其他业务收入
20*	1604	在建工程	44*	6301	营业外收入
21*	1701	无形资产	45*	6401	主营业务成本
22*	1901	待处理财产损溢	46*	6402	其他业务成本
二、负债类			47*	6403	营业税金及附加
23*	2001	短期借款	48*	6601	销售费用
24*	2201	应付票据	49*	6602	管理费用
25*	2202	应付账款	50*	6603	财务费用
26*	2203	预收账款	51*	6711	营业外支出
27*	2211	应付职工薪酬	52*	6801	所得税费用

注：标注"*"的科目为本课程中要求掌握的会计科目。

(2) 按照科目所提供信息的详细程度及其统驭关系，分为以下两类：①总分类科目。总分类科目是对会计要素具体内容进行总括分类，提供总括信息的会计科目，也叫一级科目。财政部统一规定的科目及核算内容主要针对总分类科目，如表2-3所列。②明细分类科目。明细分类科目是对总分类科目作进一步分类，提供更详细更具体会计信息的科目。对于明细科目较多的总账科目，可在总分类科目与明细科目之间设置多级科目。例如表2-4所示的库存商品科目。

表2-4　库存商品(一级科目)

食品类(二级科目)			服饰类(二级科目)		家电类(二级科目)		
糕点(三级科目)	糖果(三级科目)	……	女装(三级科目)	男装(三级科目)	电视(三级科目)	冰箱(三级科目)	……

二、会计账户

1. 会计账户的含义

会计账户简称账户，是根据会计科目设置的，具有一定格式和结构，用于分类反映会计要素增减变动情况及其结果的载体。会计科目只是对会计要素进行分类后形成的项目名称，但经济业务的发生还有具体量上的增减变化，这就必须借助于会计账户，通过账户的基本结构进行记录。

2. 会计账户的基本结构

账户的结构是指记录经济业务的方式。经济业务发生后相应引起会计要素发生变化，无非是增加或者减少两个方面，因此作为记录经济业务的会计账户，在结构上也分成了左右两方，一方登记增加，另一方登记减少，还要反映增减变动后的结果，即余额。所以，反映会计要素的增加额、减少额及余额就构成了会计账户的基本结构。

在实际工作中，会计账户格式设计一般包括以下内容：

(1) 账户的名称，即会计科目；

(2) 日期，即经济业务发生的时间；

(3) 凭证号数，即账户记录的来源和依据；

(4) 摘要，即经济业务的简要说明；

(5) 增加金额、减少金额及余额，如表 2-5 所示。

表 2-5 账户名称(会计科目)

年		凭证号数	摘　　要	增 加 额	减 少 额	余　　额
月	日					

在会计教学中，为了简化账户格式，通常用"T"字形账户表示，如图 2-2 所示。

图 2-2 "T"字形账户

上述"T"字形账户左右两方分别用来登记增加发生额和减少发生额，本期增加发生额与本期减少发生额相抵后得到期末余额，期末余额转入下一期就是下期的期初余额，由此得到四者间的关系如下：

$$期末余额＝期初余额＋本期增加发生额－本期减少发生额 \tag{2-6}$$

账户哪一方登记增加，哪一方登记减少，余额在哪个方向，取决于账户本身的性质和记账方法。

三、会计科目与账户间的关系

在实际工作中，会计科目与会计账户并没有严格的区分，两者常常互用。但在会计学中，会计科目与会计账户是两个不同的概念，两者间既有联系又有区别。

会计科目与会计账户的联系表现为：会计科目与所对应的账户反映的经济内容是一致的，会计科目是账户的名称，账户是会计科目的具体运用，两者相互依存。

会计科目与会计账户的区别表现为：会计科目只是账户的名称，不存在结构，它的设置不存在核算方法问题；而账户则具有一定的格式和结构，是用于分类反映会计要素增减变动情况及其结果的载体，设置会计账户是会计核算的重要方法。

在实际工作中，账户和会计科目这两个概念已不加区别，往往相互通用。

 思考与讨论

1. 会计科目的编号有何作用？
2. 会计科目有哪些分类？
3. 会计科目与账户有何关系？

 实训题

1. 指出下列项目对应的账户名称(会计科目)：

(1) 存放在企业的现金；

(2) 购进的用于生产的材料；

(3) 行政办公楼；

(4) 准备出售的产品；

(5) 购进设备的欠款；

(6) 投资人投入的资本；

(7) 产品生产耗用的原料；

(8) 支付的当月银行借款利息；

(9) 销售产品尚未收到的款项；

(10) 购入的专利权。

2. 某企业 2012 年 8 月 31 日资产、负债、所有者权益状况如表 2-6 所示。

表 2-6　资产负债表

2012 年 8 月 31 日　　　　　　　　　　　　　　　　　　　　　　单位：元

序　号	项　　目	金　　额	资　产	负　债	所有者权益	会 计 科 目
1	投入的资本金	1 000 000				
2	正在安装的外购设备	60 000				
3	应收 A 公司货款	560 000				
4	成功发行的公司债券	300 000				
5	存在银行里的货币资金	250 000				
6	库存材料	274 000				
7	欠 A 企业购原材料款	38 000				
8	尚未交纳的税金	22 000				
9	生产车间在产品	27 000				
10	已完工入库的产成品	148 000				
11	本月实现的利润	226 000				

(续表)

序　号	项　　目	金　　额	资　产	负　债	所有者权益	会 计 科 目
12	提取盈余公积	96 000				
13	应付公司员工的薪酬	18 500				
14	暂支采购员差旅费	1 500				
15	提取的累计折旧	29 000				
16	厂房及设备、办公楼	409 000				
	合计					

要求：

根据表中资料将各项目区分为相关会计要素以会计科目形式填入表中，并进行计算。

 案例分析

李红是一名服饰设计与制作专业的大学生，大学毕业后自己开了一家服饰设计兼制作的小公司。她利用大学期间勤工俭学所得的 10 000 元和父母投资的 30 000 元，另外又向朋友借了 10 000 元，筹集了所需资金。开业半年后她算了笔账，发现亏了 2 000 元。收支如下：开业期间装修费等 5 000 元，支付一年门店租金 20 000 元，添置缝纫设备 6 000 元，购进布料及辅料 4 000 元，其他开支 2 000 元，取得服装设计收入 20 000 元，服装加工制作收入 15 000 元。

分析：

李红真的亏了吗？

任务四　理解复式记账原理

任务引入

要记录经济业务，从企业的经营业务转化为会计信息，除了需要账户这个工具之外，还需要采用一定的记账方法——复式记账。

➤　任务 1：了解复式记账与单式记账的区别。

➤　任务 2：理解复式记账原理。

任务分析

复式记账与其说是一种方法，还不如说是一种原理。既然是原理，就应该认识其适用于会计工作的道理，理解其本质上对记录经济业务做出的要求。

知识链接

一、单式记账法

记账方法是指对经济业务所引起的会计数据的增减变化在会计账户中进行记录的方法。随着社会生产的发展和管理要求的变化，记账方法先后出现了单式记账法和复式记账法两种。

单式记账法是最早出现的一种古老的记账方法。它是指发生经济业务之后，只在一个账户中进行登记的方法。单式记账通常是对经济业务作单方面的登记，只登记现金、银行存款的收付和所欠的债务及对外的债权结算，不登记实物的收付。

例如，用银行存款 1 000 元购买材料，在记账时，只记存款减少 1 000 元，至于材料增加 1 000 元则略而不记。可见，单式记账法的记账手续较为简单，但账务处理不完整，不能全面、系统地反映经济活动过程及来龙去脉，不便于检查账户记录的正确性。因此，单式记账法只能在商品经济不发达、经济业务十分简单的情况下采用。

二、复式记账原理

复式记账法是在单式记账法基础上发展起来的，是指对每项经济业务都要以相等的金额在两个或两个以上相互联系的账户中进行登记的方法。

例如，企业以银行存款 1 000 元购入原材料。这项经济业务的发生，一方面使企业的原材料增加了 1 000 元；另一方面使企业的银行存款减少了 1 000 元。根据复式记账法，以相等的金额在"原材料"和"银行存款"这两个相互联系的账户中进行登记，即一方面在"原材料"账户登记增加 1 000 元；另一方面在"银行存款"账户中登记减少 1 000 元，如图 2-3 所示。

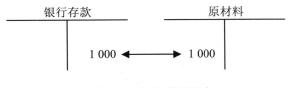

图 2-3　"T"字形账户

复式记账的理论基础是会计等式，即资产和权益的恒等关系。一笔经济业务发生，会引起会计等式两边同增或同减，或者是等式一边内部项目一增一减，因此，必须以相等的金额在两个或两个以上相关账户中做双重记录，才能全面、完整地反映经济业务这种内在的联系。

复式记账法有别于单式记账法的突出特点是对发生的经济业务都应在两个或两个以上相互联系的账户中进行登记，能够全面、系统地反映经济活动的来龙去脉，反映经济活动全过程和结果。而且，复式记账还可以利用试算平衡检验账簿记录的正确性。

复式记账具体包括增减记账法、收付记账法、借贷记账法等。其中，借贷记账法被全世界公认为是最科学、最完善的复式记账方法，我国目前即采用这种记账方法。

 思考与讨论

1. 复式记账法的优点是什么？
2. 如何理解复式记账的理论基础？

实训题

长虹工厂 2012 年 12 月发生下述经济业务，试分析业务变化情况。
(1) 向银行借款 20 000 元，期限 3 个月，该款项已存入银行账户。
(2) 以银行存款购入机器设备一台，价值 23 400 元。
(3) 从光明公司购入 A 材料 50 000 元，其中 40 000 元已用存款支付，剩余部分货款尚未支付。

    (4) 以银行存款 20 000 元向达远公司预付购买材料的货款。

    (5) 以银行存款偿还上述欠光明公司的材料款。

    (6) 从银行提取现金 12 000 元备用。

    (7) 用银行存款支付上月的应交税费 1 000 元。

    (8) 销售甲产品 200 000 元，货款尚未收到。

    (9) 收回前欠货款 100 000 元，存入银行。

📽 案例分析

    刘丽下岗后开了一家包子店，某日购进面粉 1 000 千克，金额 3 500 元，开出一张转账支票付讫。该项业务结束后，会计人员除对银行存款登记减少了 3 500 元后，并没有进行其他记录。

    分析：

    这种记账方法是否正确？如果有误，应该如何记录？

任务五　掌握借贷记账法

    复式记账提供更多的是一种原理，而记账符号的确定、账户结构设置、记账遵循的规则和试算平衡还是需要结合一种具体的复式记账方法——借贷记账法。

    ➤ 任务 1：熟悉借贷记账法的记账符号。

    ➤ 任务 2：掌握借贷记账法的账户结构。

    ➤ 任务 3：掌握借贷记账法的记账规则和会计分录的编制。

    ➤ 任务 4：掌握借贷记账法的试算平衡。

任务分析

    借贷记账法的 4 个方面内容是本学习情境的最后落脚点，能否实现从企业经营业务向会计信息的转化，就依赖于以上 4 项任务的完成，也为下一步的会计工作打下基础。

知识链接

一、借贷记账法的产生与发展

    借贷记账法是当今世界各国普遍采用的一种复式记账方法，也是世界上最早产生的一种复式记账方法。据史料记载，借贷记账法大约在 12—13 世纪起源于商业经济比较发达的意大利。1494 年，意大利数学家卢卡·帕乔利(Luca Pacioli)在威尼斯出版了《算术、几何与比例概要》一书，在该书中系统地阐释了复式簿记的理论与方法，它是人类最早关于复式记账的文献。这是世界会计发展史上的里程碑，开创了世界会计发展史的新纪元，标志着近代会计的产生。这之后借贷记账法在世界各国得到了迅速传播，成为全世界应用最广泛的记账方法。

二、借贷记账法的基本内容

借贷记账法是以"资产＝负债＋所有者权益"为理论依据，以"借"和"贷"为记账符号来记录经济业务的一种复式记账法。

1. 记账符号

借贷记账法是以"借"和"贷"为记账符号。借、贷二字最初只表示"借主"与"贷主"之间的债权、债务关系及其增减变化。随着会计记录业务内容的丰富，借、贷二字逐渐失去了原来字面上的含义，演变为单纯表示各种财产物资增减变化的记账符号，通过"借"和"贷"表示"增加"或"减少"。

2. 账户结构

会计账户通过"借"和"贷"表示账户中的登记方向，账户的左方一律称为借方，账户的右方一律称为贷方，如图 2-4 所示。

图 2-4　"T"字形账户

但账户是借方登记增加、贷方登记减少还是贷方登记增加、借方登记减少，还要根据账户本身的性质决定。

(1) 资产类账户结构。资产的增加记在借方，减少记在贷方，期末余额一般在借方，如图 2-5 所示。

借方	资产类账户	贷方	
期初余额：	×××		
本期增加额：	×××	本期减少额：	×××
本期发生额合计：	×××	本期发生额合计：	×××
期末余额：	×××		

图 2-5　资产类账户结构

由此可以得到资产类账户期末余额计算公式为：

$$\underset{(借方)}{期末余额} = \underset{(借方)}{期初余额} + \underset{(本期增加)}{借方发生额} - \underset{(本期减少)}{贷方发生额} \qquad (2\text{-}7)$$

(2) 负债类、所有者权益类账户结构。负债、所有者权益的登记方向相同，增加记在贷方，减少记在借方，期末余额一般在贷方，如图 2-6 所示。

借方	负债类或所有者权益类账户	贷方	
		期初余额：	×××
本期减少额：	×××	本期减少额：	×××
本期发生额合计：	×××	本期发生额合计：	×××
		期末余额：	×××

图 2-6　负债类或所有者权益类账户结构

由此可以得到负债类或所有者权益类账户期末余额计算公式为：

$$\underset{(贷方)}{期末余额} = \underset{(贷方)}{期初余额} + \underset{(本期增加)}{贷方发生额} - \underset{(本期减少)}{借方发生额} \tag{2-8}$$

(3) 成本类账户结构。成本类账户某种意义上也可以称为资产类账户，因此其账户结构与资产类完全相同。(注意："制造费用"账户期末一般无余额)

(4) 损益类账户结构。损益类账户包括收入类账户和费用类账户。收入会导致所有者权益增加，因此登记方向与所有者权益一致。收入的增加记在贷方，减少记在借方，期末结转到"本年利润"后无余额。费用会导致所有者权益减少，因此登记方向与所有者权益相反。费用的增加记在借方，减少记在贷方，期末结转到"本年利润"后无余额，如图 2-7 和图 2-8 所示。

借方		收入类账户	贷方	
本期增加额：	×××	本期减少额：	×××	
本期发生额合计：	×××	本期发生额合计：	×××	

图 2-7　收入类账户结构

借方		费用类账户	贷方	
本期增加额：	×××	本期减少或转销额：	×××	
本期发生额合计：	×××	本期发生额合计：	×××	

图 2-8　费用类账户结构

综上所述，可将各账户借、贷方反映的内容总结，如图 2-9 所示。

借方	账户名称	贷方
资产的增加		资产的减少
负债的减少		负债的增加
所有者权益的减少		所有者权益的增加
费用、成本增加		费用、成本的减少
收入的减少		收入的增加
利润的减少		利润的增加
资产的期末余额		负债或所有者权益的期末余额

图 2-9　账户结构

3. 记账规则

记账规则是指采用某种记账方法登记具体经济业务应遵循的规律。借贷记账法的记账规则是"有借必有贷，借贷必相等"。即对每一笔发生的经济业务，在记入一个或几个账户借方的同时，记入另一个或几个账户的贷方，并且记入借方与记入贷方的金额必须相等，如图 2-10 所示。

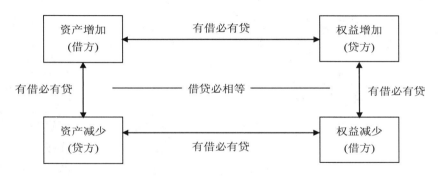

图 2-10　借贷记账法记账规则

以下列 5 笔经济业务为例，说明借贷记账法记账规则的应用。

(1) 企业从银行提取现金 1 000 元备用。这项业务的发生使企业资产中的库存现金增加，同时使企业资产中的银行存款减少，根据资产类账户结构，应借记"库存现金"账户 1 000 元，贷记"银行存款"账户 1 000 元。

借方　库存现金　贷方	借方　银行存款　贷方
1 000	1 000

(2) 企业向银行借入短期借款 200 000 元，款存入银行。这项业务发生，使企业资产中的银行存款增加，根据资产类账户结构，应借记"银行存款"账户 200 000 元，同时使企业负债中的短期借款增加，根据负债类账户结构，应贷记"短期借款"账户 200 000 元。

借方　银行存款　贷方	借方　短期借款　贷方
200 000	200 000

(3) 企业购买材料一批，价款 3 000 元，材料已入库，货款尚未支付。这项业务发生，使企业资产中的原材料增加，根据资产类账户结构，应借记"原材料"账户 3 000 元，同时使企业负债中的应付账款增加，根据负债类账户结构，应贷记"应付账款"账户 3 000 元。

借方　原材料　贷方	借方　应付账款　贷方
3 000	3 000

(4) 企业接受 A 公司投入 100 万元资金，款存入银行。这项业务发生，使企业资产中的银行存款增加，根据资产类账户结构，应借记"银行存款"账户 1 000 000 元，同时使企业所有者权益中的实收资本增加，根据所有者权益账户结构，应贷记"实收资本"账户 1 000 000 元。

借方　银行存款　贷方	借方　实收资本　贷方
1 000 000	1 000 000

(5) 企业销售产品一批，价款 50 000 元，货款尚未收到。这项业务发生，使企业资产中的应收账款增加，根据资产类账户结构，应借记"应收账款"账户 50 000 元，同时使企业收入中

的主营业务收入增加,根据收入类账户结构,应贷记"主营业务收入"账户 50 000 元。

借方	应收账款	贷方		借方	主营业务收入	贷方
50 000					50 000	

4. 账户对应关系和会计分录

在对上述每笔经济业务进行复式记账时,都会涉及相关联的应借、应贷的几个账户,这种一笔经济业务所涉及的几个账户之间存在的应借、应贷相互依存关系叫作账户对应关系。如收到投资者投资存入银行这笔业务,"银行存款"与"实收资本"账户就建立起了对应关系。存在对应关系的账户称为对应账户。如在上例中,"银行存款"与"实收资本"账户就互为对应账户。了解和掌握账户对应关系非常重要,通过账户对应关系,可以了解经济业务的内容和来龙去脉,还可以检查经济业务的账务处理是否正确合理。

上述 5 笔经济业务都是将其记入了"T"字形账户中,但为了保证账户记录的正确性,在对经济业务记入会计账户之前,一般先要编制会计分录,再根据会计分录记入有关账户的借方或贷方。

会计分录是根据复式记账原理,确定一项经济业务所涉及的账户名称、借贷方向和增减金额的一种记录形式。在实际工作中,会计分录是填写在记账凭证上的,它是登记账簿的依据。会计分录的正确与否,直接影响到会计账户记录的正确性,乃至影响到会计信息的质量。因此,会计分录应如实地反映经济业务的内容,正确确定应借应贷的账户及其金额。作为初学者,在运用借贷记账法编制会计分录时,应遵循如下几个步骤。

首先,分析经济业务的内容,确定所涉及的账户名称、类别及其性质。

其次,判别账户应记金额是增还是减,确定各应记账户的方向,是应借还是应贷。

再次,按一定书写格式标明经济业务的借贷方向、账户名称及其金额。

最后,检查会计分录借贷是否平衡,有无错误。

会计分录书写的一般格式如下。

(1) 先借后贷,借贷分行写,并且错开一字格。

(2) 同行文字与金额的数字应适当错开位置。

(3) 金额采用阿拉伯数字书写,数字后面不写货币单位(元)。

现将上述 5 笔经济业务编制成会计分录如下。

(1) 借:库存现金　　　　　　　　1 000
　　　　贷:银行存款　　　　　　　　1 000

(2) 借:银行存款　　　　　　　　200 000
　　　　贷:短期借款　　　　　　　　200 000

(3) 借:原材料　　　　　　　　　3 000
　　　　贷:应付账款　　　　　　　　3 000

(4) 借:银行存款　　　　　　　　1 000 000
　　　　贷:实收资本　　　　　　　　1 000 000

(5) 借:应收账款　　　　　　　　50 000
　　　　贷:主营业务收入　　　　　　50 000

会计分录分为简单会计分录和复合会计分录。简单会计分录是由一借一贷两个账户组成的会计分录，或者说只涉及两个账户的会计分录。复合会计分录是由两个以上账户所组成的会计分录，或者说是涉及两个以上账户的会计分录。例如，公司销售产品 30 000 元，其中 20 000 元已收到存入银行，尚有 10 000 元货款未收到。这笔经济业务编制复合会计分录如下。

借：银行存款　　　　　　　　20 000
　　应收账款　　　　　　　　10 000
　　贷：主营业务收入　　　　　　　　30 000

一般来说，大部分的复合会计分录都可以分解为几个简单会计分录，因此，上述复合会计分录可以分解为两个简单会计分录。

借：银行存款　　　　　　　　20 000
　　贷：主营业务收入　　　　　　　　20 000
借：应收账款　　　　　　　　10 000
　　贷：主营业务收入　　　　　　　　10 000

编制复合会计分录可以集中反映经济业务的全部情况，简化分录编制工作，提高会计工作效率，但是为了保证账户对应关系清晰，一般不编制多借多贷的会计分录。除了在实际工作中，有些经济业务特别复杂，在进行账务处理时，可能会出现多借多贷的会计分录，在保证账户间对应关系和正确反映经济业务全貌的基础上，允许编制多借多贷的会计分录。

5. 试算平衡

试算平衡是根据资产与权益的平衡关系和复式记账原理，按照记账规则的要求，通过对本期账户的全部记录进行汇总计算和比较，以检验账户记录正确与否的一种专门方法。借贷记账法的试算平衡有发生额试算平衡和余额试算平衡两种。

(1) 发生额试算平衡。发生额即在一定会计期间内账户所登记的增加额和减少额。

平衡公式：全部账户借方发生额合计数＝全部账户贷方发生额合计数

平衡原理：借贷记账法的记账规则——有借必有贷，借贷必相等，对每一笔业务按记账规则记入有关账户的借方和贷方，借贷两方的发生额必然相等。将全部业务都记入有关账户后，所有账户的借方发生额合计数与贷方发生额合计数必然相等。

平衡方法：编制"总分类账户本期发生额试算平衡表"，如表 2-7 所示。

表 2-7　总分类账户本期发生额试算平衡表

账 户 名 称	借方发生额	贷方发生额
合计		

(2) 余额试算平衡。余额试算平衡包括期初余额试算平衡和期末余额试算平衡。

平衡公式：全部账户期初借方余额合计数＝全部账户期初贷方余额合计数

全部账户期末借方余额合计数＝全部账户期末贷方余额合计数

平衡原理：会计等式的平衡原理。

平衡方法：编制"总分类账户余额试算平衡表"，如表 2-8 所示。

表 2-8　总分类账户余额试算平衡表

账 户 名 称	期 初 余 额		期 末 余 额	
	借　方	贷　方	借　方	贷　方
合计				

在实际工作中，也可以将上述两个表合并在一张表上，如表 2-9 所示。

表 2-9　总分类账户本期发生额及余额试算平衡表

账 户 名 称	期 初 余 额		本 期 发 生 额		期 末 余 额	
	借　方	贷　方	借　方	贷　方	借　方	贷　方
合计						

应当指出，试算平衡只是通过借贷金额是否平衡来检查账户记录是否正确。如果借贷不平衡，可以肯定账户的记录或计算有错误，应进一步查明原因，予以更正，直到实现平衡为止。如果借贷平衡，一般来说，记账基本正确，但不能肯定记账没有错误。因为有些错误并不影响借贷双方的平衡关系。例如漏记、重记某项经济业务，应借应贷方向相反，应借应贷科目写错或借贷双方发生同等金额的错误等都难以通过试算平衡检查出来。因此，为了纠正账簿记录的错误，需要对所有的会计记录进行日常或定期的复核，以保证账户记录的正确性。

 思考与讨论

1. 为什么损益类账户没有期末余额？

2. 为什么会存在账户对应关系？

3. 既然试算平衡是检查账户记录正确与否的方法，为什么说试算平衡仍然不能肯定记账没有错误？

 实训题

1. 裕丰公司 2012 年 12 月 31 日有关账户的部分资料如表 2-10 所示。

表 2-10　账户资料

账 户 名 称	期 初 余 额		本 期 发 生 额		期 末 余 额	
	借　方	贷　方	借　方	贷　方	借　方	贷　方
固定资产	1 000 000		50 000	70 000	(　　)	
预付账款	40 000		(　　)	90 000	10 000	
短期借款		(　　)	80 000	160 000		220 000
应收账款	300 000		400 000	(　　)	280 000	
实收资本		6 000 000	—	(　　)		8 700 000
应付票据		15 000	(　　)	40 000		31 000

要求：

计算并将结果填列在括号内。

2. 琼华公司 2012 年 6 月份有关账户记录如下所示。

现金			
期初余额	650		
(1)	400	(5)	550
期末余额	500		

原材料			
期初余额	88 000		
(2)	72 000	(4)	130 000
(7)	68 000		
期末余额	98 000		

银行存款			
期初余额	79 000		
(6)	34 000	(1)	400
(8)	50 000	(5)	70 000
(9)	20 100	(7)	68 000
		(10)	30 000
期末余额	14 700		

应收账款			
期初余额	58 400		
		(6)	34 000
		(9)	20 100
期末余额	4 300		

固定资产			
期初余额	480 000		
(3)	200 000		
期末余额	680 000		

应付账款			
		期初余额	40 800
		(2)	72 000
(5)	70 550		
		期末余额	42 250

实收资本			
		期初余额	700 000
		(3)	200 000
		期末余额	900 000

短期借款			
		期初余额	8 730
(10)	30 000	(8)	50 000
		期末余额	28 730

生产成本			
期初余额	43 480		
(4)	130 000		
期末余额	173 480		

要求：

根据上述账户记录，补编会计分录，并简要说明每笔经济业务的内容。

3. 某企业 2012 年 5 月 31 日总账账户余额如表 2-11 所示。

表 2-11 某企业账户余额

单位：元

固定资产	464 000	实收资本	460 000
原材料	116 000	生产成本	42 000
短期借款	82 000	现金	1 000
应交税费	28 000	应收账款	32 000
应付账款	93 600	银行存款	8 600

2012 年 6 月份发生如下经济业务。

(1) 6 月 2 日，接受国家投资的厂房一栋，可直接交付使用，总价值为 290 000 元。

(2) 6 月 4 日，从工商银行取得借款 92 000 元，存入企业存款账户。

(3) 6 月 7 日，管理部门用现金购买办公用品 300 元。

(4) 6 月 8 日，购入材料 50 000 元，已验收入库，货款尚未支付。

(5) 6 月 10 日，以银行存款 10 000 元偿还银行借款。

(6) 6 月 12 日，开出转账支票，偿还上月所欠金星厂货款 7 000 元。

(7) 6 月 13 日，接到银行收款通知，收到大明工厂偿付的货款 25 000 元。

(8) 6 月 15 日，开出现金支票，从银行提取现金 1 000 元备用。

(9) 6 月 21 日，开出转账支票 18 000 元，交纳所欠所得税款。

(10) 6 月 30 日，仓库转来本月发出材料登记表，本月生产车间为生产 A 产品共领用材料 46 000 元。

(11) 6 月 30 日，将现金 640 元送存银行。

要求：

(1) 根据上述资料，开设有关的"T"形账户，并登记期初余额。

(2) 编制上述业务的会计分录。

(3) 根据所编会计分录登记有关账户，结出月末余额。

(4) 编制发生额及余额试算平衡表。

 案例分析

试算平衡表不是万能的

爱民从某财经大学会计系毕业刚刚被聘任为启明公司的会计员。今天是他来公司上班的第一天。会计科里那些同事们忙得不可开交，一问才知道，大家正在忙于月末结账。"我能做些什么？"会计科长看他那急于投入工作的表情，也想检验一下他的工作能力，就问："试算平衡表的编制方法在学校学过了吧？""学过。"爱民很自然地回答。"那好吧，趁大家忙别的事情的时候，你先编一下我们公司这个月的试算平衡表。"科长帮他找到了本公司所有的总账账簿，让他在早已为他准备的办公桌开始工作。不到一个小时，一张"总分类账户发生额及余额试算平衡表"就完整地编制出来了。看到表格上那相互平衡的三组数字，爱民激动的心情很难予以言表，他兴冲冲地向科长交了差。

"呀，昨天车间领材料的单据还没记到账上去呢，这也是这个月的业务啊！"会计员李媚说。还没等爱民缓过神来，会计员小张手里又拿着一些会计凭证凑了过来，对科长说："这笔账我核对过了，应当记入'原材料'和'生产成本'的是 10 000 元，而不是 9 000 元。已经入账的那部分数字还得改一下。"

"试算平衡表不是已经平衡了吗？怎么还有错账呢？"爱民不解地问。

科长看他满脸疑惑的神情，就耐心开导说："试算平衡表也不是万能的，像在账户中把有些业务漏记了，借贷金额记账方向彼此颠倒了，这些都不会影响试算表的平衡。像小张才发现的把两个账户的金额同时记多了或记少了，也不会影响试算表的平衡。"

爱民边听边点头，心里想："这些内容好像老师在上'基础会计'课的时候也讲过，以后在实践中还得好好琢磨呀。"经过一番调整，一张真实反映本月业务的试算平衡表又在爱民的手里诞生了。

分析：

除了启明公司会计科长所说的之外，还有哪些错误是不能通过试算平衡被发现的？

会计从业资格考试同步练习

1. 单项选择题

(1) 资金从货币资金开始，经过供、产、销 3 个过程，依次从货币资金到固定资金、储备资金、生产资金和产品资金，再到货币资金的过程称为(　　)。

　　A. 资金的运动　　　　B. 资金的周转　　　　C. 资金的循环　　　　D. 资金的退出

(2) 下列各项中，不属于会计核算具体内容的是(　　)。

　　A. 制订企业计划　　　　　　　　　　B. 收入的计算

　　C. 资本的增减　　　　　　　　　　　D. 财务成果的计算

(3) 下列各项中，不属于有价证券项目的是(　　)。

　　A. 企业债券　　　　B. 股票　　　　C. 银行汇票　　　　D. 国库券

(4) 下列各项中，不属于企业财物的是(　　)。

　　A. 机器设备　　　　B. 在产品　　　　C. 燃料　　　　D. 专利权

(5) 会计核算和监督的内容是特定主体的(　　)。

　　A. 经济资源　　　　B. 资金运动　　　　C. 实物运动　　　　D. 经济活动

(6) 下列各项中，属于债权的是(　　)。

　　A. 应付账款　　　　B. 应付职工薪酬　　　　C. 应收票据　　　　D. 预收账款

(7) 企业在一定时期内通过从事生产经营活动而在财务上取得的结果称为(　　)。

　　A. 财务状况　　　　B. 盈利能力　　　　C. 经营业绩　　　　D. 财务成果

(8) 资产是指企业(　　)形成的，并由企业拥有或控制，预期会给企业带来经济利益的资源。

　　A. 过去的交易　　　　　　　　　　B. 过去的事项

　　C. 过去的交易或者事项　　　　　　D. 现在的交易或者事项

(9) 资产按其流动性可分为(　　)。

　　A. 流动资产、固定资产　　　　　　B. 固定资产、非流动资产

　　C. 长期资产、非流动资产　　　　　D. 流动资产、非流动资产

(10) 企业销售商品所取得的收入属于(　　)。

　　A. 主营业务收入　　　　　　　　　B. 其他业务收入

　　C. 营业外收入　　　　　　　　　　D. 投资收益

(11) 资产按照现在购买相同或者相似资产所需支付的现金或者现金等价物的金额计量的会计计量属性是(　　)。

    A. 历史成本　　　　　B. 重置成本　　　　　C. 公允价值　　　　　D. 现值

(12) 某企业生产电脑,已经生产的半成品账面价值为 6 000 元,预计进一步加工需要花 800 元,销售出去还要开支相关税费 400 元,经过调查发现该电脑市场售价为 7 000 元。则该半成品的可变现净值是(　　)。

    A. 5 800　　　　　　B. 6 000　　　　　　C. 6 600　　　　　　D. 6 200

(13) 企业在对会计要素进行计量时,一般应当采用(　　)。

    A. 重置成本　　　　　B. 公允价值　　　　　C. 历史成本　　　　　D. 可变现净值

(14) 以下说法不正确的是(　　)。

    A. 明细科目是对其所归属的总分类科目的补充

    B. 明细科目是对其所归属的总分类科目的说明

    C. 明细分类科目对其所属的明细科目具有统驭作用

    D. 总分类科目对其所属的明细科目具有控制作用

(15) 会计科目是对(　　)的具体内容进行分类核算的项目。

    A. 会计对象　　　　　B. 会计要素　　　　　C. 资金运动　　　　　D. 会计账户

(16) 下列不属于成本类科目的是(　　)。

    A. 生产成本　　　　　B. 主营业务成本　　　　　C. 劳务成本　　　　　D. 制造费用

(17) 会计科目按其所归属的会计要素不同,分为六大类科目。其中,"管理费用"属于(　　)。

    A. 资产类　　　　　B. 负债类　　　　　C. 成本类　　　　　D. 损益类

(18) 以下说法不正确的是(　　)。

    A. 会计科目是账户的名称,也是设置账户的依据

    B. 没有会计科目,账户便失去了设置的依据

    C. 没有会计科目,账户就无法发挥作用

    D. 账户则是根据会计科目设置的,账户是会计科目的具体运用

(19) 以下不属于营业外收入的有(　　)。

    A. 公益性捐赠支出　　　　　　　　　　B. 非常损失

    C. 非货币性资产交换损失　　　　　　　D. 流动资产处置损失

(20) 某企业所有者权益总额为 700 万元,负债总额为 200 万元。那么,该企业的资产总额为(　　)万元。

    A. 900　　　　　　B. 1 000　　　　　　C. 500　　　　　　D. 以上答案都不对

(21) 账户发生额试算平衡是根据(　　)来确定的。

    A. 借贷记账法的记账规则　　　　　　　B. 资产=负债+所有者权益

    C. 收入-费用=利润　　　　　　　　　D. 平行登记原则

(22) 下列会计分录中,属于复合会计分录的是(　　)。

    A. 借:生产成本

         贷:制造费用

  B. 借：银行存款

    贷：实收资本——A 公司

        ——B 公司

  C. 借：原材料——甲材料

       ——乙材料

    贷：银行存款

  D. 借：管理费用

     制造费用

     贷：累计摊销

(23) 下列账户中，期末应无余额的是(　　)。

  A. 实收资本 B. 应付账款   C. 固定资产   D. 管理费用

(24) 下列记账错误中，不能通过试算平衡检查发现的是(　　)。

  A. 将某一账户的借方发生额 600 元，误写成 6 000 元，贷方金额无误

  B. 某项经济业务在记账过程颠倒了借贷科目，金额无误

  C. 借方的金额误记到贷方

  D. 漏记了借方的发生额

(25) 在借贷记账法下，账户的贷方用来登记(　　)。

  A. 收入类科目的减少   B. 所有者权益类科目的增加

  C. 负债类科目的减少   D. 成本类科目的增加

(26) "应收账款"账户的期末余额等于(　　)。

  A. 期初余额＋本期借方发生额－本期贷方发生额

  B. 期初余额－本期借方发生额－本期贷方发生额

  C. 期初余额＋本期借方发生额＋本期贷方发生额

  D. 期初余额－本期借方发生额＋本期贷方发生额

(27) A 公司月初应付账款余额为 80 万元，本月购入材料一批，货款 30 万元，款项尚未支付，另支付上期购买商品的欠款 50 万元。则本月应付账款的余额为(　　)万元。

  A. 借方 50 B. 贷方 100   C. 借方 100   D. 贷方 50

(28) 某企业本月发生管理费用开支计 58 万元，月末结平"管理费用"账户，则"管理费用"账户(　　)。

  A. 月末借方余额 58 万元   B. 本月期末余额为 0

  C. 月末贷方余额 58 万元   D. 以上都不对

(29) 甲公司月末编制的试算平衡表中，全部账户的本月借方发生额合计为 136 万元，除实收资本账户以外的账户本月贷方发生额合计为 120 万元，则实收资本账户(　　)。

  A. 本月贷方发生额为 16 万元   B. 本月借方发生额为 16 万元

  C. 本月借方余额为 16 万元   D. 本月贷方余额为 16 万元

(30) 在借贷记账法下，成本类账户的期末余额一般(　　)。

  A. 在借方 B. 为零   C. 在贷方   D. 在减少方

(31) 目前，我国采用的复式记账法主要是(　　)。

  A. 单式记账法 B. 增减记账法   C. 收付记账法   D. 借贷记账法

(32) 在借贷记账法下，所有者权益类账户的期末余额等于(　　)。

    A. 期初余额－借方发生额－贷方发生额

    B. 期初余额－借方发生额＋贷方发生额

    C. 期初余额＋借方发生额－贷方发生额

    D. 期初余额＋借方发生额＋贷方发生额

(33) 某企业 2009 年 10 月 1 日，"本年利润"账户的期初贷方余额为 20 万元，表明(　　)。

    A. 该企业 2009 年 12 月份的净利润为 20 万元

    B. 该企业 2009 年 9 月份的净利润为 20 万元

    C. 该企业 2009 年 1—9 月份的净利润为 20 万元

    D. 该企业 2009 年全年的净利润为 20 万元

(34) 复式记账法对于每项经济业务都以相等的金额在(　　)中进行登记。

    A. 一个账户   B. 两个账户

    C. 全部账户   D. 两个或两个以上相互联系的账户

(35) 复式记账法是以(　　)为记账基础的一种记账方法。

    A. 试算平衡   B. 资产和权益平衡关系

    C. 会计科目   D. 经济业务

(36) 下列关于"生产成本"账户的表述中，正确的是(　　)。

    A. "生产成本"账户期末肯定无余额

    B. "生产成本"账户期末若有余额，肯定在借方

    C. "生产成本"账户的余额表示已完工产品的成本

    D. "生产成本"账户的余额表示本期发生的生产费用总额

(37) 根据资产与权益的恒等关系以及借贷记账法的记账规则，检查所有账户记录是否正确的方法称为(　　)。

    A. 记账   B. 试算平衡   C. 对账   D. 结账

(38) 某企业资产总额为 100 万元，当发生下列 3 笔经济业务后：①向银行借款 20 万元存入银行；②用银行存款偿还债务 5 万元；③收回应收账款 4 万元存入银行，其资产总额为(　　)万元。

    A. 115   B. 119   C. 111   D. 71

(39) 年末结转后，"利润分配"账户的借方余额表示(　　)。

    A. 净利润   B. 利润总额   C. 未分配的利润   D. 未弥补的亏损

(40) 某企业原材料总分类账户的本期借方发生额为 50 万元，贷方发生额为 30 万元，其所属的 3 个明细分类账中：甲材料本期借方发生额为 20 万元，贷方发生额为 9 万元；乙材料借方发生额为 15 万元，贷方发生额为 11 万元，则丙材料的本期借贷发生额分别为(　　)。

    A. 借方发生额为 15 万元，贷方发生额为 50 万元

    B. 借方发生额为 15 万元，贷方发生额为 10 万元

    C. 借方发生额为 85 万元，贷方发生额为 10 万元

    D. 借方发生额为 85 万元，贷方发生额为 50 万元

(41) 某公司资产总额为 20 万元，负债总额为 5 万元，以银行存款 2 万元偿还短期借款，并以银行存款 2 万元购买设备(不考虑增值税)。则上述业务入账后，该公司的负债总额为( )万元。

    A. 2   B. 3   C. 25   D. 15

(42) 对某项经济业务事项标明应借、应贷账户名称及其金额的记录称为( )。

    A. 对应关系   B. 对应账户   C. 会计分录   D. 账户

(43) 下列有关总分类账户与明细分类账户关系的表述中，错误的是( )。

    A. 总分类账户与其所属的明细分类账户在总金额上应当相等

    B. 明细分类账户对总分类账户具有补充说明作用

    C. 总分类账户对明细分类账户具有统驭控制作用

    D. 总分类账户与明细分类账户登记的依据不同

(44) 下列引起资产和负债同时减少的经济业务是( )。

    A. 收到其他单位归还的欠款，存入银行

    B. 以银行存款归还银行短期借款

    C. 将库存现金存入银行

    D. 购进材料一批，货款暂欠(不考虑增值税)

(45) 在借贷记账法下，账户的借方用来登记( )。

    A. 资产类科目的减少   B. 收入类科目的增加

    C. 负债类科目减少   D. 所有者权益类科目的增加

(46) M 公司月初资产总额为 2 000 万元。本月发生下列业务：①以银行存款购买一项固定资产，价值 100 万元(不考虑增值税)；②向银行借入长期借款 300 万元，款项存入银行；③以银行存款归还前欠货款 60 万元；④收到其他企业的欠款 50 万元，款项已存入银行。则月末该公司资产总额为( )万元。

    A. 2 240   B. 2 290   C. 2 350   D. 2 450

(47) 下列经济业务会引起资产类科目和所有者权益类科目同时增加的是( )。

    A. 赊购原材料   B. 接受投资者投入的现金资产

    C. 向银行借入长期借款   D. 用银行存款归还企业的银行短期借款

(48) 某企业月初权益总额为 200 万元，假定本月仅发生一笔以银行存款 20 万元偿还短期借款的业务，则该企业月末资产总额为( )万元。

    A. 180   B. 200   C. 190   D. 240

(49) 某公司期初资产总额为 500 万元，当期期末负债总额比期初减少 20 万元，期末所有者权益比期初增加 25 万元。则该企业期末资产总额为( )万元。

    A. 500   B. 480   C. 505   D. 525

(50) 下列会引起资产和负债总额同时减少的经济业务是( )。

    A. 把现金存入银行   B. 赊购材料一批

    C. 用银行存款偿还银行借款   D. 收到某企业的欠款并存入银行

2. 多项选择题

(1) 企业的资金运动表现为(　　)等过程。

　　A. 资金投入　　　　　　　　　　　　B. 资金的周转

　　C. 资金的循环　　　　　　　　　　　D. 资金退出

(2) 资金退出,包括(　　)。

　　A. 缴偿还各项债务　　　　　　　　　B. 支付职工工资

　　C. 上缴各项税金　　　　　　　　　　D. 向所有者分配利润

(3) 款项是作为支付手段的货币资金,主要包括(　　)。

　　A. 股票　　　　　B. 备用金　　　　　C. 国库券　　　　　D. 库存现金

(4) 会计核算职能是指会计以货币为主要计量单位,通过(　　)等环节,对特定主体的经济活动进行记账、算账、报账。

　　A. 确认　　　　　　B. 记录　　　　　　C. 计量　　　　　　D. 核对

(5) 下列各项中,属于财务成果的计算和处理内容的有(　　)。

　　A. 利润分配　　　　　　　　　　　　B. 利润的计算

　　C. 亏损弥补　　　　　　　　　　　　D. 所得税的计算和交纳

(6) 属于企业的静态会计要素有(　　)。

　　A. 负债　　　　　B. 支出　　　　　C. 资产　　　　　D. 利润

(7) 凡符合资产定义的情况下,同时还需满足下列条件才能确定为资产(　　)。

　　A. 与该资源有关经济利益很可能流入企业

　　B. 与该资源有关经济利益可能流入企业

　　C. 该资源的成本或者价值能够可靠地计量

　　D. 资产是企业拥有或者控制的资源

(8) 负债按其流动性可分为(　　)。

　　A. 流动负债　　　　B. 长期借款　　　　C. 非流动负债　　　　D. 短期借款

(9) 以下不属于留存收益的内容有(　　)。

　　A. 主营业务收入　　　　　　　　　　B. 盈余公积

　　C. 实收资本　　　　　　　　　　　　D. 未分配利润

(10) 盈余公积是企业按照国家有关规定从税后利润(净利润)中提取的公积金,包括(　　)。

　　A. 任意盈余公积　　　　　　　　　　B. 法定公益金

　　C. 法定盈余公积　　　　　　　　　　D. 普通盈余公积

(11) 收入是指企业(　　)总流入。

　　A. 在日常活动中形成的　　　　　　　B. 会导致所有者权益减少的

　　C. 与所有者投入资本无关的经济利益的　D. 会导致所有者权益增加的

(12) 根据企业所从事的日常活动的内容,企业的收入包括(　　)。

　　A. 提供劳务收入　　　　　　　　　　B. 销售商品收入

　　C. 让渡资产使用权收入　　　　　　　D. 其他业务收入

(13) 期间费用包括(　　)。

　　A. 管理费用　　　　B. 财务费用　　　　C. 制造费用　　　　D. 销售费用

(14) 利润包括(　　)。

　　A. 当期所有利得和损失　　　　　　　B. 收入减去费用后的净额

　　C. 直接计入当期利得和损失　　　　　D. 收入减去利得

(15) 下列属于会计计量属性的有(　　)。

　　A. 历史成本　　　　B. 可变现净值　　　　C. 公允价值　　　　D. 现值

(16) 企业在设置会计科目时，应遵循的原则有(　　)。

　　A. 合法性原则　　　B. 相关性原则　　　　C. 实用性原则　　　　D. 方便性原则

(17) 资产负债表账户包括(　　)。

　　A. 资产类账户　　　　　　　　　　　B. 所有者权益类账户

　　C. 收入类账户　　　　　　　　　　　D. 利润类账户

(18) 账户结构也相应地分为两个基本部分，划分为左方、右方两个方向，一方登记增加，另一方登记减少。至于哪一方登记增加，哪一方登记减少，取决于(　　)。

　　A. 账户的内容　　　　　　　　　　　B. 账户的性质

　　C. 账户的方向　　　　　　　　　　　D. 所记录的经济业务

(19) 账户包括的内容有(　　)。

　　A. 凭证号数　　　　　　　　　　　　B. 日期和摘要

　　C. 增加和减少的金额及余额　　　　　D. 会计科目

(20) 以下说法正确的有(　　)。

　　A. 会计科目仅仅是账户的名称，不存在结构

　　B. 会计科目仅反映经济内容是什么，而账户不仅反映经济内容是什么，而且系统反映和控制其增减变化及结余情况的工具

　　C. 会计科目的作用主要是为了开设账户、填制凭证所运用

　　D. 账户则具有一定的格式和结构

(21) 损益类科目按损益的不同内容分为(　　)。

　　A. 反映成本的科目　　　　　　　　　B. 反映收入的科目

　　C. 反映费用的科目　　　　　　　　　D. 反映利润的科目

(22) 根据会计等式可知，下列(　　)经济业务不会发生。

　　A. 资产增加，负债减少，所有者权益不变

　　B. 资产不变，负债增加，所有者权益增加

　　C. 资产有增有减，权益不变

　　D. 债权人权益增加，所有者权益减少，资产不变

(23) 借贷记账法的试算平衡方法包括(　　)。

　　A. 增加额试算平衡法　　　　　　　　B. 减少额试算平衡法

　　C. 发生额试算平衡法　　　　　　　　D. 余额试算平衡法

(24) 会计分录的内容包括(　　)。

　　A. 经济业务内容摘要　　　　　　　　B. 账户名称

　　C. 经济业务发生额　　　　　　　　　D. 应借应贷方向

(25) 下列经济业务会导致资产与权益同时增加的有(　　)。

　　A. 从银行借款存入企业的存款账户　　B. 用银行存款偿还所欠货款

C. 企业赊购材料一批　　　　　　　　　　　D. 收到投资人投入的资金存入银行

(26) 某企业月末编制试算平衡表时，因"库存现金"账户的余额计算不正确，导致试算平衡中月末借方余额合计为168 000元，而全部账户月末贷方余额合计为160 000元，则"库存现金"账户(　　)。

A. 为借方余额　　　　　　　　　　　　　　B. 为贷方余额

C. 贷方余额多记8 000元　　　　　　　　　D. 借方余额多记8 000元

(27) 总分类账户余额试算平衡表中的平衡关系有(　　)。

A. 全部账户的本期借方发生额合计＝全部账户的本期贷方发生额合计

B. 全部账户的期初借方余额合计＝全部账户的期末贷方余额合计

C. 全部账户的期初借方余额合计＝全部账户的期初贷方余额合计

D. 全部账户的期末借方余额合计＝全部账户的期末贷方余额合计

(28) 在借贷记账法下，账户的贷方应登记(　　)。

A. 负债、收入的增加数　　　　　　　　　　B. 负债、收入的减少数

C. 资产、成本的减少数　　　　　　　　　　D. 资产、成本的增加数

(29) 下列关于借贷记账法的说法中正确的有(　　)。

A. 借贷记账法下哪一方登记增加，哪一方登记减少取决于账户的性质和类型

B. 可以进行发生额试算平衡和余额试算平衡

C. 以"有借必有贷，借贷必相等"作为记账规则

D. 以"借"、"贷"作为记账符号

(30) 对于资产、成本类账户而言(　　)。

A. 增加记借方　　　　　　　　　　　　　　B. 增加记贷方

C. 减少记贷方　　　　　　　　　　　　　　D. 期末无余额

(31) 年末结账后，下列会计科目中没有余额的有(　　)。

A. 本年利润　　　　　　　　　　　　　　　B. 制造费用

C. 应付账款　　　　　　　　　　　　　　　D. 主营业务收入

(32) 收到投资者投入的固定资产20万元(假定不考虑增值税，且不产生溢价)，正确的说法有(　　)。

A. 借记"固定资产"20万元　　　　　　　　B. 贷记"实收资本"20万元

C. 贷记"固定资产"20万元　　　　　　　　D. 借记"实收资本"20万元

(33) 企业用银行存款偿还所欠货款，引起(　　)。

A. 资产增加　　　B. 资产减少　　　　　　　C. 负债增加　　　　　　D. 负债减少

(34) 在借贷记账法下，可以在账户贷方登记的有(　　)。

A. 资产的减少　　　　　　　　　　　　　　B. 负债的增加

C. 收入的增加　　　　　　　　　　　　　　D. 费用的增加

(35) 经济业务发生后，一般可以编制的会计分录有(　　)。

A. 多借多贷　　　B. 一借多贷　　　　　　　C. 多借一贷　　　　　　D. 一借一贷

(36) 下列经济业务中，会使资产和权益总额同时增加的有(　　)。

A. 用银行存款购入一台机器设备(不考虑增值税)

B. 偿还购入材料的欠款

C. 收到投资者投入的资金并存入银行

D. 购入一批商品，款项未付(不考虑增值税)

(37) 下列各项经济业务中，能引起资产和所有者权益同时增加的有(　　)。

A. 盈余公积金转增资本 　　　　　　　B. 提取盈余公积

C. 收到外单位现金投资存入银行 　　　D. 收到国家投资存入银行

(38) 以下错误不能通过试算平衡发现的有(　　)。

A. 某项经济业务借贷方金额登记了两遍 　B. 漏记了一项经济业务

C. 借方金额记错，贷方金额正确 　　　　D. 借贷方向颠倒

(39) 下列各项经济业务中，会导致企业资产总额和负债总额同时减少的有(　　)。

A. 用现金支付职工薪酬 　　　　　　　B. 购买材料一批，货款未付

C. 将资本公积转增资本 　　　　　　　D. 用银行存款偿还所欠货款

(40) 下列经济业务中，属于资产内部增减变动的有(　　)。

A. 购买一批材料，款项尚未支付

B. 购买一批材料，以银行存款支付货款(不考虑增值税)

C. 从银行提取现金备用

D. 接受现金捐赠，款项存入银行

(41) 下列各项经济业务中，能引起会计等式左右两边会计要素同时变动的有(　　)。

A. 收到某单位前欠货款存入银行 　　　B. 以银行存款偿还银行借款

C. 收到某单位投入机器设备一台 　　　D. 以银行存款购买材料

3. 判断题

(1) 办理资本增减的政策性强，一般都以具有法律效力的合同、协议、董事会决议等为依据，各单位必须按照国家统一的会计制度的规定和具有法律效力的文书为依据进行资本的核算。(　　)

(2) 财务成果主要是指企业在一定时期内通过从事生产经营活动而在财务上所取得的结果，具体表现为盈利。(　　)

(3) 会计上的资本既包括投入资本也包括借入资本。(　　)

(4) 企业会计的对象就是企业的资金运动。(　　)

(5) 成本是企业为生产产品、提供劳务而发生的各种耗费，因而企业发生的各项费用都是成本。(　　)

(6) 会计上的资本既包括投入资本也包括借入资本。(　　)

(7) 资产是指企业过去的交易或者事项形成的，并由企业拥有的，预期会给企业带来经济利益的资源。(　　)

(8) 在会计上，融资租入固定资产属于承租方的固定资产。(　　)

(9) 所有者权益包括所有的利得和损失。(　　)

(10) 销售费用是指企业在销售产品或提供劳务过程中发生的各项费用以及专设销售机构的各项经费。(　　)

(11) 营业成本是企业本期已实现销售的产品成本和已对外提供劳务的成本。(   )

(12) 现值是指对未来现金流量以恰当的折现率进行折现后的价值,是不考虑货币时间价值的一种计量属性。(   )

(13) 企业采用重置成本、可变现净值、现值和公允价值计量的,应当保证所确定的会计要素金额能够取得并可靠计量。(   )

(14) 会计对象是对会计要素的具体内容进行分类核算的项目。(   )

(15) 会计科目是会计对象的基本内容,也就是对会计对象的基本分类,包括资产、负债、所有者权益、收入、费用和利润。(   )

(16) 总分类科目,又称一级科目或总账科目,它是对会计要素具体内容进行总括分类、提供总括信息的会计科目。(   )

(17) 本年利润和主营业务收入都是损益类科目。(   )

(18) "生产成本"和"销售费用"都属于损益类科目。(   )

(19) 明细账统驭和控制总账,是总账的统驭账户。(   )

(20) 在实际工作中,账户和会计科目这两个概念严格区别,不能相互通用。(   )

(21) 复式记账法是以资产与权益平衡关系作为记账基础,对于每一笔经济业务,都要在两个或两个以上相互联系的账户中进行登记,系统地反映资金运动变化结果的一种记账方法。(   )

(22) 借贷记账法的记账规则为:有借必有贷,借贷必相等。即对于每一笔经济业务都只要在两个账户中以借方和贷方相等的金额进行登记。(   )

(23) "收入−费用=利润"这一会计等式,是复式记账法的理论基础,也是编制资产负债表的依据。(   )

(24) 经济业务的发生,可能引起资产与权益总额发生变化,但是不会破坏会计基本等式的平衡关系。(   )

(25) 在会计处理中,只能编制一借一贷、一借多贷、一贷多借的会计分录,而不能编制多借多贷的会计分录,以避免对应关系混乱。(   )

(26) 借贷记账法下,负债类账户与所有者权益账户通常都有期末余额,而且在借方。(   )

(27) 资产、负债与所有者权益的平衡关系是企业资金运动处于相对静止状态下出现的,如果考虑收入、费用等动态要素,则资产与权益总额的平衡关系必然被破坏。(   )

(28) 运用单式记账法记录经济业务,可以反映每项经济业务的来龙去脉,可以检查每笔业务是否合理、合法。(   )

(29) 核算期间费用的各账户期末结转到"本年利润"账户后应无余额。(   )

(30) 在借贷记账法下,损益类账户的借方登记减少数,贷方登记增加数,期末无余额。(   )

学习情境三　填制和审核会计凭证

任务一　认识原始凭证

任务引入

企业的经济活动和经营业务需要通过一定的方式反映，而证明经济业务已经发生或者完成的最原始依据就是原始凭证。

> 任务 1：正确理解原始凭证。
> 任务 2：熟悉原始凭证的种类。

任务分析

本任务是通过观察、对比各种原始凭证，以便区分原始凭证和其他一些非凭证的原始单证，了解和识别各种原始凭证的分类，最终来认识原始凭证。

请保管好你的原始发票

小蒋最近比较烦恼，买了保险竟然无法理赔，与保险公司起了小冲突。2002年，小蒋与保险公司签订了一份人寿保险及附加住院医疗补偿保险合同。2013年2月小蒋踢足球时不慎小腿骨裂，住院治疗用去医疗费3 850元人民币。在他申请理赔时，保险公司要求提供住院发票，但小蒋将一张原始发票弄丢了，保险公司要求小蒋提供其他证明。没有发票原件，申领理赔金的手续变得十分复杂。

（资料来源：解放网—新闻晨报，2006年11月16日）

讨论：

为什么没有了发票，小蒋申请理赔就会遇到困难？这张发票在会计上有专门的术语名称，叫作什么？

知识链接

一、原始凭证的含义

原始凭证是在经济业务发生或完成时取得或填制的，用以记录或证明经济业务的发生或完成情况、明确经济责任的书面证明。它是开展会计工作的原始资料，是记账的原始依据。

生活中能接触到的原始单证有很多，如收据、车票、发票等，它们都是原始凭证，如图3-1和图3-2所示。

图3-1　火车票

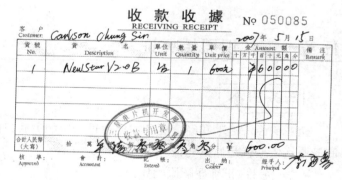

图3-2　收款收据

但并非所有的单证都是原始凭证，如购销合同、购料申请单、银行对账单等不能证明经济业务发生或完成情况的各种单证，这些不能作为原始凭证，也不能据以登记入账。

二、原始凭证的分类

1. 按照原始凭证取得的来源不同，分为外来原始凭证和自制原始凭证

（1）外来原始凭证。指在同外单位发生经济往来事项时，从外单位取得的凭证。如购货发票、车票、银行收付款通知单等，如图3-3和图3-4所示。

图 3-3　北京市定额专用发票

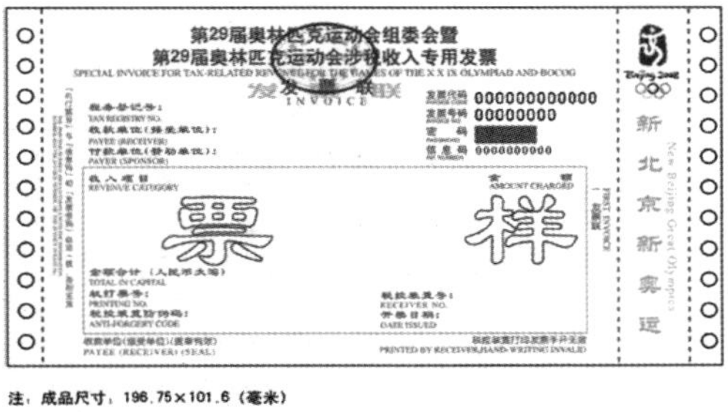

图 3-4　第 29 届奥林匹克运动会涉税收入专用发票

(2) 自制原始凭证。指在经济业务事项发生或完成时，由本单位内部经办部门或人员填制的凭证。如入库单、领料单、销货发票、借款单、差旅费报销单等。“增值税专用发票记账联”、“入库单”如图 3-5 和图 3-6 所示。

天海市增值税专用发票

开票日期:2003 年 12 月 24 日　　　　No

购货单位	名称	渤海公司		纳税人登记号		120769008745007	
	地址、电话	天海市南开区 27683416		开户银行及账号		农行城南分理处 097685490012	
商品或劳务名称	计量单位	数量	单价	金额（百十万千百十元角分）	税率(%)	税额（百十万千百十元角分）	
C 产品	件	10	1000	1000000	17%	170000	
合计				¥1000000		¥170000	
价税合计(大写)	零佰零拾壹万壹仟柒佰零拾零元零角零分			¥ 11700.00			
销货单位	名称	振华工厂		纳税人登记号		120115104313503	
	地址、电话	天海市南开区八里台 150 号		开户银行及账号		工商行八里台分理处 263018273	

四 记账联·售货方记账

收款人:　　　　开票单位(未盖章无效)

图 3-5　增值税专用发票记账联

供货单位：长城电机厂　　　　入库单　　　　收货单位：玩具组

库别：四分 2—6　　　　1999 年 5 月 10 日　　　　库别：自库 4

类	种	品	规格	等级	品名	单位	数量	单价	金额	包装数量	件数
原料	主要原料	电机	TCA6	一级	2000W 电机	台	500	26.00	1300000	100	5
合计									¥1300000	100	5

验收单位（签章）　　复核（签章）　　记账员（签章）　　制单（签章）

图 3-6　入库单

2. 按照原始凭证填制方法不同，分为一次凭证、累计凭证和汇总原始凭证

(1) 一次凭证。一次凭证是指只反映一项经济业务或同时记录若干项同类性质经济业务的原始凭证，其填制手续是一次完成的。如各种外来原始凭证都是一次凭证；“入库单”、“领料单”、职工“借款单”等都是一次凭证。“领料单”如图 3-7 所示。

图 3-7　领料单

(2) 累计凭证。累计凭证是指对一定时期内(一般以一月为限)连续发生的同类经济业务逐次逐笔集中填制成的一张原始凭证，其填制手续是随着经济业务事项的发生而分次进行的。如"限额领料单"，如图 3-8 所示。

(3) 汇总原始凭证。汇总原始凭证是指根据一定时期内反映相同经济业务的多张原始凭证，汇总编制而成的自制原始凭证，以集中反映某项经济业务总括发生情况。汇总原始凭证既可以简化会计核算工作，又便于进行经济业务的分析比较。如"工资汇总表"、"现金收入汇总表"、"发料凭证汇总表"等都是汇总原始凭证，如图 3-9 所示为领料单汇总表。

图 3-8　限额领料单

领 料 单 汇 总 表

20×× 年 3 月 31 日

用　　途 （会计科目）	上　旬	中　旬	下　旬	月　计
生产成本	3 000	3 000	2 712	8 712
甲产品	2 000	2 000	2 600	6 600
乙产品	1 000	1 000	112	2 112
制造费用			120	120
管理费用			110	110
在建工程			100	100
合　计	3 000	3 000	3 042	9 042

会计主管　李鸣　　　　复核　张满　　　　制表　曲信

图 3-9　领料单汇总表

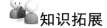 **知识拓展**

会计凭证

会计凭证是具有一定格式,用以记录经济业务的发生和完成情况,明确经济责任,作为记账依据的书面证明,是重要的会计资料。

企业的经济业务十分复杂,因而设置的会计凭证种类也非常繁多。会计凭证按照填制的程序和用途不同,分为原始凭证和记账凭证。

会计凭证是会计信息的载体之一,会计核算工作程序主要包括"填制和审核凭证——登记账簿——编制会计报表"3个步骤,会计凭证是会计核算程序的起点和基础,所以在会计核算过程中具有非常重要的作用:①记录经纪业务,提供记账依据;②明确经济责任,强化内部控制;③监督经济活动,控制经济运行。

 思考与讨论

1. 为什么说并非所有的原始单证都是原始凭证?
2. 原始凭证有哪些分类?它们有何不同?
3. 列举生活中自己见到过的原始凭证,是否发现相同业务内容所涉及的原始凭证在不同的企业不尽相同,说说为什么。

 案例分析

分析下面这张发票存在什么问题。

发 票

年　月　日

客户名称:新华公司　　　　　　　　　　　　　　　　　　　　　No:001708

货物名称	数量	单价	金额
书	100	25	2 500.00
合计:人民币(大写)贰佰五十元整			¥2 500.00

任务二　填制和审核原始凭证

任务引入

在认识原始凭证后,作为一名会计人员,开展会计工作的第一步,也是非常重要的一步,就是必须学会填制和审核原始凭证。

➢　任务1:填制原始凭证。
➢　任务2:审核原始凭证。

任务分析

要正确填制和审核原始凭证，首先必须学习会计书写的规范要求，了解原始凭证的基本内容，根据原始凭证的填制要求和填制方法，学会原始凭证的填制，在此基础上针对审核的内容，掌握原始凭证审核的方法及相应审核结果的处理。

知识链接

一、会计书写规范

1. 基本规范有：正确、规范、清晰、整洁

2. 书写规范示例

(1) 数码字书写规范示例。

786 950 007 应书写为：

786,950,007

6 774 590 应书写为：

6,774,590

465 488 279 应书写为：

465,488,279

(2) 文字书写规范——大写金额写法规范。

人民币 105 846 元，应写成：人民币壹拾万零伍仟捌佰肆拾陆元整。

人民币 1 000 846 元，应写成：人民币壹佰万零捌佰肆拾陆元整。

人民币 1 860.96 元，应写成：人民币壹仟捌佰陆拾元零玖角陆分，也可写成：人民币壹仟捌佰陆拾元玖角陆分。

人民币 86 000.80 元，可以写成：人民币捌万陆仟元零捌角整，也可以写成：人民币捌万陆仟捌角整。

二、原始凭证的基本内容

由于企业经济业务内容和管理要求各不相同，原始凭证的名称、格式、项目等都不完全一样。但作为反映经济业务的原始资料，必须能证明经济业务已经发生或者完成，要能明确相应的经济责任。因此，原始凭证应该具备一些共同性的基本内容，也就是基本要素，主要有以下几个：

(1) 凭证的名称；

(2) 填制凭证的日期；

(3) 填制凭证单位名称或填制人姓名；

(4) 接受凭证的单位名称；

(5) 经济业务内容、数量、单价、金额等；

(6) 有关经办人员的签名或盖章。

三、原始凭证的填制

原始凭证是经济业务的原始证明，是记账的原始依据。填制原始凭证是会计工作的第一个环节，因此严格按照相关的要求进行填制至关重要。

1. 基本要求

(1) 记录要真实。即要求凭证上的记录内容应与实际业务内容完全一致，真实可靠，如实填列，决不允许有任何的弄虚作假或歪曲事实。

(2) 内容要完整。即要求凭证中的所有项目必须填写齐全，不得遗漏和省略。内容填写不完整的凭证不能作为经济业务的法律证明，也不能作为记账的原始依据。

(3) 手续要完备。即要求有关经办部门及人员必须签名盖章，履行相应的手续，明确相关的责任。

(4) 填制要及时。即要求凭证根据经济业务发生或完成情况，及时填列，不得随意拖延，有效地减少发生差错的可能。

(5) 书写要规范。即要求填制凭证时要严格按照书写的规范，做到字迹清楚端正、易于辨认，不使用未经国务院公布的简化汉字，数量、单价、金额等应填写规范无误。一旦发生错误，不得随意涂改、刮擦、挖补，更不能撕毁，应按规定的方法予以更正。不能更正的，应按规定方法予以作废，办理作废手续，加盖"作废"戳记，然后重新填制。并且作废的凭证不能丢弃，应按原编号顺序与其他凭证一起保存。

2. 具体要求

(1) 从外单位取得的原始凭证，必须盖有填制单位的公章；从个人取得的原始凭证，必须有填制人员的签名或者盖章；自制原始凭证必须有经办部门负责人或其指定的人员的签名或者盖章；对外开出的原始凭证，必须加盖本单位的公章。

(2) 一式几联的原始凭证应当注明各联的用途，只能以一联作为报销凭证。一式几联的发票和收据，必须用双面复写纸套写，并连续编号。

(3) 凡填有大写和小写金额的原始凭证，大写与小写金额必须相符。

(4) 购买实物的原始凭证，必须有验收证明，以明确经济责任。

(5) 支付款项的原始凭证必须有收款单位和收款人的收款证明，不能仅以支付款项的有关凭证如银行汇款凭证等代替，以防止舞弊行为的发生。

(6) 发生退货及退货款时，必须同时有退货发票、退货验收证明、收款收据。

(7) 职工出差借款借据，经有关领导批准，报销时收回借款余款，另开收据，不得退还原借据。

(8) 阿拉伯数字前面应写人民币符号"￥"，并且一个一个地写，不得连笔写。

(9) 所有以元为单位的阿拉伯数字，除表示单价等情况下，一律填写到角分，无角分的，角位和分位可写"00"，或符号"—"，有角无分的，分位应写"0"，不得用符号"—"代替。

(10) 原始凭证(除套写的可用圆珠笔)必须用蓝色或黑色墨水书写。

四、原始凭证的审核

1. 原始凭证审核的内容

只有经过审核无误的凭证，才能作为记账的依据，为了保证原始凭证内容的真实性和合理性，一切原始凭证填制或取得后，都应按规定的程序及时送交会计部门，由会计主管或具体处理该事项的会计人员进行审核。原始凭证的审核主要从以下 4 个方面进行。

(1) 合法性。审核凭证是否符合国家的法律法规、方针政策及财会制度的规定，有无虚报冒领、伪造凭证等违法乱纪行为。

(2) 合理性。审核凭证有关费用的开支是否合理，是否符合经济节约原则，有无营私舞弊行为。

(3) 真实性。审核凭证所记载的经济业务是否与实际发生的经济业务情况相符。

(4) 完整性。审核凭证内容是否完整，手续办理是否完备。如凭证各项目填写是否齐全，有关单位和经办人员是否已签名盖章等。

(5) 正确性。审核凭证文字和数字填写是否清楚，金额等数字计算是否正确。

2. 原始凭证审核的结果处理

根据《会计法》的规定，原始凭证审核后应根据不同的情况进行处理：

(1) 对于审核无误的原始凭证，应及时办理会计手续，据以编制记账凭证入账；

(2) 对于真实、合法、合理，但不完整、不正确的原始凭证，应暂缓办理会计手续，退回给有关经办人员，由其负责将有关凭证补充完整、更正错误或重开后，再办理会计手续；

(3) 对于不真实、不合法的原始凭证，会计机构、会计人员不予接受，并向单位负责人报告。

 思考与讨论

1. 原始凭证的基本内容包括哪些？
2. 原始凭证的填制应符合哪些要求？
3. 如何审核原始凭证，审核后应如何处理？

 实训题

1. 书写规范实训。

(1) 数字书写规范实训。

3 654 700.85 应书写为：

50 002 798.7 应书写为：

(2) 文字书写规范实训——大写金额写法规范实训。

3 654 700.85 应书写为：_____

50 002 798.7 应书写为：_____

2. 海达公司 2012 年 12 月发生的经济业务如下。

(1) 12 月 2 日，根据本月份工资结算汇总表，开出现金支票提取现金 11 000 元备发工资(填制现金支票)。

中国工商银行 现金支票存根 VI II 03335689 科　　目 ＿＿＿＿＿ 对方科目 ＿＿＿＿＿ 签发日期 ＿＿＿＿＿ 收款人 金　　额 ＿＿＿＿＿ 用　　途 ＿＿＿＿＿ 备　　注 ＿＿＿＿＿ 单位主管　　会计	本支票付款期十天	中国工商银行　现金支票　　VI II 03335689 出票日期（大写）　　年　月　日　开户行名称 　　　　　　　　　　　　　　　　　签发人账号 收款人： 人民币 （大写） 用途 上列款项请从 我账户内支付 签发人盖章 科目（借）＿＿＿＿＿ 对方科目（贷）＿＿＿＿＿ 付讫日期　年　月　日 出纳　　记账　　复核

(2) 12 月 4 日，经理办公室职工李梅赴北京开会，经批准向财务科借差旅费 3 000 元，财务人员审核无误后付现金(填制借款单)。

借　款　单

年　　月　　日

借款人		部门		职务	
借款事由					
借款金额	人民币(大写)			￥	
出纳	××		经手		××

(3) 12 月 6 日，向本市望达公司购进钢材 100 吨，单价每吨 20 元，增值税额 340 元，开出转账支票付款，材料验收入库(填制材料入库单和转账支票)。

材料入库单(记账联)

NO：433221

供货单位：

发票号码：　　　　　　年　月　日　　　　　　收货仓库：

材料 类别	材料 名称	材料 规格	计量 单位	数量		单价	金额
				应收	实收		

采购：　　　　　　质量检验：　　　　　　收料：　　　　　　制单：

中国工商银行
现金支票存根
VI II 03335689
科　　目 ＿＿＿＿＿
对方科目 ＿＿＿＿＿
签发日期
收款人	
金　额	＿＿＿＿＿
用　途	＿＿＿＿＿
备　注	＿＿＿＿＿
单位主管　　会计

本支票付款期十天

中国工商银行　转账支票　　VI II 03335689
出票日期（大写）　　年　月　日　　开户行名称
签发人账号

收款人：

人民币（大写）	千	百	十	万	千	百	十	元	角	分

用途 ＿＿＿＿＿＿
上列款项请从
我账户内支付
签发人盖章

科目（借） ＿＿＿＿＿
对方科目（贷） ＿＿＿＿＿
付讫日期　年　月　日
出纳　记账　复核

(4) 12 月 10 日，销售一批 A 产品给郑州兴华装饰有限公司，数量 30 吨，单价每吨 200 元，价款 6 000 元，增值税额 1 020 元，价税计 7 020 元，开出增值税专用发票一式四联，对方以转账支票办理结算(填制增值税专用发票和进账单)(购货单位：郑州兴华装饰有限公司，纳税识别号：210104560888976，地址：郑州市五一路 142 号，电话：75886768，开户行及账号：工商银行郑州支行五一路分理处 08—74396618)。

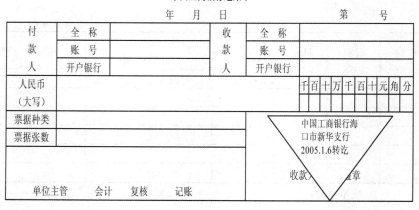

(5) 12 月 15 日，车间从仓库领用钢材 80 吨，单价 20 元(填制领料单)。

领 料 单

年   月   日

领料部门：

日期		材料	数量	单价	金额	材料用途
月	日	名称	(千克)	(元/千克)	(元)	
合计						

财务部门   记账   仓库   领料

(6) 12 月 16 日，经理办公室李梅出差回来报销差旅费，其中：飞机票 1 600 元，住宿费 600 元，余款退回(填制差旅费报销单和收据)。

收 据

年 月 日

今收到＿＿＿＿＿＿＿＿＿＿＿＿＿＿＿＿＿＿＿＿＿＿＿

交来＿＿＿＿＿＿＿＿＿＿＿＿＿＿＿＿＿＿＿＿＿＿＿＿＿

人民币（大写）＿＿＿＿＿＿＿＿＿＿＿＿＿＿＿＿＿

收款单位   收款人

（公章）   （签字）××

差旅费报销单

年   月   日

单位名称			姓名		职别		
出差事由					出差 日期		
到达地点							
项目 金额	交通工具				其他	旅馆费	伙 食 补 助
	火车	汽车	飞机	轮船	出租车		在途 天	住勤 天
总计金额人民币(大写)							
主 管 领款人				月 日	顺序号	明细科目编号或名称

(7) 12 月 20 日，销售给张永 A 产品 1 吨，单价 20 元，收到现金(填制普通发票)。

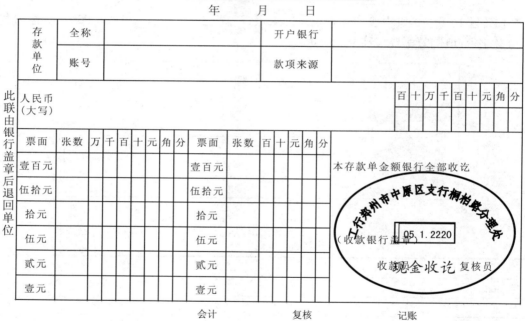

海口市工业企业销售统一发票

购货单位：　　　　　　　　2012 年 12 月 20 日　　　　　No　5698723

产品或劳务名称	规格	单位	数量	单价	金　额							
					十万	万	千	百	十	元	角	分
合计金额(大写)												

第二联　报销凭证

单位盖章：　　　　　　收款人：　　　　　　　　　制票人：

(8) 12 月 22 日，出纳员将多余的库存现金 4 000 元送存银行(填制现金存款单，面额 100 元 30 张、50 元 20 张)。

中国工商银行现金存款单(第一联回单)
年　　　月　　　日

此联由银行盖章后退回单位

存款单位	全称		开户银行	
	账号		款项来源	

| 人民币(大写) | | | | | | 百 | 十 | 万 | 千 | 百 | 十 | 元 | 角 | 分 |

票面	张数	万	千	百	十	元	角	分	票面	张数	百	十	元	角	分
壹百元									壹百元						
伍拾元									伍拾元						
拾元									拾元						
伍元									伍元						
贰元									贰元						
壹元									壹元						

本存款单金额银行全部收讫

(收款银行盖章)　05.1.2220

收款现金收讫 复核员

会计　　　　　复核　　　　　记账

案例分析

涂改发票进行贪污

甲企业采购员王××出差回来报销差旅费。旅馆开出发票记载单价为 50 元，人数 1 人，时间为 10 天，金额为 500 元。而王××却将单价 50 元直接改为 350 元，小写金额改为 3 500 元，将大写金额前加了一个"叁仟"，报销后贪污金额为 3 000 元。

分析：

(1) 出纳员对此应承担什么责任？

(2) 对采购员王××应怎样进行处理？

(3) 出纳员应如何审核这类虚假业务？

任务三　认识记账凭证

任务引入

通过编制会计分录，原始凭证上所反映出的企业经营业务实现了向会计信息的初步转化。但在实际工作中，会计分录是填制在记账凭证上的，也就是说在填制和审核原始凭证后，下一个环节就进入记账凭证。

> 任务 1：了解记账凭证的含义、种类以及与原始凭证的关系。
> 任务 2：掌握记账凭证的基本内容。

任务分析

记账凭证和原始凭证有非常密切的联系。本任务通过学习记账凭证的定义、种类和基本内容来认识记账凭证，明了记账凭证与原始凭证的关系，对会计凭证有一个全面的认知。

知识链接

一、记账凭证的含义

记账凭证是指会计人员根据审核无误的原始凭证归类整理汇总，并确定会计分录而编制的，作为记账直接依据的凭证。由于原始凭证来源多，种类繁，格式不一，为了便于登记账簿和查账，必须填制记账凭证。编制记账凭证，不仅可以减少记账错误，而且便于对账和查账，保证记账工作的质量。

记账凭证和原始凭证统称会计凭证。会计凭证是记录经济业务事项，明确经济责任的书面证明，也是登记账簿的依据。按照其填制程序和用途不同，会计凭证分为原始凭证和记账凭证。当经济业务发生后，先取得或填制原始凭证，然后根据审核无误的原始凭证填制记账凭证，才能据以登记入账。所以，原始凭证是填制记账凭证的依据，是登记账簿的原始依据；记账凭证是在原始凭证基础上填制的，是登记账簿的直接依据。原始凭证和记账凭证都是会计凭证。

填制和审核会计凭证，是会计核算的基本方法之一，也是会计核算工作的起点，在会计核算中具有以下重要意义：

(1) 记录经济业务，提供记账依据；
(2) 明确经济责任，强化内部控制；
(3) 监督经济活动，控制经济运行。

二、记账凭证的分类

1. 按照记账凭证的用途不同，分为专用记账凭证和通用记账凭证

(1) 专用记账凭证。专用记账凭证是只能记录某一类经济业务的凭证。按照其记录的内容是否与货币资金收付有关，专用记账凭证又分为收款凭证、付款凭证和转账凭证。

① 收款凭证。收款凭证是用于记录现金和银行存款增加业务的记账凭证。根据现金增加业务的原始凭证编制的收款凭证，称为现金收款凭证；根据银行存款增加业务的原始凭证编制

的收款凭证，称为银行存款收款凭证。它是登记现金和银行存款日记账及有关明细账和总账的依据，也是出纳员收款的证明。收款凭证格式如图 3-10 所示。

收 款 凭 证

借方科目		年 月 日								字第 号				
摘要	贷方科目		√	金额										附件
	总账科目	明细科目		千	百	十	万	千	百	十	元	角	分	
														张
合计														

会计主管：　　　　记账：　　　　审核：　　　　出纳：　　　　制单：

图 3-10　收款凭证

② 付款凭证。付款凭证是用于记录现金和银行存款减少业务的记账凭证。根据现金减少业务的原始凭证编制的付款凭证，称为现金付款凭证；根据银行存款减少业务的原始凭证编制的付款凭证，称为银行存款付款凭证。它是登记现金和银行存款日记账及有关明细账和总账的依据，也是出纳员付款的证明。付款凭证格式如图 3-11 所示。

付 款 凭 证

贷方科目		年 月 日								字第 号				
摘要	借方科目		√	金额										附件
	总账科目	明细科目		千	百	十	万	千	百	十	元	角	分	
														张
合计														

会计主管：　　　　记账：　　　　审核：　　　　出纳：　　　　制单：

图 3-11　付款凭证

③ 转账凭证。转账凭证是用于记录不涉及现金和银行存款增加、减少的转账业务的记账凭证，根据有关转账业务的原始凭证编制，是登记有关明细账和总账的依据。转账凭证格式如图 3-12 所示。

转 账 凭 证

摘要	总账科目	明细科目	√	借方金额										√	贷方金额										
				千	百	十	万	千	百	十	元	角	分		千	百	十	万	千	百	十	元	角	分	附件
																									张
合计																									

会计主管：　　　　记账：　　　　审核：　　　　制单：

图 3-12　转账凭证

（2）通用记账凭证。通用记账凭证是能够记录全部经济业务的凭证。它的格式与转账凭证相似，如图3-13所示。

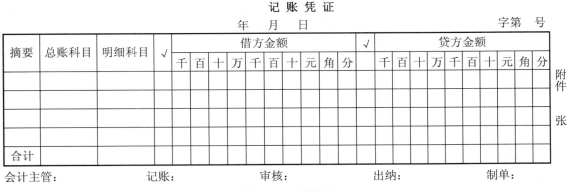

图 3-13　记账凭证

2. 按照记账凭证填列方式不同，分为单式记账凭证和复式记账凭证

（1）单式记账凭证。单式记账凭证是指每一张记账凭证只填列经济业务事项所涉及的一个会计科目及其金额的记账凭证，对应科目仅作参考，不据以记账。填列借方科目的称为借项凭证，填列贷方科目的称为贷项凭证，如图3-14和图3-15所示。

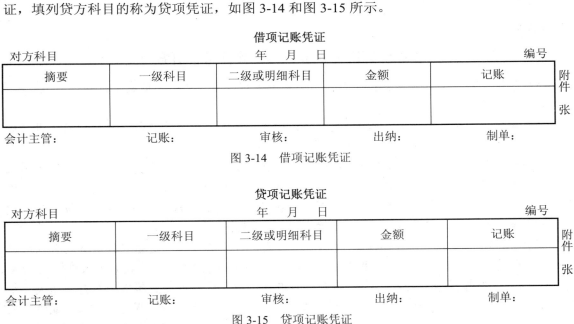

图 3-14　借项记账凭证

图 3-15　贷项记账凭证

采用这种填列方式，每笔经济业务至少需要使用两张记账凭证共同反映，经济业务所涉及会计科目的多少决定需要使用记账凭证的张数，便于分工记账和科目汇总，但增加了填制工作量，且不能在一张凭证上反映经济业务的全貌，不便于查账。因此，企业一般不采用这种记账方法。

（2）复式记账凭证。复式记账凭证是指将每一笔经济业务事项所涉及的全部会计科目及其发生额全部填列在一张凭证上。采用这种填列方式，减少了填制工作量，在一张凭证上反映经济业务的全貌，能够集中反映账户间对应关系，便于查账，但不便于分工记账和科目汇总。上述各种专用和通用记账凭证均为复式记账凭证。

三、记账凭证的基本内容

虽然各种记账凭证格式并不完全相同，但为了满足登记账簿的需要，记账凭证必须包括以下基本内容：

(1) 记账凭证的名称；

(2) 填制记账凭证的日期；

(3) 记账凭证的编号；

(4) 经济业务的内容摘要；

(5) 经济业务所涉及的会计科目、记账方向及其金额；

(6) 所附原始凭证张数；

(7) 会计主管、记账、审核、出纳、制单等有关人员签章。

思考与讨论

1. 原始凭证和记账凭证存在什么样的关系？

2. 专用凭证分为哪几种？它们有何区别？

3. 记账凭证基本内容与原始凭证基本内容有何异同？

案例分析

会计出纳职责不清　白条顶账习以为常

温州某果树农场会计赵钱独揽记账和出纳两个大权，专设的出纳员成了"摆设"。最终，赵钱因贪污而锒铛入狱。

该果树农场场长于某证言："在赵钱当会计期间，经常又开票又收款。他把款收上来之后再转给出纳员贾明，转给贾明多少，贾明就保管多少。"

出纳员贾明证言："自从赵钱当会计开始，他就把现金管理方式改变了。凡是我们果树农场收入的现金(包括转账)，都是赵钱开票收款。他把款(现金)收上来以后连同收款单一并交给我，我见到收款单就记上现金收入账，完后我再把收款单退还给赵钱以备装订、记账。这个做法是很不合理的，但人家是会计，人家说怎么干，就得怎么干。"

出纳员贾明又证实："我们俩所经手的现金经常是以欠条顶账，是指赵钱收到现金以后，有时又支付出去了，有时他交给我的支出单据(指现金付出)超过了他交给我的收入单据(指现金收入)，这样，我按照他交给我的收入和支出的单据记账之后，再按照超支金额打一张欠条给他，说明我欠他的账。也有时他交给我现金收款单据，但他没有同时把现金交给我，或者交的不够，我按照收款单据记账以后，他就打个欠条给我，我保存他的欠条顶库存现金。""我们俩在一定时间里互相交换欠条，长短不齐时再以现金找齐或者还是打欠条顶现金。这样处理与收付现款没有任何差别。"差别真的没有？这不，连贾明自己也说不清，有一笔 3 850.20 元的现金支出在他与会计赵钱之间在相互打欠条的哪一个环节上出了问题。

分析：

贾明与会计赵钱之间在相互打欠条上究竟出了什么问题？

任务四　填制和审核记账凭证

任务引入

认识了记账凭证后，就要根据记账凭证的填制方法和填制要求，针对企业具体的经济业务，掌握记账凭证的填制和审核。

- ➤ 任务1：填制记账凭证。
- ➤ 任务2：审核记账凭证。

任务分析

填制和审核记账凭证是非常重要的会计基础性工作，在学习了记账凭证的填制方法和填制要求后，需结合企业主要经营过程，练习具体经济业务记账凭证的填制和审核工作。

知识链接

一、记账凭证的填制方法

1. 收款凭证的填制

收款凭证是根据有关现金和银行存款增加业务的原始凭证填制的。出纳人员对于已经收款的凭证及其所附的原始凭证，都要加盖"收讫"的戳记。出纳人员和有关记账人员应根据盖有收讫戳记的收款凭证登记有关账簿。

收款凭证左上角的"借方科目"按收款的性质填写"现金"或"银行存款"；"日期"填写的是编制本凭证的日期；编号可按"收字第×号"统一填写收款凭证的顺序号；"摘要"填写对所记录的经济业务的简要说明；"贷方科目"填写与收入现金或银行存款相对应的会计科目；"√"是指该凭证已登记账簿的标记，防止经济业务事项重记或漏记；"金额"是指该项经济业务事项的发生额；该凭证右边"附件×张"是指本记账凭证所附原始凭证的张数；最下边分别由有关人员签章，以明确经济责任。

下面举例说明收款凭证的填制。

【例3-1】金鑫公司2012年12月7日收到华泰厂偿还所欠货款12 500元，存入银行。

金鑫公司根据该笔业务的原始凭证填制记账凭证如图3-16所示。

收 款 凭 证

借方科目：银行存款　　　　　　　　　　2012年12月7日　　　　　　　　　　收字第4号

摘要	贷方科目		√	金额									
	总账科目	明细科目		千	百	十	万	千	百	十	元	角	分
收到华泰厂偿还货款	应收账款	华泰厂					1	2	5	0	0	0	0
合计						¥	1	2	5	0	0	0	0

附件1张

会计主管：　　　　记账：　　　　审核：　　　　出纳：　　　　制单：张玉

图3-16　收款凭证

2. 付款凭证的填制

付款凭证是根据有关现金和银行存款减少业务的原始凭证填制的。出纳人员对于已经付款的凭证及其所附的原始凭证，都要加盖"付讫"的戳记。出纳人员和有关记账人员应根据盖有付讫戳记的付款凭证登记有关账簿。

付款凭证的编制方法与收款凭证基本相同，只是左上角由"借方科目"换为"贷方科目"，凭证中间的"贷方科目"换为"借方科目"。同时特别注意，对于涉及"库存现金"和"银行存款"之间相互划转的经济业务(如现金存入银行或从银行提取现金)，为了避免重复记账，一般只编制付款凭证，不编制收款凭证。现金存入银行的业务，只编制现金付款凭证；从银行提取现金，只编制银行存款付款凭证。

下面举例说明付款凭证的填制。

【例 3-2】2012 年 12 月 12 日，职工刘文向金鑫公司出纳预借差旅费 800 元，以现金付讫。根据该笔业务的原始凭证填制记账凭证如图 3-17 所示。

付 款 凭 证

贷方科目：库存现金　　　　　　　2012 年 12 月 12 日　　　　　　　　　付字第 2 号

摘要	借方科目		√	金额									附件
	总账科目	明细科目		千	百	十	万	千	百	十	元	角	分
刘文预借差旅费	其他应收款	刘文							8	0	0	0	0
合计								¥	8	0	0	0	0

会计主管：　　　　记账：　　　　审核：　　　　出纳：　　　　制单：张玉

图 3-17　付款凭证

3. 转账凭证的填制

转账凭证是根据有关不涉及现金和银行存款增加、减少业务的原始凭证填制的。编制转账凭证要将经济业务事项中所涉及全部会计科目按照先借后贷的顺序记入"会计科目"栏中的"一级科目"和"二级及明细科目"，并按应借、应贷方向分别记入"借方金额"或"贷方金额"栏。其他项目的填列与收、付款凭证相同。

下面举例说明转账凭证的填制。

【例 3-3】2012 年 12 月 20 日，金鑫公司经批准将盈余公积 500 000 元转增资本。根据该笔业务的原始凭证填制记账凭证如图 3-18 所示。

转 账 凭 证

2012 年 12 月 20 日　　　　　　　　　转字第 15 号

摘要	总账科目	明细科目	√	借方金额									√	贷方金额									附件
				百	十	万	千	百	十	元	角	分		百	十	万	千	百	十	元	角	分
盈余公积	盈余公积			5	0	0	0	0	0	0	0												1
转增资本	实收资本													5	0	0	0	0	0	0	0	0	张
合计				¥	5	0	0	0	0	0	0	0		¥	5	0	0	0	0	0	0	0	

会计主管：　　　　记账：　　　　审核：　　　　制单：张玉

图 3-18　转账凭证

二、记账凭证的填制要求

(1) 记账凭证各项内容必须完整。

(2) 记账凭证应连续编号。一笔经济业务需要填制两张以上记账凭证的，可以采用分数编号法编号，如 10 号会计分录需编制两张记账凭证，就可以编成 10 1/2、10 2/2 号。月末记账凭证最后一张编号，在其旁要加注"全"字，表示本月凭证标号到此为止，以免丢失。

(3) 记账凭证的书写应清楚、规范。相关要求同原始凭证。

(4) 记账凭证可以根据每一张原始凭证填制，或根据若干张同类原始凭证汇总编制，也可以根据原始凭证汇总表填制；但不得将不同内容和类别的原始凭证汇总填制在一张记账凭证上。

(5) 除结账和更正错误的记账凭证可以不附原始凭证外，其他记账凭证必须附有原始凭证。

(6) 填制记账凭证时若发生错误，不得涂改、刮擦、挖补，应当重新填制。已登记入账的记账凭证在当年内发现填写错误时，应按规定的错账更正方法进行更正，有关错账更正方法在情境五中介绍。

(7) 记账凭证填制完经济业务事项后，如有空行，应当自金额栏最后一笔金额数字下的空行处至合计数上的空行处划线注销。

(8) 一张原始凭证所列支出需要由两个以上单位共同负担时，应当由保存该原始凭证的单位开给其他应负担单位原始凭证分割单。

三、记账凭证的审核

为了保证业务处理和账簿记录的正确，需要对记账凭证进行审核。审核的内容主要包括以下内容。

1. 记账凭证与原始凭证是否相符的审核

记账凭证是否附有原始凭证，记录的内容是否与原始凭证的内容相符，记账凭证后的附件张数是否与填写的一致。

2. 记账凭证所确定的会计分录正确性的审核

记账凭证中填写的会计分录是否正确。会计科目名称、记账方向是否正确，金额是否与原始凭证金额一致。

3. 记账凭证所填项目完整性的审核

记账凭证所列示的各个项目是否填列齐全，有关人员是否签字或盖章。如出纳人员在办理收款或付款业务后，应在凭证上加盖"收讫"或"付讫"的戳记，以避免重收重付。

四、筹资业务处理

企业为了进行正常的生产经营活动，必须拥有一定数量的经营资金，作为从事生产经营活动的物质基础。企业的资金主要来源于两个方面：一是投资者投入的资金；二是从金融机构或其他单位借入的资金。因此，企业在筹资过程中发生的主要经济业务包括：接受投资者的投资业务、从金融机构借款及支付利息业务。

1. 接受投资者的投资

投入资本是投资者作为资本实际投入到企业的资金数额，是形成所有者权益的最基本的部分。一般情况下，投资者投入资本，即构成企业的实收资本，也正好等于其在登记机关的注册资本。

注册资本是指企业在工商登记机关登记的投资者缴纳的出资额。我国设立企业采用注册资本制，投资者出资达到法定注册资本要求是企业设立的先决条件。根据注册资本制的要求，企业会计核算中的实收资本即法定资本，应当与注册资本相一致，企业不得擅自改变注册资本数额或抽逃资金。企业对资本的筹集，应该按照法律、法规、合同和章程的规定及时进行。如果是一次筹集的，投入资本应等于注册资本；如果是分期筹集的，在投资者最后一次缴入资本以后，投入资本应等于注册资本。在股份公司，投入资本称为股本。

但是，在一些特殊情况下，投资者也会因种种原因超额投入(如溢价发行股票等)，从而使其投入资本超过其在企业注册资本中应享有的份额部分，在这种情况下，企业进行会计核算时，应将投资者投入资本中超过注册资本中应享有份额部分计入资本公积。

投资者投入资本的形式可以有多种，如投资者可以用货币资金投资，也可以用固定资产、存货等实物资产投资，符合国家规定比例的，还可用无形资产投资。按照投资主体不同，投入资本金可分为国家资本金、法人资本金、个人资本金和外商资本金。

(1) 账户设置。企业实际收到投资者投入的资本，通过"实收资本"(股本)账户核算。该账户属于所有者权益类账户，贷方登记企业收到投资者投入企业的资本，应按实际投资数额入账；借方登记按规定程序减少注册资本的数额，在实际返还资本时入账。期末贷方余额，反映企业所有者投资的实际数额。该账户应按投资者设置明细账，进行明细核算，如图 3-19 所示。

借方	实收资本(股本)	贷方
所有者投入资本的减少	收到投资者投入的资本 资本公积、盈余公积转增的注册资本	
	余额：期末所有者投资的实有数	

图 3-19　实收资本账户结构

企业收到的投资者投资应该按实际投资数额入账，即吸收的货币资金投资，应该按实际收到的款项作为实收资本入账；吸收的非现金资产投资，非现金资产按投资合同或协议约定价值(价值不公允除外)入账，实收资本按投资者在注册资本中应享有的份额入账，超过部分计入资本公积。

(2) 核算举例。金鑫公司 2012 年成立时，发生了以下资本投入的业务。

【例 3-4】1 月 10 日收到国家投入流动资金 1 000 000 元，款项存入银行。

金鑫公司收到国家投入资本，国家资本金增加应记入"实收资本"账户的贷方；同时收到的资金已存入银行，银行存款增加应记入"银行存款"账户的借方。该业务应编制会计分录如下所示。

借：银行存款　　　　　　　　1 000 000

　　贷：实收资本　　　　　　　　　1 000 000

【例 3-5】1 月 15 日，金鑫公司收到大明公司投入设备一台，投资单位账面原价 430 000元，双方协议约定的价值为 400 000 元，设备已投入使用。

金鑫公司接受其他单位投资，法人资本金增加，应记入"实收资本"账户的贷方；同时收到设备，使金鑫公司的固定资产增加，应记入"固定资产"账户的借方。该业务应编制会计分录如下所示。

借：固定资产　　　　　　　　400 000

　　贷：实收资本　　　　　　　　400 000

【例 3-6】1 月 22 日，金鑫公司收到富丽公司投资转入的原材料一批和专有技术一项，双方协议约定原材料价值为 300 000 元，专有技术价值为 900 000 元。

金鑫公司接受其他单位投资，法人资本金增加，应记入"实收资本"账户的贷方，同时收到原材料和无形资产，使公司的原材料和无形资产增加，应记入"原材料"和"无形资产"账户的借方。该业务应编制会计分录如下所示。

借：原材料　　　　　　　　300 000

　　无形资产　　　　　　　　900 000

　　贷：实收资本　　　　　　　1 200 000

实际工作中编制记账凭证如图 3-20、图 3-21 和图 3-22 所示。

收 款 凭 证

借方科目：银行存款　　　　　　　2012 年 1 月 10 日　　　　　　　收字第 8 号

摘要	贷方科目		√	金额										附件1张
	总账科目	明细科目		千	百	十	万	千	百	十	元	角	分	
收到国家投资	实收资本			1	0	0	0	0	0	0	0	0	0	
合计				¥	1	0	0	0	0	0	0	0	0	

会计主管：　　　　记账：　　　　审核：　　　　出纳：　　　　制单：张玉

图 3-20　收款凭证

转 账 凭 证

2012 年 1 月 15 日　　　　　　　转字第 28 号

摘要	总账科目	明细科目	√	借方金额									√	贷方金额									附件1张
				百	十	万	千	百	十	元	角	分		百	十	万	千	百	十	元	角	分	
收到大明	固定资产			4	0	0	0	0	0	0	0												
公司投入	实收资本													4	0	0	0	0	0	0	0		
设备																							
合计				¥	4	0	0	0	0	0	0	0		¥	4	0	0	0	0	0	0	0	

会计主管：　　　　记账：　　　　审核：　　　　制单：张玉

图 3-21　转账凭证

转 账 凭 证

2012 年 1 月 22 日

转字第 37 号

摘要	总账科目	明细科目	√	借方金额									√	贷方金额									
				百	十	万	千	百	十	元	角	分		百	十	万	千	百	十	元	角	分
收到富丽	原材料				3	0	0	0	0	0	0	0										
公司投入	无形资产				9	0	0	0	0	0	0	0										
原材料和	实收资本													1	2	0	0	0	0	0	0	0
专有技术																						
合计				1	2	0	0	0	0	0	0	0		1	2	0	0	0	0	0	0	0

附件 1 张

会计主管:　　　　　记账:　　　　　审核:　　　　　制单:张玉

图 3-22　转账凭证

2. 从金融机构借款

企业筹资来源除了上述投资者投入以外,还包括企业向银行借款等方式筹集的资金,这部分资金构成企业的负债。银行借款要还本和付息,按偿还期的长短可以分为短期借款和长期借款。

(1) 账户设置。

① "短期借款"账户。它属于负债类账户,用以核算企业向银行或其他金融机构等借入的期限在一年以下(含一年)的借款及其变动情况。贷方登记借入资金的实际金额,借方登记偿还的实际金额,期末贷方余额表示尚未偿还的借款金额。该账户应按债权人设置明细账,并按借款种类进行明细核算,或用备查簿予以记录,如图 3-23 所示。

借方	短期借款	贷方
偿还短期借款	借入短期借款	
	余额:期末尚未偿还的短期借款	

图 3-23　短期借款账户结构

② "长期借款"账户。它属于负债类账户,用以核算企业向银行或其他金融机构等借入的期限在一年以上的借款及其变动情况。贷方登记借入款项的实际金额,借方登记偿还借款的实际金额,期末贷方余额表示尚未偿还的长期借款。该账户应按债权人设置明细账,进行明细核算,或用备查簿予以记录,如图 3-24 所示。

借方	长期借款	贷方
偿还长期借款	借入长期借款	
	余额:期末尚未偿还的长期借款	

图 3-24　长期借款账户结构

③ "财务费用"账户。它是损益类账户,用以核算企业为筹集生产经营所需资金而发生的费用,包括利息支出(减利息收入)、汇兑损失(减汇兑收益)以及相关的手续费等。借方登记发生的财务费用,贷方登记应冲减财务费用的利息收入、汇兑收益。期末应将本科目余额转入"本年利润"科目,结转后本科目应无余额,如图 3-25 所示。

借方	财务费用	贷方
本期发生的各种财务费用	本期减少的各种财务费用	
	期末转入"本年利润"账户	

图 3-25　财务费用账户结构

(2) 核算举例。

【例3-7】2012 年 4 月 1 日，金鑫公司向银行借入期限 6 个月的流动资金 600 000 元，款项已转存银行。

金鑫公司向银行借入流动资金，使银行存款增加，应记入"银行存款"账户的借方，同时短期借款增加，应记入"短期借款"账户的贷方。该业务应编制会计分录如下所示。

借：银行存款　　　　　　　　　600 000
　　贷：短期借款　　　　　　　　　600 000

【例3-8】2012 年 4 月 10 日，金鑫公司向银行申请购置生产线的贷款 1 000 000 元，借款期限 3 年，已经批准并办妥手续，借款暂转存银行。

金鑫公司的借款存入银行，使银行存款增加，应记入"银行存款"账户的借方，同时长期借款增加，应记入"长期借款"账户的贷方。该业务应编制会计分录如下所示。

借：银行存款　　　　　　　　　1 000 000
　　贷：长期借款　　　　　　　　　1 000 000

【例3-9】2012 年 4 月末，金鑫公司支付本月借款利息 2 000 元。

金鑫公司支付借款利息，使利息费用增加，应记入"财务费用"账户借方，同时使银行存款减少，应记入"银行存款"账户的贷方。该业务应编制会计分录如下所示。

借：财务费用　　　　　　　　　2 000
　　贷：银行存款　　　　　　　　　2 000

在实际工作中编制记账凭证如前例所示，下面不再列示。

五、材料采购业务处理

对工业企业来说，产品的生产要有充足的材料储备，以保证生产经营的需要，供应过程的主要经营业务就是采购材料。在采购过程中，企业要与供应单位或其他有关单位办理款项的结算，以支付采购物资的买价和运输费、装卸费、保险费等各种采购费用。材料物资的买价和采购费用构成材料物资的采购成本。

具体包括下列组成部分：

(1) 买价；

(2) 运杂费(包括运输费、装卸费、保险费、包装费、仓储费等)；

(3) 运输途中的合理损耗；

(4) 入库前的整理挑选费用；

(5) 税金。主要包括价内税、小规模纳税企业购料中支付的增值税、一般纳税企业在采购材料中用于非应交增值税项目或免交增值税项目以及未能取得增值税专用发票和完税证明所支付的增值税等。

在计算采购成本时，凡是能分清由哪种材料负担的费用，应直接计入该种材料的采购成本；凡是不能分清应由哪种材料负担的费用(如共同性的运输费等)，则应采用合理的分配标准进行分配，计入各种材料的采购成本。一般可按材料的重量、买价或体积进行分配。

1. 账户设置

(1) "在途物资"账户。属于资产类账户，用以核算企业购入材料的采购成本。借方登记购入材料的买价和采购费用；贷方登记已完成采购手续、验收入库转入材料账户的采购成本；期末借方余额，反映尚未到达或已经到达尚未验收入库的在途材料。该账户应按材料品种、规格设置明细账，并按采购成本项目分设专栏进行明细核算，如图 3-26 所示。

借方	在途物资	贷方
材料的买价 材料的采购费用	验收入库，转入原材料的实际成本	
余额：期末尚未验收入库的材料		

图 3-26 在途物资账户结构

(2) "原材料"账户。属于资产类账户，用以核算企业库存的各种材料。借方登记已验收入库材料的成本，贷方登记发生材料耗用的成本，期末借方余额反映库存材料的成本。该账户应按材料的品种、规格设置明细账进行明细核算，如图 3-27 所示。

借方	原材料	贷方
验收入库的材料成本	耗用材料的成本	
余额：期末库存材料的成本		

图 3-27 原材料账户结构

(3) "应付账款"账户。属于负债类账户，用以核算企业购买材料、物资和接受劳务供应，应付给供应单位的款项。贷方登记应支付但尚未支付的款项，借方登记偿还的账款，期末贷方余额表示尚未偿还的账款。该账户应按供应单位设置明细账进行明细核算，如图 3-28 所示。

借方	应付账款	贷方
偿付账款	应支付但尚未支付的款项	
	余额：期末尚未偿付的款项	

图 3-28 应付账款账户结构

(4) "应交税费——应交增值税"账户。属于负债类账户，用以核算企业在购买材料或商品流转过程中的增值税。借方反映企业购进货物或接受应税劳务支付的进项税额和实际已交纳的增值税；贷方反映销售货物或提供应税劳务应交纳的增值税额，出口货物退税，转出已支付或分担的增值税；期末借方余额，反映企业多交或尚未抵扣的增值税；期末贷方余额，反映企业尚未交纳的增值税。该账户应分设"进项税额"、"销项税额"、"已交税金"、"出口退税"、"进项税额转出"等专栏进行明细核算，如图 3-29 和图 3-30 所示。

借方	应交税费——应交增值税	贷方
购进时支付的进项税额 实际已交纳的税金	销售时应交纳的增值税等	
余额：企业多交或尚未抵扣的增值税	余额：企业尚未交纳的增值税	

图 3-29 应交税费——应交增值税账户结构(1)

	借方			贷方				借或贷	余额
略	合计	进项税额	已交税金	合计	销项税额	出口退税	进项税额转出		

图 3-30　应交税费——应交增值税账户结构(2)

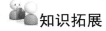**知识拓展**

增值税

《中华人民共和国增值税暂行条例》规定：增值税是对在我国境内销售货物、提供应税劳务以及进口货物的单位和个人，就其在流转环节实现增值额征收的一种税。增值税应纳税额可按公式计算：

$$当期应纳税额＝当期增值税销项税额－当期增值税进项税额 \qquad (3-1)$$

其中，增值税销项税额，是指企业销售货物或提供应税劳务时向购买方或接受应税劳务方收取的增值税；增值税进项税额，是指企业购入货物或接受应税劳务时向销货方或提供应税劳务方支付的增值税。

企业购进货物或接受应税劳务支付增值税时，记入"应交税费——应交增值税(进项税额)"账户借方；企业销售货物或提供应税劳务收取增值税时，记入"应交税费——应交增值税(销项税额)"账户贷方。

2. 核算举例

金鑫公司 2012 年 4 月发生下列有关材料采购的经济业务。

【例 3-10】2 日向家美公司购入 A 材料 50 000 千克，增值税专用发票所列单价为 80 元，计买价 400 000 元，进项税款 68 000 元；向欧瑞公司购入 A 材料 2 500 千克，增值税专用发票所列单价为 80 元，计买价 200 000 元，进项税款 34 000 元。材料尚未验收入库，货款尚未支付。

企业发生材料的采购业务使其实际采购成本增加，应记入"在途物资"账户。增值税进项税额增加，应记入"应交税费——应交增值税(进项税额)"账户的借方；尚未支付的价款增加，应记入"应付账款"账户的贷方。该业务应编制会计分录如下所示。

借：在途物资——A 材料		600 000
应交税费——应交增值税(进项税额)		102 000
贷：应付账款——家美公司		468 000
——欧瑞公司		234 000

【例 3-11】金鑫公司以银行存款支付上述购入 A 材料的运杂费 2 000 元。

企业发生采购费用，使材料的采购成本增加，应记入"在途物资"账户的借方；运杂费用银行存款支付，表示银行存款减少，应记入"银行存款"账户的贷方。该业务应编制会计分录如下所示。

借：在途物资——A 材料		2 000
贷：银行存款		2 000

【例3-12】金鑫公司6日向风云公司购入B材料10 000千克，增值税专用发票所列单价为每千克15元，计买价为150 000元，进项税款25 500元；购入C材料10 000千克，单价为每千克50元，发票价格500 000元，进项税款85 000元。材料款及税款已用银行存款支付，材料均已验收入库。材料成本到月末时结转。

企业发生材料采购业务，材料实际采购成本增加，应记入"在途物资"账户；增值税进项税额增加，应记入"应交税费——应交增值税(进项税额)"账户的借方；银行存款减少应记入"银行存款"账户的贷方。该业务应编制会计分录如下所示。

借：在途物资——B材料　　　　　　　　　　150 000
　　　　　　　——C材料　　　　　　　　　　500 000
　　应交税费——应交增值税(进项税额)　　　110 500
　　贷：银行存款　　　　　　　　　　　　　　760 500

【例3-13】金鑫公司10日以银行存款支付购入上述B、C材料的运杂费6 000元。

当一次购入两种或两种以上材料时，所发生的采购费用就是共同性费用，应选用合适恰当的分配标准，进行合理分配，以便分别计算确定各种材料的采购成本。在通常情况下，材料的分配标准有重量、买价、体积等。假设本例的运杂费按两种原材料的数量分摊，其方法如下。

$$运杂费分配率 = \frac{运杂费}{材料重量之和} = \frac{6\,000}{20\,000} = 0.3(元/千克)$$

B材料应分摊的运杂费＝10 000×0.3＝3 000(元)

C材料应分摊的运杂费＝10 000×0.3＝3 000(元)

企业发生采购费用，使材料采购成本增加，应记入"在途物资"账户的借方，运杂费以银行存款支付，表示银行存款减少，应记入"银行存款"账户的贷方。该项经济业务应编制会计分录如下所示。

借：在途物资——B材料　　　　　　　　　　3 000
　　　　　　　——C材料　　　　　　　　　　3 000
　　贷：银行存款　　　　　　　　　　　　　　6 000

【例3-14】金鑫公司17日向三化公司购入A材料2 500千克，增值税专用发票所列单价为80元，计买价200 000元，进项税款34 000元。三化公司代垫运杂费600元，全部款项均暂欠。到月末，材料仍在运输途中。

公司发生材料的采购业务，材料采购成本增加，应记入"在途物资采购"账户的借方；增值税进项税额增加，应记入"应交税费——应交增值税(进项税额)"账户的借方；款项暂欠，应记入"应付账款"账户的贷方。该项经济业务应编制会计分录如下所示。

借：在途物资——A材料　　　　　　　　　　200 600
　　应交税费——应交增值税(进项税额)　　　34 000
　　贷：应付账款　　　　　　　　　　　　　　234 600

【例3-15】金鑫公司以银行存款偿付货款702 000元，其中家美公司468 000元，欧瑞公司234 000元。

公司用银行存款归还欠款，使资产和负债同时减少，应记入"银行存款"的贷方和"应付账款"的借方。该项经济业务应编制会计分录如下所示。

借：应付账款——家美公司   468 000

        ——欧瑞公司   234 000

  贷：银行存款   702 000

【例 3-16】金鑫公司根据"在途物资"明细账资料(见表 3-1)，计算并结转各种材料的实际采购成本。

表 3-1   材料采购成本计算单

材 料 名 称	计 量 单 位	数　　量	单价/元	买价/元	运杂费/元	总成本/元
A	千克	7 500	80	600 000	2 000	602 000
B	千克	10 000	15	150 000	3 000	153 000
C	千克	10 000	50	500 000	3 000	503 000
合　　计	—	—	—	1 250 000	8 000	1 258 000

根据以上结果，就可以将其从"在途物资"账户的贷方转入"原材料"账户的借方。该业务应编制会计分录如下所示。

借：原材料——A 材料   602 000

      ——B 材料   153 000

      ——C 材料   503 000

  贷：在途物资——A 材料   602 000

         ——B 材料   153 000

         ——C 材料   503 000

六、购置固定资产业务处理

为了进行产品生产，企业不仅要有原材料，还必须建造厂房、建筑物，购置机器设备等固定资产。固定资产是指企业使用期限超过一年的房屋、建筑物、机器、机械、运输工具以及其他与生产、经营有关的设备、器具、工具等。

固定资产应该按取得时的实际成本即原始价值入账。实际成本是指为购建某项固定资产，达到可使用状态前所发生的一切合理必要的支出。它的构成包括：买价、运杂费、包装费、安装成本以及除增值税以外其他税金等。

知识拓展

购置固定资产增值税的会计处理

根据《中华人民共和国增值税暂行条例》(国务院令 2008 年第 538 号)的规定，企业自 2009年 1 月 1 日后新购进的设备，将允许其抵扣进项税额，本期未抵扣完的进项税额可以结转下期继续抵扣。企业增加固定资产时，支付增值税进项税额并取得增值税专用发票的，可采用与增加存货相一致的会计处理方法。

1. 账户设置

(1) "固定资产"账户。资产类账户，用以核算企业现有的固定资产的账面原值及其变动情况。其借方登记企业固定资产增加的账面原值，贷方登记因出售、报废、毁损而减少的固定资产的账面原值，期末借方余额，表示期末结存的固定资产账面原值。该账户应按固定资产类别等设明细账，进行明细核算，如图3-31所示。

借方	固定资产	贷方
购置而增加的固定资产账面原值	出售、报废、毁损而减少的固定资产账面原值	
	余额：期末结存固定资产的账面原值	

图3-31　固定资产账户结构

(2) "在建工程"账户。资产类账户，用以核算企业建造或购入需安装固定资产的价值及安装成本。借方登记企业建造、修理和购入需安装固定资产的价值及安装成本，贷方登记建造或安装完毕结转的固定资产账面原值。期末借方余额，反映尚未完工或虽已完工但尚未办理竣工决算的工程实际支出，以及尚未使用的工程物资的实际成本。该账户按工程项目设置明细账，进行明细核算，如图3-32所示。

借方	在建工程	贷方
建造固定资产的实际成本 购入需安装固定资产的价值及安装成本	建造或安装完毕结转的固定资产账面原值	
	余额：期末尚未完工的工程成本	

图3-32　在建工程账户结构

2. 核算举例

金鑫公司于2012年5月发生下列有关固定资产业务。

【例3-17】12日购入不需要安装的机器设备一台，买价200 000元，增值税34 000元，包装费和运杂费4 000元，全部款项已用银行存款支付。

这项业务一方面使公司的固定资产增加了204 000元，增值税进项税额增加了34 000元；另一方面使银行存款减少了238 000元。固定资产的增加应按其原始价值记入"固定资产"账户的借方；支付的增值税记入"应交税费——应交增值税(进项税额)"账户的借方；银行存款的减少应记入"银行存款"账户的贷方。该业务应编制会计分录如下。

借：固定资产　　　　　　　　　　　　　204 000
　　应交税费——应交增值税(进项税额)　　34 000
　　贷：银行存款　　　　　　　　　　　　　238 000

【例3-18】18日购入需要安装的机器设备一台，买价500 000元，增值税585 000元，包装费和运杂费4 800元，全部款项已用银行存款支付。在安装过程中，耗用原材料12 000元(耗用原材料暂不考虑增值税)，耗用人工8 000元，安装完毕，达到可使用状态。

这个例子包括以下 3 项经济业务。

第一项是购入需安装的固定资产。一方面使公司的在建工程支出增加了 504 800 元，增值税进项税额增加了 85 000 元；另一方面使银行存款减少了 589 800 元。这些支出的增加是工程成本的增加，应该记入"在建工程"账户的借方；支付的增值税记入"应交税费——应交增值税(进项税额)"账户的借方；银行存款的减少应记入"银行存款"账户的贷方。应编制会计分录如下所示。

```
借：在建工程                           504 800
    应交税费——应交增值税(进项税额)       85 000
    贷：银行存款                        589 800
```

第二项是固定资产的安装。一方面使公司的在建工程支出增加了 20 000 元，原材料减少了 12 000 元，应付职工薪酬增加了 8 000 元。这些支出的增加是工程成本的增加，应该记入"在建工程"账户的借方；原材料的减少应记入"原材料"账户的贷方，应付职工薪酬的增加是负债的增加，应记入"应付职工薪酬"账户的贷方。应编制会计分录如下所示。

```
借：在建工程                           20 000
    贷：原材料                          12 000
        应付职工薪酬                     8 000
```

这笔分录是复合分录"一借多贷"，但是借贷方金额仍然相等。

第三项是安装完毕达到可使用状态。应按该项工程的实际成本，也就是固定资产的原始价值，借记"固定资产"账户，贷"在建工程"账户。应编制会计分录如下所示。

```
借：固定资产                           524 800
    贷：在建工程                        524 800
```

七、产品生产业务处理

工业企业生产过程，既是产品的加工制造过程，也是生产耗费的过程。

企业在生产活动过程中，通过人们利用机器设备等劳动工具对各种材料进行加工，生产出符合市场需要的产品，这就要发生材料、人工和机器设备磨损等方面的耗费。企业在一定时期内发生的，用货币表现的生产耗费，叫作生产费用。

企业为了准确记录和及时反映生产加工业务，正确计算成本，将生产经营活动中发生的生产费用分为直接材料、直接人工、制造费用。直接材料、直接人工和制造费用以产品为计算对象，构成产品生产成本，在本期完工产品和在产品之间进行分配。

而期间费用则以发生费用的期间为对象，应计入当期损益，从当期实现的收入中得到补偿。因此，生产活动过程中的生产费用的归集和分配、产品成本的计算以及部分期间费用的核算，构成产品生产活动业务核算的主要内容。

1. 生产过程核算的账户设置

(1) "生产成本"账户。成本类账户，用以核算企业为进行产品的生产而发生的各项生产费用。借方登记为进行产品生产而发生的各种成本费用，包括直接材料、直接人工和制造费用；贷方登记企业已完工并已验收入库的产成品成本；期末借方余额，反映尚未完工的在产品成本。该账户应按成本核算对象进行明细核算，必要时可以设置"基本生产成本"和"辅助生产成本"

两个二级明细账户，如图 3-33 所示。

借方	生产成本	贷方
为生产产品发生的各种成本、费用	完工入库产品的实际成本	
余额：期末在产品的成本		

图 3-33　生产成本账户结构

(2) "制造费用"账户。成本类账户，用以核算企业为生产产品和提供劳务而发生的各项间接费用。借方登记本期发生的制造费用，贷方登记期末分配的制造费用，期末一般无余额。该账户应按不同的车间、部门设置明细账进行明细核算，如图 3-34 所示。

借方	制造费用	贷方
本期发生的各种制造费用	期末分配结转至"生产成本"账户	

图 3-34　制造费用账户结构

(3) "应付职工薪酬"账户。负债类账户，用以核算企业应付给职工的各种薪酬。

职工薪酬是指企业为获得职工的服务而给予各种形式的报酬以及其他相关支出。职工薪酬主要包括：工资、奖金、津贴和补贴；职工福利费；社会保险费；住房公积金；工会经费和职工教育经费；非货币性福利；辞退福利等。

"应付职工薪酬"贷方登记实际发生的计入成本、费用的应付职工的薪酬，借方登记实际已经支付的薪酬。期末贷方余额表示企业应付而未付的薪酬。该账户应按薪酬组成内容设明细账，进行明细核算，如图 3-35 所示。

借方	应付职工薪酬	贷方
实际支付的薪酬	应付职工的薪酬	
	余额：期末应付而未付的职工薪酬	

图 3-35　应付职工薪酬账户结构

(4) "管理费用"账户。损益类账户，用以核算企业为了组织和管理生产经营所发生的各项费用，包括董事会和行政管理部门在经营管理中发生的，或由企业统一负担的公司经费、工会经费、劳动保险费、董事会费、聘请中介机构费、咨询费、诉讼费、业务招待费、房产税、车船使用税、土地使用税、印花税、研究开发费、排污费等。借方登记发生的各项管理费用，贷方登记期末转入"本年利润"的数额，期末结转后无余额，如图 3-36 所示。

借方	管理费用	贷方
发生的管理费用	期末转入"本年利润"	

图 3-36　管理费用账户结构

(5) "累计折旧"账户。资产类账户，用以核算企业固定资产累计损耗价值。贷方登记企业按月计提的固定资产折旧额，借方登记固定资产累计折旧的减少或注销。期末贷方余额反映企业固定资产的累计折旧额，即提取的累计折旧结余数，如图 3-37 所示。

借方	累计折旧	贷方
固定资产累计折旧的减少或注销	固定资产累计折旧的增加	
	余额：期末现有固定资产的累计折旧	

图 3-37　累计折旧账户结构

(6) "库存商品"账户。资产类账户，用以核算企业经过生产经营活动已经完工并验收入库的处于可销售状态的产品的收、发、存的有关情况。借方登记已经完工并验收入库的各种产品的实际成本；贷方登记发出的各种产品的实际成本，期末借方余额，反映期末库存的产成品的实际成本。该账户应按产成品的品种、种类和规格设置明细账，进行明细核算，如图 3-38 所示。

借方	库存商品	贷方
完工入库产成品的实际成本	出库产成品的实际成本	
	余额：期末库存产成品的实际成本	

图 3-38　库存商品账户结构

2. 各种生产费用的核算及举例

(1) 材料费用的核算。企业在生产经营过程中领用的各种材料，应按材料的具体用途，分别计入有关的成本类账户和费用类账户，即按领用材料的成本，借记"生产成本"、"制造费用"、"管理费用"、"销售费用"等账户，贷记"原材料"等账户。

【例 3-19】2012 年 4 月末，金鑫公司仓库根据当月领料凭证，编制本月材料耗用汇总表(见表 3-2)。

表 3-2　材料耗用汇总表

2012 年 4 月 30 日

用　　途	A 材　料		B 材　料		C 材　料		金额合计/元
	数量/千克	金额/元	数量/千克	金额/元	数量/千克	金额/元	
制造产品耗用							
其中：产品甲	5 000	401 200	8 000	123 200	8 000	403 200	927 600
产品乙	2 000	160 480	2 000	30 800	2 000	100 800	292 080
车间一般耗用	400	32 096					32 096
合　　计	7 400	593 776	10 000	154 000	10 000	504 000	1 251 776

仓库材料发出使库存材料减少，应记入"原材料"账户贷方，为制造产品而耗用的直接材料费用、制造费用的增加应分别记入"生产成本"、"制造费用"账户的借方。该项经济业务应编制会计分录如下所示。

借：生产成本——甲产品　　　　　927 600

　　　　　　——乙产品　　　　　292 080

　　制造费用　　　　　　　　　　 32 096

　　贷：原材料——A 材料　　　　　593 776

　　　　　　　——B 材料　　　　　154 000

　　　　　　　——C 材料　　　　　504 000

(2) 人工费用的核算。在生产经营活动中所发生的人工费用增加,应按工资的用途进行分配。生产工人人工费是直接费用,计入生产成本;车间管理人员的人工费是间接费用,计入制造费用;厂部行政管理人员、销售人员的人工费的增加,计入管理费用、销售费用。

【例3-20】4月末,金鑫公司根据工进和考勤记录,计算出应付职工工资 62 000 元,其用途和数额如下所示。

① 生产工人工资

其中:制造甲产品生产工人工资 　　　　　　　30 000 元

制造乙产品生产工人工资 　　　　　　　20 000 元

② 车间管理人员工资 　　　　　　　　　　　　4 000 元

③ 厂部行政管理人员工资 　　　　　　　　　　8 000 元

合计 　　　　　　　　　　　　　　　　　　62 000 元

生产工人工资,是直接费用,其增加数应记入"生产成本"账户的借方;车间管理人员的工资是间接费用,其增加数应记入"制造费用"账户的借方;厂部行政管理人员的工资的增加,应记入"管理费用"账户的借方。在分配工资时应付工资增加,应记入"应付职工薪酬"账户的贷方。该业务应编制会计分录如下所示。

借:生产成本——甲产品 　　　　　　　30 000

　　　　　　——乙产品 　　　　　　　20 000

　　制造费用 　　　　　　　　　　　　4 000

　　管理费用 　　　　　　　　　　　　8 000

　　贷:应付职工薪酬 　　　　　　　　　　　62 000

【例3-21】金鑫公司 4 月 28 日从银行提取现金 62 000 元,以备发放本月工资。

为发放工资提取现金,使银行存款减少,应记入"银行存款"账户,现金增加,应记入"库存现金"账户的借方。该项经济业务应编制会计分录如下所示。

借:库存现金 　　　　　　　　　　　62 000

　　贷:银行存款 　　　　　　　　　　　62 000

【例3-22】金鑫公司 4 月末用现金发放本月职工工资 62 000 元。

以现金发放本月工资,应付工资减少应记入"应付工资"账户的借方,现金减少,应记入"库存现金"账户的贷方。该业务应编制会计分录如下所示。

借:应付职工薪酬 　　　　　　　　　62 000

　　贷:库存现金 　　　　　　　　　　　62 000

【例3-23】金鑫公司 4 月末计提社会保险费,其中甲产品生产工人 8 000 元,乙产品生产工人 5 000 元,车间管理人员 2 200 元,厂部行政管理人员 3 000 元。

在生产经营活动中所发生的社会保险费增加,其费用分配与工资分配一样,应记入有关成本和费用的借方。生产工人计提的社会保险费是直接费用,其增加数应记入"生产成本"账户的借方,车间管理人员计提的社会保险费是间接费用,其增加数应记入"制造费用"账户的借方,厂部行政管理人员计提的社会保险费的增加,应记入"管理费用"账户的借方;计提社会保险费表明对社会保险机构负债的增加,应记入"应付职工薪酬"账户的贷方。该业务应编制会计分录如下所示。

```
借：生产成本——甲产品              8 000
          ——乙产品              5 000
    制造费用                      2 200
    管理费用                      3 000
    贷：应付职工薪酬                      18 200
```

(3) 支付其他费用的核算。

【例3-24】金鑫公司4月末，按照规定的折旧率，计提本月份固定资产折旧额。其中：

```
车间生产使用固定资产应计折旧额        8 000 元
厂部行政管理部门使用固定资产应计折旧额  1 000 元
合计                              9 000 元
```

计提固定资产折旧费是企业生产经营而发生的费用，生产用固定资产计提折旧费应记入"制造费用"账户的借方，行政管理部门用的固定资产计提的折旧费应记入"管理费用"账户的借方；累计折旧增加，应记入"累计折旧"账户的贷方。该项经济业务应编制会计分录如下所示。

```
借：制造费用                      8 000
    管理费用                      1 000
    贷：累计折旧                          9 000
```

【例3-25】金鑫公司4月17日以现金购买办公用品780元，其中车间办公用品280元，厂部行政管理部门办公用品500元。

车间办公用品费增加，应记入"制造费用"账户的借方，厂部办公用品费增加，应记入"管理费用"账户的借方；同时现金减少，应记入"库存现金"账户的贷方。该项经济业务应编制会计分录如下所示。

```
借：制造费用                      280
    管理费用                      500
    贷：库存现金                          780
```

【例3-26】4月18日，金鑫公司行政管理人员章华出差，借支差旅费1 000元，以现金支票付讫。

其他应收、暂付款项增加，应记入"其他应收款"账户的借方，同时现金支票从银行支取使银行存款减少，应记入"银行存款"账户的贷方。该经济业务应编制会计分录如下所示。

```
借：其他应收款——章华              1 000
    贷：银行存款                          1 000
```

【例3-27】章华4月26日出差回厂报销差旅费800元，交回多余现金200元。

报销差旅费，应记入"管理费用"账户的借方，同时现金增加，应记入"现金"账户的借方，以及其他应收、暂付款项减少，应记入"其他应收款"账户的贷方。该项经济业务应编制会计分录如下所示。

```
借：管理费用                      800
    库存现金                      200
    贷：其他应收款——章华                  1 000
```

3. 产品生产成本的计算

产品生产成本,又称产品制造成本,是企业为生产一定种类、一定数量的产品所支出的各种生产费用总和。产品生产成本计算是指将生产过程中发生的,应计入产品成本的生产费用,按照产品品种或类别进行归集和分配计算出各种产品的总成本和单位成本。企业应采用制造成本法来计算产品成本。

产品生产成本计算的一般程序如下。

(1) 确定成本计算对象。所谓成本计算对象,就是指归集和分配费用的对象。其确定要适应企业的生产特点和管理要求,通常有以下几种成本计算对象:以产品品种为成本计算对象;以生产步骤为成本计算对象;以产品批次为成本计算对象。

(2) 确定成本计算期。就是成本计算的间隔期,多长时间计算一次成本。成本计算期可与会计报告期相同,也可与产品生产周期相同。

(3) 确定成本项目。指生产费用按其经济用途分类的项目,一般可以分为:直接材料、直接人工、制造费用。

(4) 归集和分配生产费用。凡是为生产某一种产品所发生的直接费用,可直接计入该产品成本;凡是为了生产几种产品所共同发生的间接费用,应采用适当标准分配后计入各种产品成本。

① 计算分配率,计算每一分配标准应分配的费用。

$$分配率=\frac{制造费用总额}{某种分配标准总和} \tag{3-2}$$

② 计算各种产品应负担的费用。

$$某种产品应负担的费用=该产品的分配标准×分配率 \tag{3-3}$$

(5) 计算完工产品成本和月末在产品成本。

【例3-28】金鑫公司4月末将本月制造费用46 576.00元,按产品生产工人工资比例分配计入甲、乙两种产品成本。

制造费用是产品制造成本的组成部分,平时发生的制造费用应在"制造费用"账户借方进行归集,期末需将制造费用按一定的标准进行分配,计入有关产品成本,应记入"生产成本"账户的借方,同时结转分配的制造费用,应记入"制造费用"账户的贷方。

$$分配率=\frac{制造费用总额}{某种分配标准总和}=\frac{46\ 576}{50\ 000}=0.931\ 52$$

甲产品应分摊制造费用=30 000×0.931 52=27 945.60(元)

乙产品应分摊制造费用=46 576.00−27 945.60=18 630.40(元)

这项经济业务应编制会计分录如下所示。

借:生产成本——甲产品   27 945.60

     ——乙产品   18 630.40

  贷:制造费用   46 576.00

【例3-29】金鑫公司4月末结转本月完工入库甲、乙产品的制造成本(假设本月生产的甲、乙两种产品,全部完工入库)。假定甲产品8 000件,每件成本约129元,计1 031 962元;乙产品2 000件,每件成本约181元,计361 654元。

产品完工并验收入库，使产成品增加，应记入"产成品"账户的借方，转出的生产成本应记入"生产成本"账户的贷方。该项经济业务应编制会计分录如下所示。

借：产成品——甲产品　　　　　　　　　1 031 962

　　　　　——乙产品　　　　　　　　　361 654

　　贷：生产成本——甲产品　　　　　　　1 031 962

　　　　　　　　——乙产品　　　　　　　361 654

八、产品销售业务处理

销售过程是企业经营周期的最后阶段，也是营业收入的实现过程。

在这一过程中，企业将生产出的产品销售给购货单位，按照购销双方约定的价格向购货单位办理价款结算，并确认产品销售收入，同时交付相应的产品，并结转相关产品的销售成本。

此外，企业还可能发生除产品销售以外的其他销售业务，如材料销售、包装物出售、无形资产转让等。其他销售业务所获得收入和所发生的成本支出分别称为其他业务收入、其他业务成本。

企业在取得营业收入时，应按国家税法计算并结转营业税金及附加，如消费税、资源税、城市维护建设税、教育费附加等。在销售活动中发生的运输费、装卸费、包装费、广告费等销售费用，与管理费用、财务费用共同构成期间费用，应计入当期损益。

1. 账户设置

(1) "主营业务收入"账户。属于损益类账户，用以核算企业销售商品、提供劳务及让渡资产使用权等日常活动中产生的收入。贷方登记实现的主营业务收入，借方登记销货退回以及期末转入"本年利润"账户的主营业务收入，结转后该账户期末无余额。本账户按主营业务的种类设置明细账，进行明细核算，如图3-39所示。

借方	主营业务收入	贷方
销售退回和折让冲减 期末转入"本年利润"账户	本期日常活动实现的主营业务收入	

图 3-39　主营业务收入账户结构

(2) "主营业务成本"账户。属于损益类账户，用以核算企业销售商品、提供劳务及让渡资产使用权等日常活动而发生的实际成本。借方登记已经销售商品、提供劳务等主营业务的实际成本，贷方登记销售退回转回的成本和期末转入"本年利润"账户的主营业务成本，结转后该账户期末应无余额。本账户按主营业务的种类设置明细账，进行明细核算，如图3-40所示。

借方	主营业务成本	贷方
本期销售商品、提供劳务的实际成本	退货转回 期末转入"本年利润"账户	

图 3-40　主营业务成本账户结构

(3) "营业税金及附加"账户。属于损益类账户，用以核算企业日常活动应负担的税金及附加，包括营业税、消费税、资源税、城市维护建设税和教育费附加等。借方登记按规定计算应由日常业务负担的税金及附加；贷方登记期末转入"本年利润"账户的营业税金及附加，结转后期末应无余额，如图 3-41 所示。

借方	营业税金及附加	贷方
本期销售商品等负担的税金及附加	期末转入"本年利润"账户	

图 3-41 营业税金及附加账户结构

(4) "其他业务收入"账户。属于损益类账户，用以核算企业除产品销售等主营业务以外的其他日常业务的收入，如材料销售、代购代销、包装物出租等收入。贷方登记实现的其他业务收入，借方登记月末转入"本年利润"账户的其他业务收入，结转后本账户应无余额，如图 3-42 所示。

借方	其他业务收入	贷方
期末转入"本年利润"账户	本期日常活动实现的其他业务收入	

图 3-42 其他业务收入账户结构

(5) "其他业务成本"账户。属于损益类账户，用以核算企业除产品销售等主要业务以外的其他业务所发生的成本，包括销售材料、提供劳务而发生的相关成本，借方登记发生的其他业务成本数额，贷方登记期末结转"本年利润"账户的其他业务成本数额，结转后本账户应无余额，如图 3-43 所示。

借方	其他业务成本	贷方
本期发生的其他业务成本	期末转入"本年利润"账户	

图 3-43 其他业务成本账户结构

(6) "销售费用"账户。属于损益类账户，用以核算企业在销售商品过程中发生的费用，包括运输费、装卸费、包装费、保险费、展览费、广告费，以及为销售本企业产品而专设销售机构的职工工资、福利费、业务费等经常费用。借方登记发生的销售费用，贷方登记期末转入"本年利润"账户的销售费用，结转后期末应无余额。本账户应按费用项目设置明细账，进行明细核算，如图 3-44 所示。

借方	销售费用	贷方
本期发生的销售费用	期末转入"本年利润"账户	

图 3-44 销售费用账户结构

(7) "应收账款"账户。属于资产类账户，用以核算企业因销售商品、提供劳务等业务，应向购货单位或接受劳务单位收取的款项。不单独设置"预收账款"账户的企业，预收的账款也可在本账户核算。借方登记发生的应收货税款，贷方登记收回的应收货税款。期末借方余额表示尚未收回的应收款项。该账户应按不同购货单位或接受劳务单位设置明细账，进行明细核算，如图 3-45 所示。

借方	应收账款	贷方
发生的应收款项	收回的应收款项	
余额：期末尚未收回的应收款项		

图 3-45   应收账款账户结构

(8) "预收账款"账户。属于负债类账户，用以核算企业按照合同规定向购货单位预收的货款。贷方登记向购货单位预收的货款；借方登记销售实现时冲减的预收款项；期末贷方余额，反映企业尚未实现收入的预收货款；期末如为借方余额，反映应由购货单位补付给企业的款项。该账户应按购货单位设置明细账，进行明细核算。如图 3-46 所示为该账户结构。

借方	预收账款	贷方
偿付的预收账款	向购货单位预收货款	
余额：应由购货单位补付的货款	余额：期末尚未偿付的预收账款	

图 3-46   预收账款账户结构

(9) "应交税费"账户。属于负债类账户，用以核算企业应交纳的各种税费，如增值税、营业税、城市维护建设税、所得税、资源税、消费税、教育费附加等。贷方登记应交纳的税费，借方登记已交纳的税费，期末贷方余额表示未交的税费，借方余额表示多交纳的税费。该账户应按税种设置明细账，进行明细核算。如图 3-47 所示为该账户结构。

借方	应交税费	贷方
实际交纳的各项税费	应交纳的各项税费	
余额：期末多交税费	余额：期末未交税费	

图 3-47   应交税费账户结构

2. 核算举例

金鑫公司 2013 年 3 月在销售过程中，发生下列部分经济业务。

【例 3-30】销售给浙江电力公司甲产品 3 000 件，增值税专用发票所列的单价 200 元，价款 600 000 元，增值税额 102 000 元，款项收到存入银行。

公司销售产品，价款已经收到，实现销售收入，应记入"主营业务收入"账户的贷方；销售产品时，与价款一并向购货企业收取的增值税额属企业应纳增值税(销项税额)，使公司应交税费增加，应记入"应交税费——应交增值税"账户的贷方；款项收到存入银行，使银行存款增加，应记入"银行存款"账户的借方。该业务应编制会计分录如下所示。

借：银行存款   702 000
    贷：主营业务收入——甲产品   600 000
        应交税费——应交增值税(销项税额)   102 000

【例 3-31】销售给广东电力公司乙产品 2 000 件，增值税专用发票所列的单价 265 元，价款 530 000 元，增值税额 90 100 元，款项尚未收到。

公司销售产品，款项尚未收到，使公司应收账款增加，应记入"应收账款"账户的借方；货款虽未收到，但销售已经实现，使销售收入增加，应记入"主营业务收入"账户的贷方。该业务应编制会计分录如下所示。

借：应收账款——广东电力公司   620 100

  贷：主营业务收入——乙产品   530 000

    应交税费——应交增值税(销项税额) 90 100

【例 3-32】售给天津电力公司甲产品 5 000 件，增值税专用发票所列的单价 200 元，货款 1 000 000 元，增值税额 170 000 元，已收到对方支票。

企业销售已经实现，使销售收入增加，应记入"主营业务收入"账户的贷方，收到支票金额，应记入"银行存款"账户的借方。该业务应编制会计分录如下所示。

借：银行存款   1 170 000

  贷：主营业务收入——乙产品   1 000 000

    应交税费——应交增值税(销项税额) 170 000

【例 3-33】以银行存款支付销售商品广告费 90 000 元。应编制会计分录如下所示。

借：销售费用   90 000

  贷：银行存款   90 000

【例 3-34】企业对外出售 A 材料一批，取得收入 40 000 元，增值税额 6 800 元，款项存入银行。

借：银行存款   46 800

  贷：其他业务收入   40 000

    应交税费——应交增值税(销项税额) 6 800

【例 3-35】月末，结转本月已销甲产品 8 000 件的销售成本 1 031 962 元，乙产品 2 000 件的销售成本 361 654 元(假设甲、乙两种产品全部销售出去)。

结转已销产品的成本，使销售成本增加，应记入"主营业务成本"账户的借方，同时使库存产成品减少，应记入"库存商品"账户的贷方，该业务应编制会计分录如下所示。

借：主营业务成本   1 393 616

  贷：库存商品——甲产品   1 031 962

      ——乙产品   361 654

【例 3-36】月末结转已售 A 材料的成本 30 000 元。应编制会计分录如下所示。

借：其他业务成本   30 000

  贷：原材料——A 材料   30 000

【例 3-37】计算应交城市维护建设税 8 600 元，应交教育费附加 500 元。

这项业务中，计算确定的城市维护建设税和教育费附加，应记入"营业税金及附加"账户的借方，应交纳的城市维护建设税和教育费附加，记入"应交税费"账户的贷方。该业务应编制会计分录如下所示。

借：营业税金及附加   9 100

  贷：应交税费——应交城市维护建设税 8 600

      ——应交教育费附加   500

【例 3-38】以银行存款上缴城市维护建设税和教育费附加 9 100 元。

因上缴税费使公司负债减少，应记入"应交税费"账户的借方；以银行存款上交，使银行存款减少，应记入"银行存款"账户的贷方。该业务应编制会计分录如下所示。

借：应交税费——应交城市维护建设税   8 600

     ——应交教育费附加   500

  贷：银行存款   9 100

九、利润形成及分配的核算

利润又称财务成果，指企业在一定会计期间的经营成果。

对利润进行核算，可以及时反映企业在一定会计期间的经营业绩和获利能力，反映企业的投入产出效率和经济效益，有助于企业投资者和债权人据此进行盈利预测，评价企业经营绩效，做出正确的决策。

1. 利润的构成

企业的利润，就其构成来看，既有通过日常经营活动而获得的，也有那些与日常经营活动无直接关系的事项所引起的盈亏，具体包括营业利润、补贴收入、营业外收入和支出、所得税费用等组成部分。其中，营业利润加上营业外收入，减去营业外支出后的数额又称之为利润总额；利润总额减去所得税费用后的数额即为企业的净利润。计算公式如下：

$$利润总额(或亏损总额)＝营业利润＋营业外收入－营业外支出 \qquad (3\text{-}4)$$

(1) 营业利润。营业利润是指主营业务收入加上其他业务收入减去主营业务成本、其他业务成本和营业税金及附加，减去销售费用、管理费用、财务费用和资产减值损失后，再加上公允价值变动收益和投资净收益的净额。计算公式如下：

$$营业利润＝主营业务收入－主营业务成本＋其他业务收入－其他业务支出$$
$$－营业税金及附加－销售费用－管理费用－财务费用－资产减值损失 \qquad (3\text{-}5)$$
$$＋公允价值变动收益(－公允价值变动损失)\pm投资收益(－投资损失)$$

(2) 营业外收入和营业外支出。营业外收入和营业外支出，是指企业发生的与其日常经营活动无直接关系的各项收入和各项支出。其中，营业外收入包括处置固定资产净收益、出售无形资产净收益、罚款净收入等。营业外支出包括固定资产盘亏、处置固定资产和无形资产净损失、债务重组损失、罚款支出、捐赠支出、非常损失等。

营业外收入和营业外支出应当分别核算，并在利润表中分别按项目反映。营业外收入和营业外支出还应当按照具体收入和支出设置明细项目，进行明细核算。

(3) 所得税费用。企业实现的利润应依法缴纳所得税。所得税是企业应计入当期损益的费用，它的计税依据为应纳税所得额，用以下公式计算：

$$所得税费用＝应纳税所得额\times所得税税率 \qquad (3\text{-}6)$$

净利润用以下公式计算：

$$净利润(或净亏损)＝利润总额(或亏损总额)－所得税费用 \qquad (3\text{-}7)$$

2. 利润的分配

企业取得的净利润应当按规定进行分配。利润的分配过程和结果，不仅关系到所有者的合法权益是否得到保护，而且还关系到企业能否长期、稳定地发展。

根据我国有关法规的规定，一般企业和股份有限公司每期实现的净利润，首先是弥补以前年度尚未弥补的亏损，然后按下列顺序进行分配。

(1) 提取法定盈余公积金。法定盈余公积金按照本年实现净利润的10%的比例提取。企业提取的法定公积金累计额为其注册资本的50%以上的，可以不再提取。企业提取的法定盈余公积主要用于弥补亏损，转增资本，在一般情况下不得用于向投资者分配利润(或股利)。

(2) 向投资者分配利润。企业提取法定盈余公积金后，可以按规定向投资者分配利润。企业实现的净利润在弥补以前年度尚未弥补的亏损和扣除提取的盈余公积金后，再加上期初未分配利润，即为可供投资者分配的利润。

对于股份有限公司，可供投资者分配的利润，还应按下列顺序进行分配。

① 应付优先股股利。指企业分配给优先股股东的现金股利。

② 提取任意盈余公积。指企业提取的任意盈余公积金，提取比例由企业自定。

③ 应付普通股股利。指企业分配给普通股股东的现金股利。

④ 转作股本的普通股股利。指企业以分派股票股利的形式转作的股本。

3. 账户设置

(1) "营业外收入"账户。属于损益类账户，用以核算企业发生的与其生产经营无直接关系的各项收入，包括处置固定资产净收益、出售无形资产净收益、罚款净收入等。贷方登记企业取得的收入，借方登记期末转入"本年利润"账户的数额，结转后应无余额，如图 3-48 所示。

借方	营业外收入	贷方
期末转入"本年利润"账户	发生的各项营业外收入	

图 3-48　营业外收入账户结构

(2) "营业外支出"账户。属于损益类账户，用以核算企业发生的与其生产经营无直接关系的各项支出，包括固定资产盘亏、处置固定资产净损失、出售无形资产损失、债务重组损失、罚款支出、非常损失等。借方登记发生的营业外支出数额，贷方登记期末转入"本年利润"账户的数额，结转后应无余额，如图 3-49 所示。

借方	营业外支出	贷方
发生的各项营业外支出	期末转入"本年利润"账户	

图 3-49　营业外支出账户结构

(3) "所得税费用"账户。属于损益类账户，用以核算企业按规定从本期损益中减去的所得税。借方登记发生的所得税费用数额，贷方登记期末结转"本年利润"账户的数额，结转后该账户应无余额，如图 3-50 所示。

借方	所得税费用	贷方
本年所得税费用总额	期末转入"本年利润"账户	

图 3-50　所得税费用账户结构

(4) "本年利润"账户。属于所有者权益类账户，用以核算企业在本年度实现的利润(或亏损)总额。贷方登记转入的"主营业务收入"、"其他业务收入"、"营业外收入"、"公允价值变动损益"账户的金额，借方登记转入的"主营业务成本"、"销售费用"、"营业税金及附加"、"管理费用"、"财务费用"、"其他业务成本"、"资产减值损失"、"营业外支出"、"所得税费用"账户的金额，如图 3-51 所示。

借方	本年利润	贷方
转入的：主营业务成本	转入的：主营业务收入	
营业税金及附加	其他业务收入	
销售费用	投资收益(如为损失在借方)	
管理费用	营业外收入	
财务费用	公允价值变动损益	
其他业务成本		
资产减值损失		
营业外支出		
所得税费用		
累计亏损	累计利润	

图 3-51　本年利润账户结构

年度终了，应将本年实现的利润或亏损全部转入利润分配账户，年终结转后该账户无余额。

(5) "利润分配"账户。属于所有者权益类账户，用以核算企业利润的分配(或亏损的弥补)和历年分配(或弥补)后的结存额。它的借方登记利润的分配数，贷方登记年度终了时由"本年利润"账户的转入数或弥补亏损数。它的贷方余额为历年积存的尚未分配的利润，若为借方余额则表示为尚未弥补的亏损，如图 3-52 所示。

借方	利润分配	贷方
提取盈余公积	期末从"本年利润"账户转入的净利润	
分配给投资者利润		
期末从"本年利润"账户转入的净亏损		
余额：期末未弥补亏损	余额：期末未分配利润	

图 3-52　利润分配账户结构

为了反映利润分配的详细情况，"利润分配"账户需设置"提取法定盈余公积"、"应付现金股利"、"未分配利润"等明细账户，进行明细核算。年度终了时，除"未分配利润"明细账户外，其他明细账户无余额。

4. 核算举例

金鑫公司 2012 年 12 月末部分经济业务如下。

【例 3-39】12 月 31 日，企业将无法归还的应付账款 3 550 元，经批准转作营业外收入。

该业务应编制会计分录如下所示。

借：应付账款　　　　　　　　　　　　　3 550
　　贷：营业外收入　　　　　　　　　　　　3 550

【例 3-40】12 月 26 日，向希望工程捐款 5 500 元，开出现金支票支付。

该业务应编制会计分录如下所示。

借：营业外支出　　　　　　　　　　　　5 500
　　贷：银行存款　　　　　　　　　　　　　5 500

【例 3-41】 企业在 12 月末将本期实现的各项收入转入"本年利润"账户。其中：主营业务收入 2 274 000 元，其他业务收入 134 000 元，投资收益 79 280 元，营业外收入 84 800 元。

该业务应编制会计分录如下所示。

借：主营业务收入   2 274 000

  其他业务收入   134 000

  投资收益   79 280

  营业外收入   84 800

  贷：本年利润   2 572 080

【例 3-42】 企业在会计期末将本期发生的各项费用(除所得税外)转入"本年利润"账户。其中主营业务成本 1 526 400 元，其他业务成本 20 680 元，营业税金及附加 50 000 元，销售费用 46 810 元，管理费用 395 690 元，财务费用 2 500 元，营业外支出 20 000 元。

该业务应编制会计分录如下所示。

借：本年利润   2 062 080

  贷：主营业务成本   1 526 400

    其他业务成本   20 680

    营业税金及附加   50 000

    销售费用   46 810

    管理费用   395 690

    财务费用   2 500

    营业外支出   20 000

【例 3-43】 计算企业应交所得税，所得税税率为 25%。

该业务应编制会计分录如下所示。

所得税费用＝应纳税所得额×所得税税率

    ＝(2 572 080－2 062 080)×25%＝127 500(元)

借：所得税费用   127 500

  贷：应交税费——应交所得税 127 500

【例 3-44】 企业在会计期末将计算出来的所得税 127 500 元转入"本年利润"账户。

该业务应编制会计分录如下所示。

借：本年利润   127 500

  贷：所得税费用   127 500

【例 3-45】 企业期末结转本期实现的净利润 382 500 元。

该业务应编制会计分录如下所示。

净利润＝利润总额－所得税费用＝510 000－127 500＝382 500(元)

借：本年利润   382 500

  贷：利润分配——未分配利润 382 500

【例 3-46】 按税后净利润 10%提取法定盈余公积金。

该业务应编制会计分录如下所示。

法定盈余公积金＝净利润×10%＝382 500×10%＝38 250(元)

借：利润分配——提取法定盈余公积　　　　38 250

　　贷：盈余公积——法定盈余公积　　　　　　38 250

【例3-47】企业分配给股东现金股利60 000元。

该业务应编制会计分录如下所示。

借：利润分配——应付现金股利　　　　　　60 000

　　贷：应付股利　　　　　　　　　　　　　60 000

【例3-48】企业期末结清"利润分配"明细账户(除未分配利润)发生额。

该业务应编制会计分录如下所示。

借：利润分配——未分配利润　　　　　　　98 250

　　贷：利润分配——提取法定盈余公积　　　38 250

　　　　　　　　——应付现金股利　　　　　60 000

企业本期剩余未分配利润＝382 500－98 250＝284 250(元)

十、会计凭证的传递与保管

1. 会计凭证的传递

会计凭证的传递是指从会计凭证的取得或填制时起至归档保管过程中，在单位内部有关部门和人员之间的传送程序。它要求根据企业组织机构、人员分工情况和经济业务的特点来确定。正确组织会计凭证传递，可以及时反映经济业务执行或完成情况，有利于加强经营管理上的责任制。会计凭证传递程序须遵循以下一般原则。

(1) 合理确定会计凭证传递应经过的环节，要求经过的环节都是必需的。

(2) 合理确定会计凭证在各环节停留的时间，要根据各环节的工作内容和工作量，做到及时传递，节约时间。

(3) 加强会计凭证传递的管理，要建立凭证在各环节传递时的交接手续，并且严格执行，以便明确责任，保证凭证安全和完整。

2. 会计凭证的保管

会计凭证的保管是指会计凭证记账后的整理、装订、归档和存查工作。会计凭证是重要的经济档案和历史资料，必须采用科学的方法妥善保管，防止丢失毁损，以备日后查阅。会计凭证的保管原则：既要保护凭证的安全完整，又要便于日后查阅、实现科学管理。主要有下列几个要求。

(1) 定期整理、装订成册。会计凭证应定期装订成册，防止散失。会计凭证封面应注明单位名称、凭证种类、凭证张数、起止号数、年度、月份、会计主管人员、装订人员等有关事项，会计主管人员和保管人员应在封面上签章。会计凭证应加贴封条，防止抽换凭证。原始凭证较多时可单独装订，但应在凭证封面注明所属记账凭证的日期、编号和种类，同时在所属的记账凭证上应注明"附件另订"及原始凭证的名称和编号，以便查阅。

(2) 专人保管、期满归档。装订成册的会计凭证应指定专人保管，年度终了，应移交档案部门归档保管。

(3) 保管期满、按规销毁。严格遵守会计凭证的保管期限要求，按照《会计档案管理办法》

保管会计凭证，保管期满前不得任意销毁。对保管期满需要销毁的会计凭证，必须严格执行销毁手续，开列销毁清单，经本单位领导审核，报上级主管部门批准后，才能销毁。

 思考与讨论

1. 各种记账凭证分别适用于登记哪些业务？
2. 资金筹集核算主要设置哪些账户？如何进行会计处理？
3. 购进业务核算主要设置哪些账户？如何进行会计处理？
4. 生产业务核算主要设置哪些账户？如何进行会计处理？
5. 销售业务核算主要设置哪些账户？如何进行会计处理？
6. 材料采购成本包括哪些内容？
7. "生产成本"账户的性质、用途和结构。
8. 利润形成与利润分配的内容。

 实训题

1. 练习筹集资金业务会计分录编制。

资料：红光公司2016年1月份发生下列经济业务。

(1) 收到投资人投入资金400 000元，款项已存入银行。

(2) 收到投资人投入材料，投资协议约定价值400 000元。

(3) 收到投资人投入的不需要安装的设备一台，该设备原值为700 000元，协议约定作价为450 000元。

(4) 从银行借入流动资金100 000元，期限半年，年利率为6%，款项已收，存入银行。

(5) 接受长城公司以某项专有技术800 000元作为投资，投资合同约定为600 000元。

要求：

根据上述经济业务编制会计分录。

2. 练习采购业务会计分录编制。

资料：红光公司2016年1月份发生下列经济业务。

(1) 向红星厂购入甲材料500千克，买价共计300 000元，增值税51 000元，货款未付。

(2) 向红利厂购入乙材料300千克，每千克500元，增值税率为17%，货款以银行存款付讫。

(3) 乙材料的运杂费为9 000元，以银行存款付讫。

(4) 上述甲、乙两种材料验收入库，结转其实际采购成本。

(5) 向红达公司购入甲材料600千克，每千克600元，购入乙材料200千克，每千克500元，运费共计24 000元，增值税为78 200元，货款及运费尚未支付。材料点验无误，当即验收入库。(运费按重量分配)

(6) 以银行存款偿还前欠红星厂货款351 000元。

（7）购入一台需要安装的设备，发票价格 80 000 元，增值税 13 600 元，支付运费 6 400 元，款项已用银行存款支付。

（8）设备运抵企业，安装过程中领用原材料 5 000 元，支付安装人员工资 1 000 元，用银行存款支付。

（9）设备达到预定可使用状态，交付使用。

要求：

根据上述经济业务编制会计分录。

3. 练习生产业务会计分录编制。

资料：红光公司 2016 年 1 月份发生下列经济业务。

（1）从银行提取现金 89 600 元。

（2）以现金发放本月职工工资 89 600 元。

（3）生产 A 产品领用甲材料 1 000 千克，每千克 600 元，生产 B 产品领用乙材料 400 千克，每千克 500 元，车间一般性耗用甲材料 3 000 元，乙材料 1 000 元。

（4）按规定计提本月固定资产折旧，共计 52 000 元，其中生产车间提取 44 000 元，企业管理部门提取 8 000 元。

（5）结算本月应付职工工资。其用途和金额如下所示。

生产工人工资：

制造 A 产品工人工资	24 000 元
制造 B 产品工人工资	21 000 元
车间管理人员工资	18 600 元
行政管理部门人员工资	26 000 元
合计	89 600 元

（6）按工资总额的 14% 计提本月职工福利费。

（7）将本月发生的制造费用按生产工人工资比例分配结转。

（8）本月生产的 A、B 两种产品全部完工，验收入库。

要求：

根据上述经济业务编制会计分录。

4. 练习销售业务会计分录编制。

资料：红光公司 2016 年 1 月份发生下列经济业务。

（1）向立达公司出售 A 产品 400 件，价款 400 000 元及增值税 68 000 元，价税款尚未收到。

（2）收到圣达公司归还前欠货款 200 000 元，存入银行。

（3）向万达出售 B 产品 200 件，每件售价 900 元，增值税率 17%，货款已收，存入银行。

（4）结转本月出售产品的生产成本，其中 A 产品 250 000 元，B 产品 100 000 元，

（5）该厂出售的 B 产品属应税消费品，消费税率为 5%，计算本月应交消费税并进行账务处理。

(6) 出售乙材料 200 千克，每千克 700 元，增值税率 17%，款项已存入银行。

(7) 乙材料的成本为每千克 500 元，结转其成本。

要求：

根据上述经济业务编制会计分录。

5. 练习期间费用及其他业务会计分录编制。

资料：红光公司 2016 年 1 月份发生下列经济业务。

(1) 采购员张三预借差旅费 3 000 元，以现金付讫。

(2) 张三出差回来报销 1 800 元，余款 1200 元退回。

(3) 支付本月应负担的短期借款利息 1 000 元。

(4) 支付本月业务招待费 1 500 元。

(5) 以银行存款支付广告费 35 000 元。

(6) 以银行存款支付行政管理部门本月办公费 5 000 元。

(7) 因客户违反合同，通过索赔，取得 26 000 元的赔偿费，款项已收，存入银行。

(8) 缴纳滞纳金及罚款共计 12 000 元，已开出转账支票支付。

要求：

根据上述经济业务编制会计分录。

6. 练习利润形成及分配业务会计分录编制。

资料：根据红光公司 2016 年 1 月份发生的经济业务编制下列业务会计分录。

(1) 月末，将全部的损益类账户转入"本年利润"账户。

(2) 按照本月利润总额的 25% 计算应交所得税。

(3) 将"所得税费用"账户余额转入"本年利润"账户。

(4) 将"本年利润"账户余额转入"利润分配——未分配利润"账户。

(5) 按税后利润 10% 提取法定盈余公积金。

(6) 按税后利润的 30% 计算应付给投资者的利润。

(7) 结转"利润分配"账户的各明细账户。

要求：

根据上述经济业务编制会计分录。

7. 练习填制记账凭证。

资料：新华公司 2016 年 8 月 1 至 31 日发生的部分经济业务及有关的原始凭证如下所示。

(1) 8 月 8 日，从南沙钢铁厂购入 40#圆钢一批，价款 260 000 元，增值税额 44 200 元，圆钢已验收入库。

海南省增值税专用发票

开票日期：2016 年 8 月 8 日

No　003625

购货单位	名　　称	公司			纳税人登记号				56247896001										
	地址 电话	新华南36号			开户银行及账号				工商银行新华办事处　265489111										

商品或劳务名称	计量单位	数量	单价	金额										税率(%)	税额									
				千	百	十	万	千	百	十	元	角	分		千	百	十	万	千	百	十	元	角	分
40#圆钢		200	1 300		2	6	0	0	0	0	0	0	0	17			4	4	2	0	0	0	0
合计				¥	2	6	0	0	0	0	0	0	0		¥		4	4	2	0	0	0	0

价税合计(大写)　×仟×佰叁拾万零肆仟贰佰零拾零元零角零分　　　　　　　¥304 200.00

销货单位	名　　称	南沙钢铁厂	纳税登记号	25669856002
	地址 电话	长堤路23号	开户银行及账号	工商银行长堤路办事处　236987444

收款人：许海　　　　　开票单位：　　　　　　　　　　　结算方式：转账

海南省增值税专用发票

开票日期：2016 年 8 月 8 日

No　003625

购货单位	名　　称	公司			纳税人登记号				56247896001										
	地址 电话	新华南36号			开户银行及账号				工商银行新华办事处　265489111										

商品或劳务名称	计量单位	数量	单价	金额										税率(%)	税额									
				千	百	十	万	千	百	十	元	角	分		千	百	十	万	千	百	十	元	角	分
40#圆钢	吨	200	1 300		2	6	0	0	0	0	0	0	0	17			4	4	2	0	0	0	0
合计				¥	2	6	0	0	0	0	0	0	0		¥		4	4	2	0	0	0	0

价税合计(大写)　×仟×佰叁拾万零肆仟贰佰零拾零元零角零分　　　　　　　¥304 200.00

销货单位	名　　称	南沙钢铁厂	纳税登记号	25669856002
	地址 电话	长堤路23号	开户银行及账号	工商银行长堤路办事处　236987444

收款人：许海　　　　　开票单位：　　　　　　　　　　　结算方式：转账

中国工商银行转账支票存根

支票号码　　2016623

科　　目　　银行存款

对方科目　　在途物资

出票日期　　2016 年 8 月 8 日

收款人	南沙钢铁厂
金　额	¥304 200.00
用　途	购货

单位主管：　　　　　　　　会计：张义

材料收料单

新华公司　　　　　　　　　　　2016 年 8 月 8 日　　　　　　　　　　　单位：元

材 料 名 称	规　格	单　位	数　量	单　价	金　额	发 货 单 位
圆钢	40#	吨	200	1 300	260 000.00	金沙钢铁厂
						合同号　450

财务主管：张洁　　　供应科长：陈建　　　　　验收：王宁　　　　采购员：李立

(2) 8 月 10 日，以现金购买办公用品。

金江市商业零售企业统一发票

购货单位：新华公司　　　　　　　2016 年 8 月 10 日　　　　　　　No　236548

品名	规格	单位	数量	单价	金额 十万	千	百	十	元	角	分
印纸		箱	2	300			6	0	0	0	0
合计金额(大写)人民币陆佰元整						¥	6	0	0	0	0

第二联　发票联

单位盖章：　　　　　　　　收款人：刘艳　　　　　　　　制票人：王欣

(3) 8 月 15 日，购入机床一台，已交付使用。

海南省增值税专用发票

开票日期：2016 年 8 月 15 日

No　003626

购货	名　称	新华公司			纳税人登记号				56247896001										
单位	地址 电话	新华南 36 号			开户银行及账号				工商银行新华办事处　265489111										
商品或劳务名称	计量单位	数量	单价	金额 千 百 十 万 千 百 十 元 角 分								税率 (%)	税额 千 百 十 万 千 百 十 元 角 分						
机床	吨	1	300 000			3	0	0	0	0	0	0	17		5	1	0	0	0	0
合计				¥	3	0	0	0	0	0	0		¥	5	1	0	0	0	0
价税合计(大写)	×仟×佰叁拾伍万壹仟零佰零拾零元零角零分							¥351 000.00										
销货	名　称	光华机床厂			纳税登记号				65489735001										
单位	地址 电话	光华路 23 号			开户银行及账号				建设银行光华路办事处　269744356										

第三联　购货方作抵扣税款凭证

收款人：张洋　　　　　开票单位：　　　　　　结算方式：转账

中国工商银行转账支票存根

支票号码　　2016624
科　目　　　银行存款
对方科目　　固定资产、应交税费
出票日期　　2016 年 8 月 24 日

收款人	光华机床厂
金　额	¥351 000.00
用　途	购机床
备　注	

单位主管：　　　　　　　　　　　　会计：张义

(4) 8 月 16 日购入材料一批。

海南省增值税专用发票

开票日期：2016 年 8 月 16 日

No　003627

购货单位	名　称	新华公司	纳税人登记号		56247896001											
	地址 电话	新华南 36 号	开户银行及账号		工商银行新华办事处　265489111											

商品或劳务名称	计量单位	数量	单价	金额										税率(%)	税额									
				千	百	十	万	千	百	十	元	角	分		千	百	十	万	千	百	十	元	角	分
8mm 线材		20	5 000		1	0	0	0	0	0	0	0	0	17			1	7	0	0	0	0	0
合计				¥	1	0	0	0	0	0	0	0	0		¥		1	7	0	0	0	0	0
价税合计(大写)	×仟×佰壹拾壹万柒仟零佰零拾零元零角零分															¥117 000.00								
销货单位	名　称	大发钢铁厂	纳税登记号		67894563200											
	地址 电话	望江路 32 号	开户银行及账号		工商银行望江路办事处　236986543											

收款人：　　　　　　　开票单位　　　　　　　结算方式：暂欠

海南省增值税专用发票

开票日期：2016 年 8 月 16 日

No　003627

购货单位	名　称	公司	纳税人登记号		56247896001											
	地址 电话	新华南 36 号	开户银行及账号		工商银行新华办事处　265489111											

商品或劳务名称	计量单位	数量	单价	金额										税率(%)	税额									
				千	百	十	万	千	百	十	元	角	分		千	百	十	万	千	百	十	元	角	分
8mm 线材	吨	20	5 000		1	0	0	0	0	0	0	0	0	17			1	7	0	0	0	0	0
合计				¥	1	0	0	0	0	0	0	0	0		¥		1	7	0	0	0	0	0
价税合计(大写)	×仟×佰壹拾壹万柒仟零佰零拾零元零角零分															¥117 000.00								
销货单位	名　称	大发钢铁厂	纳税登记号		67894563200											
	地址 电话	望江路 32 号	开户银行及账号		工商银行望江路办事处　236986543											

收款人：　　　　　　　开票单位：　　　　　　结算方式：暂欠

收料单

新华公司　　　　　　　　　　2016 年 8 月 16 日　　　　　　　　　　单位：元

材料名称	规　格	单　位	数　量	单　价	金　额	发货单位	
线材	8mm	吨	20	5 000	100 000.00	大发钢铁厂	
						合同号	552

财务主管：张洁　　　　供应科长：陈建　　　　验收：王宁　　　　采购员：李立

(5) 8 月 18 日，开出支票支付广告费。

<u>金江市广告业专用发票</u>

客户名称：新华公司　　　　　　　2016 年 8 月 18 日　　　　　　No　2365478

项目	单位	数量	单价	金额						
				万	千	百	十	元	角	分
产品广告	次	20	200	4	0	0	0	0	0	0
合计金额(大写)肆仟零佰零拾零元零角零分				¥	4	0	0	0	0	0

单位盖章：　　　　　　　　　收款人：张辉　　　　　　　　制票人：扬星

第二联　报销凭证

<u>中国工商银行转账支票存根</u>

支票号码　　2016626
科　　目　　<u>银行存款</u>
对方科目　　<u>销售费用</u>
出票日期　　2016 年 8 月 18 日

收款人	创新广告公司
金　额	¥4 000.00
用　途	产品广告费
备　注	

单位主管：　　　　　　　会计：张义

(6) 8 月 20 日，销售甲产品一批。

<u>海南省增值税专用发票</u>

开票日期：2016 年 8 月 20 日

No　003628

购货单位	名　称	光明工厂			纳税人登记号		26968354441						
	地址 电话	光明路 10 号			开户银行及账号		工商银行大河支行　698541233						

商品或劳务名称	计量单位	数量	单价	金额									税率(%)	税额									
				千	百	十	万	千	百	十	元	角	分		千	百	十	万	千	百	十	元	角	分
甲产品		200	2 000		4	0	0	0	0	0	0	0	0	17			6	8	0	0	0	0	0
合计				¥	4	0	0	0	0	0	0	0	0		¥		6	8	0	0	0	0	0
价税合计(大写)　×仟×佰肆拾陆万捌仟零佰零拾零元零角零分											¥468 000.00												
销货单位	名　称	新华公司			纳税登记号		56247896001						
	地址 电话	新华街 36 号			开户银行及账号		建设银行大河办事处　265489111						

收款人：李华　　　　　　开票单位：　　　　　　结算方式：转账

第四联　销货方记账

<u>中国工商银行进账单(收账通知)</u>

2016 年 8 月 20 日　　　　　　　第 12 号

收款人	全　称	新华公司	付款人	全　称	光明工厂									
	账　号	265489111		账　号	698541233									
	开户银行	工商银行新华办事处		开户银行	工商银行大河支行									
人民币(大写)肆拾陆万捌仟元整					千	百	十	万	千	百	十	元	角	分
						¥	4	6	8	0	0	0	0	0
票据种类	转账支票			收款人开户银行盖章										
票据张数	1 张													
单位主管　　会计　　复核　　记账														

此联是银行交给收款人的回单

(7) 8 月 21 日，销售部推销员王倩到上海参加商品展览会借出差旅费 3 000 元。

借款单

2016 年 8 月 21 日

借款人	王倩	部门	销售	职务	推销员
借款事由	开商品展览会				
借款金额	人民币(大写)叁仟元整			¥3 000.00	
出纳	××		经手	××	

(8) 8 月 26 日，签发转账支票支付车间机器设备的修理费 900 元。

金江市工业企业销售统一发票

购货单位：新华公司　　　　　　2016 年 8 月 26 日　　　　　　No　5698723

产品或劳务名称	规格	单位	数量	单价	金	额						第二联 报销凭证
					十	万	千	百	十	元	角	分
修理费		工时	30	30.00				9	0	0	0	0
合计金额(大写)人民币玖佰元整							¥	9	0	0	0	0

单位盖章：　　　　　　　　收款人：李梅　　　　　　　制票人：王齐

中国工商银行转账支票存根

支票号码　3026587
科　　目　银行存款
对方科目　制造费用
出票日期　2016 年 8 月 26 日

收款人	宏大修理厂
金　额	¥900.00
用　途	机床修理费
备　注	

单位主管：　　　　　　　　　　会计：张义

(9) 8 月 26 日，销售乙产品一批，价款 300 000 元，增值税额 51 000 元。本公司为成都金福公司代垫运杂费 2 300 元，并办好托收手续。

海南省增值税专用发票

开票日期：2016 年 8 月 26 日

No　003625

购货单位	名　　称	成都金福公司		纳税人登记号		32566488921									第四联 销货方记账
	地址 电话	金福街 10 号		开户银行及账号		工商银行金福支行　236589441									
商品或劳务名称	计量单位	数量	单价	金额									税率(%)	税额	

商品或劳务名称	计量单位	数量	单价	千	百	十	万	千	百	十	元	角	分	税率(%)	千	百	十	万	千	百	十	元	角	分
乙产品	台	120	2 500		3	0	0	0	0	0	0	0	0	17			5	1	0	0	0	0	0	0
合计				¥	3	0	0	0	0	0	0	0	0		¥	5	1	0	0	0	0	0	0	

价税合计(大写)　×仟×佰叁拾伍万壹仟零佰零拾零元零角零分　　　　　　¥351 000.00

销货单位	名　　称	新华公司	纳税登记号	56247896001
	地址 电话	新华南 36 号	开户银行及账号	工商银行新华办事处　265489111

收款人：李华　　　　　　开票单位：　　　　　　结算方式：托收

铁路局运杂费专用发票

运输号码 69874 　　　　成都铁路局 　　　　No 125698

发站	海南	到站	成都	车种车号		货物自重	
集装箱型		运到期限		保价金额		运价里程	
收货人	全称	成都金福公司	发货人	全称	新华公司	现付费用	
	地址	金福街 10 号		地址	新华南 36 号	项目	金额(元)
货物名称	件数	货物重量	计费重量	运号	运价率	附记	运费	2 000.00
B 产品	5 件	2 000 千克					保险费	300.00
发货人声明事项								
铁路声明事项							合计	2 300.00

中国工商银行转账支票存根

支票号码　　2016623
科　　目　　银行存款
对方科目　　应收账款
出票日期　　2016 年 8 月 26 日

收款人	金江火车站
金　额	¥2 300.00
用　途	代垫运费
备　注	

单位主管：　　　　　　　　会计：张义

托收承付凭证(回单)

委托日期：2016 年 8 月 26 日　　　　　　　　　　No 264321

收款人	全　称	新华公司	付款人	全　称	成都金福公司								
	账　号	265489111		账　号	236589441								
	开户银行	工商银行新华办事处		开户银行	工商银行金福支行	百	十	万	千	百	十	元	角	分
委托收款金额		人民币(大写)叁拾伍万叁仟叁佰元整				¥	3	5	3	0	0	0	0	0
附寄单据		4	商品发运情况			合同号码				32564				
备注		款项收托日期　年　月　日		开户银行盖章　2016 年 8 月 26 日										

(10) 8 月 27 日，签发转账支票支付轿车的保险费 3 000 元。

中国工商银行转账支票存根

支票号码　　2016623
科　　目　　银行存款
对方科目　　管理费用
出票日期　　2016 年 8 月 27 日

收款人	中保海南省分公司
金　额	¥3 000.00
用　途	保险费
备　注	

单位主管　　　　　　　　　会计：张义

中国人民保险公司
收款收据

收款日期：2016 年 8 月 27 日　　　　　　　　　　　　　　　　No.23408

今收到：新华公司
交　来：轿车的保险费(2016 年 7 月到 12 月)
人民币(大写)叁仟元整　　　　　　　　　　¥ 3 000.00
备注：

海南分公司(盖章)　　　　　　收款人：陈冬　　　　　　经办人：高慧

(11) 8 月 28 日，由于生产经营的需要，从银行取得借款 500 000 元。

借款借据(入账通知)

单位编号：3658　　　　　　　日期：2016 年 8 月 28 日　　　　　　No 654789

收款单位	名　称	新华公司	付款单位	名　称	工商银行新华办事处								
	往来账号	265489111		往来账号	698425661								
	开户银行	工商银行新华办事处		开户银行	工商银行新华办事处								
借款金额		人民币(大写)伍拾万元整			百	十	万	千	百	十	元	角	分
						¥ 5	0	0	0	0	0	0	0
借款原因及用途		购材料	利率		10%								

借款期限			你单位上列借款，已转入你单位结算户内。借款到期时由我行按期自你单位结算账户转还。
期限	计划还款日期	计划还款金额	此致
半年	2016 年 2 月 28 日		(银行盖章) 2016 年 8 月 28 日

此联由银行退借款单位作入账通知

(12) 8 月 29 日，收到宏大公司转账支票一张，金额为 56 000 元，用以支付上月的欠款，当即存入银行。

中国工商银行进账单(收账通知)
2016 年 8 月 29 日　　　　　　　第 14 号

收款人	全　称	新华公司	付款人	全　称	宏大公司								
	账　号	265489111		账　号	698745121								
	开户银行	工商银行新华办事处		开户银行	工商银行大河支行								
人民币(大写)伍万陆仟元整					千	百	十	万	千	百	十	元	角	分
								¥ 5	6	0	0	0	0	0
票据种类	转账支票		收款人开户银行盖章										
票据张数	1 张												
单位主管　　　会计　　　复核　　　记账													

此联是银行交给收款人的回单

(13) 8 月 30 日，收到金福公司支付货款 353 300 元。

托收承付凭证(收账通知)

委托日期：2016 年 8 月 30 日　　　　　　　　　　　　　　　　　　　No 264321

收款人	全　称	新华公司	付款人	全　称	成都金福公司									
	账　号	265489111		账　号	236589441									
	开户银行	工商银行新华办事处		开户银行	工商银行金福支行	百	十	万	千	百	十	元	角	分
委托收款金额		人民币(大写)叁拾伍万叁仟叁佰元整				¥	3	5	3	3	0	0	0	0
附寄单据	4		商品发运情况			合同号码						32564		
备注		款项收托日期 2016 年　5 月 29　日		开户银行盖章 2016 年 8 月 27 日										

(14) 8 月 30 日，偿还上月购料款 70 000 元。

中国工商银行电汇凭证(回单)

2016 年 8 月 30 日

付款人	全称	新华公司	收款人	全称	大发钢铁厂									
	账号	265489111		账号	67894563200									
	汇出地点	海南海口市	汇出行名称	工商银行新华办事处		汇入地点	海南琼海市	汇入行名称	建设银行望江办事处					
汇入金额		人民币(大写)柒万元整				千	百	十	万	千	百	十	元	角	分
									¥	7	0	0	0	0	0
汇款用途		前欠货款			汇出银行盖章 2016 年 8 月 29 日									

(15) 8 月 30 日职工林红交来现金偿还借款 1 000 元。

收据

2016 年 8 月 30 日

今收到　林红	
交　来　出院借款	
人民币(大写)壹仟元整	¥1 000.00
收款单位	收款人　黄华
(公章)	(签字)

(16) 8 月 30 日，销售材料(线材)一批。

金江市工业企业统一发票

购货单位：兴业收购站　　　　2016 年 8 月 30 日　　　　　　　No　236548

品　名	规　格	单位	数量	单价	金　　额								
					十	万	千	百	十	元	角	分	
线材	8mm	千克	100	8			8	0	0	0	0		
合计金额(大写)人民币捌佰元整							¥	8	0	0	0	0	

单位盖章：　　　　　　　收款人：崔玲　　　　　　　制票人：杜文

(17) 8 月 30 日，分配结转本月工资费用 78 000 元。其中，甲产品工人工资 40 000 元，乙产品工人工资 20 000 元，车间管理人员工资 10 000 元，厂部管理人员工资 5 000 元，专设销售机构人员工资 3 000 元，工资分配表如下所示。

工资费用汇总分配表

2016 年 8 月 30 日
单位：元

车间、部门		应分配金额
车间生产人员工资	甲产品工人	40 000.00
	乙产品工人	20 000.00
	车间生产人员工资合计	60 000.00
车间管理人员		10 000.00
厂部管理人员		5 000.00
专设销售机构人员		3 000.00
合计		78 000.00

主管：　　　　　　　审核：陈红　　　　　　　制单：李轻

(18) 计提职工福利费。

职工福利费计提表

2016 年 8 月 30 日
单位：元

车间、部门		工 资 总 额	计提比例(%)	计 提 金 额
车间生产人员工资	甲产品工人	40 000.00	14	5 600.00
	乙产品工人	20 000.00	14	2 800.00
	小计	60 000.00	14	8 400.00
车间管理人员		10 000.00	14	1 400.00
厂部管理人员		5 000.00	14	700.00
专设销售机构人员		3 000.00	14	420.00
合计		78 000.00		10 920.00

主管：　　　　　　　审核：陈红　　　　　　　制单：李轻

(19) 8 月 31 日，编制"发出材料汇总表"中列示生产甲产品耗用圆钢 90 吨，单价 1 300 元，耗用 8mm 线材 5.6 吨，单价 5 000 元；生产乙产品耗用圆钢 65 吨，耗用 8mm 线材 5.1 吨；车间耗用 8mm 线材 0.6 吨；管理部门耗用 8mm 线材 0.1 吨；其他业务领用 8mm 线材 0.1 吨。圆钢及 8mm 线材的单价分别为 1 300 元、5 000 元，分配并结转发出材料成本。

发料凭证汇总表

2016 年 8 月 31 日
单位：元

应借科目 \ 应贷科目		原 材 料						合　　计
		40#圆钢			8mm 线材			
		数　量	单　价	金　额	数　量	单　价	金　额	
生产成本	甲产品	90	1 300	117 000	5.6	5 000	28 000	145 000
	乙产品	65	1 300	84 500	5.1	5 000	25 500	110 000
制造费用					0.6	5000	3 000	3 000
管理费用					0.1	5 000	500	500
其他业务成本					0.1	5 000	500	500
合计		155		201 500	11.5		57 500	259 000

(20) 8 月 31 日，计提本月固定资产折旧。

固定资产折旧计算表
2016 年 8 月 31 日

应借科目	使用部门	月初固定资产原值	月折旧率/%	月折旧额/元
制造费用	车间	155 850.00	5%	7 792.50
管理费用	厂部	103 900.00	3%	3 117.00
合　计				109 09.50

主管：　　　　　　　　　审核：　　　　　　　　　制单：刘义

(21) 8 月 31 日，分配并结转本月制造费用。

制造费用分配表
2016 年 8 月 31 日

分配对象	分配标准(生产工时)	分配率	分配金额/元
甲产品	40 000		71 528.00
乙产品	20 000		35 764.50
合　计	60 000	1.788 2	107 292.5

主管：　　　　　　　　　审核：　　　　　　　　　制表：刘义

(22) 8 月 31 日，结转完工入库产品实际成本。

完工产品成本计算单
2016 年 8 月 31 日
单位：元

成本项目	甲产品(200 台)		乙产品(100 台)	
	总成本	单位成本	总成本	单位成本
直接材料	140 000.00	700.00	100 000.00	1 000.00
直接人工	36 000.00	180.00	20 000.00	200.00
制造费用	64 000.00	320.00	30 000.00	300.00
合　计	240 000.00	1 200.00	150 000.00	1 500.00

主管：　　　　　　　　　审核：王萧　　　　　　　　　制表人：刘义

(23) 8 月 31 日结转已销产品成本。

新华公司产品出库单
收货单位　　　　　　　　　2016 年 8 月 31 日　　　　　　　　　单位：元

产品名称	计量单位	数量	单价	金额
甲产品	台	200	1 200	240 000.00
乙产品	台	120	1 600	192 000.00
合　计				432 000.00

主管：　　　　　　　　　审核：王萧　　　　　　　　　制单人：刘义

(24) 8 月 31 日，结转收入类账户至"本年利润"账户。

(25) 8 月 31 日，结转费用类账户至"本年利润"账户。

(26) 8 月 31 日，计算并结转所得税，税率为 25%。

(27) 8 月 31 日，结转"本年利润"账户至"利润分配"账户

(28) 8 月 31 日，按税后净利润 10%计提法定盈余公积金。

(29) 8 月 31 日，按税后净利润 30%向投资者分配利润。

(30) 8 月 31 日，结转利润分配明细科目。

要求：

(1) 根据原始凭证填制记账凭证(假设该企业采用收、付、转凭证)。

(2) 将填制的记账凭证及所附的原始凭证装订成册。

注意：

(1) 在填制凭证前，指导老师应向学生强调记账凭证的填制要求。

(2) 实训需要收款凭证 8 张，付款凭证 12 张，转账凭证 20 张。

 案例分析

出 纳 虚 设　会 计 贪 污

乐清某实业公司会计(兼出纳)张凯贪污公款 1.4 万元，其中，张凯利用赵三、邹四和王五 3 个人的名字先后借款 7 000 元列为应收款下账，之后又利用李六买鱼冲转应收款的机会，在 2013 年 2 月 9 日，对李六应收购鱼款合计 280 574 元内转销了 277 774 元，少冲转 2 800 元。另外又将一张 4 200 元清算预收款的退款收据冒充购鱼发货票，在虚增了"库存商品"的同时，张凯将这 4 200 元连同少冲转李六的 2 800 元一起用赵三、邹四和王五 3 个人名义冲销了。结果，张凯将这 7 000 元据为己有，张凯贪污事实成立，被判处有期徒刑。

检察人员审问结果：张凯在乐清某实业公司担任记账会计，梅婷担任公司的出纳员，但是现金由张凯保管。出纳员的印章都是梅婷的，印章都提前盖在记账凭证上(空白记账凭证)。

分析：

导致张凯得以轻松贪污的症结是什么？

 会计从业资格考试同步练习

1. 单项选择题

(1) 将现金送存银行，应填制的记账凭证是(　　)。

    A. 现金收款凭证   B. 现金付款凭证

    C. 银行存款收款凭证   D. 银行存款付款凭证

(2) 收款凭证左上角"借方科目"应填列的会计科目是(　　)。

    A. 应收账款   B. 预收账款

    C. 主营业务收入   D. 银行存款或库存现金

(3) 审核原始凭证所记录的经济业务是否符合企业生产经营活动的需要、是否符合有关的计划和预算,属于( )审核。

    A. 合理性   B. 合法性   C. 真实性   D. 完整性

(4) 记账凭证应根据审核无误的( )编制。

    A. 收款凭证   B. 付款凭证   C. 转账凭证   D. 原始凭证

(5) 出纳人员付出货币资金的依据是( )。

    A. 收款凭证   B. 付款凭证   C. 转账凭证   D. 原始凭证

(6) 企业常用的收款凭证、付款凭证和转账凭证均属于( )。

    A. 单式记账凭证   B. 复式记账凭证

    C. 一次凭证   D. 通用记账凭证

(7) 出纳人员在办理收款或付款后,应在( )上加盖"收讫"或"付讫"的戳记,以避免重收重付。

    A. 记账凭证   B. 原始凭证   C. 收款凭证   D. 付款凭证

(8) 下列原始凭证中属于通用凭证的是( )。

    A. 领料单   B. 差旅费报销单

    C. 折旧计算表   D. 银行转账结算凭证

(9) 会计凭证的传递,是指( ),在单位内部有关部门及人员之间的传递程序。

    A. 会计凭证的填制或取得时起至归档保管过程中

    B. 会计凭证的填制到登记账簿止

    C. 会计凭证审核后到归档止

    D. 会计凭证的填制或取得到汇总登记账簿止

(10) 付款凭证左上角的"贷方科目"可能登记的科目是( )。

    A. 预付账款   B. 银行存款

    C. 应付账款   D. 其他应付款

(11) 会计机构和会计人员对真实、合法、合理但内容不准确、不完整的原始凭证,应当( )。

    A. 不予受理   B. 予以受理

    C. 予以纠正   D. 予以退回,要求更正、补充

(12) 汇总原始凭证与累计原始凭证的主要区别点是( )。

    A. 登记的经济业务内容不同   B. 填制时期不同

    C. 会计核算工作繁简不同   D. 填制手续和方法不同

(13) 已经登记入账的记账凭证,在当年内发现有误,可以用红字填写一张与原内容相同的记账凭证,在摘要栏注明( ),以冲销原错误的记账凭证。

    A. 注销某月某日某号凭证   B. 订正某月某日某号凭证

    C. 经济业务的内容   D. 对方单位

(14) 记账凭证的填制是由( )完成的。

    A. 出纳人员   B. 会计人员   C. 经办人员   D. 主管人员

(15) 各种原始凭证，除由经办业务的有关部门审核以外，最后都要由( )进行审核。

A. 财政部门　　　　　B. 董事会　　　　　C. 总经理　　　　　D. 会计部门

(16) 可以不附原始凭证的记账凭证是( )。

A. 更正错误的记账凭证　　　　　　　　B. 从银行提取现金的记账凭证

C. 以现金发放工资的记账凭证　　　　　D. 职工临时性借款的记账凭证

(17) 2012 年 5 月 25 日，行政管理人员张某将标明日期为 2012 年 4 月 25 日的发票拿来报销，经审核后会计人员李某依据该发票编制记账凭证时，记账凭证的日期应为( )。

A. 2012 年 5 月 1 日　　　　　　　　B. 2012 年 4 月 25 日

C. 2012 年 5 月 25 日　　　　　　　　D. 2012 年 4 月 30 日

(18) 下列凭证中属于外来原始凭证的是( )。

A. 收料单　　　　　B. 发出材料汇总表　　　　C. 购货发票　　　　D. 领料单

(19) 接收外单位投资的材料一批，应填制( )。

A. 收款凭证　　　　　B. 付款凭证　　　　　C. 转账凭证　　　　　D. 汇总凭证

(20) 会计核算工作的基础环节是( )。

A. 登记会计账簿　　　　　　　　　　　B. 填制和审核会计凭证

C. 进行财产清查　　　　　　　　　　　D. 编制财务报表

(21) 限额领料单属于( )。

A. 通用凭证　　　　　B. 一次凭证　　　　　C. 累计凭证　　　　　D. 汇总凭证

(22) 将记账凭证分为收款凭证、付款凭证和转账凭证的依据是( )。

A. 凭证用途的不同　　　　　　　　　　B. 凭证填制手续的不同

C. 记载经济业务内容的不同　　　　　　D. 所包括的会计科目是否单一

(23) 下列说法正确的是( )。

A. 按照填制方法的不同，记账凭证分为通用记账凭证和专用记账凭证

B. 通用记账凭证是单式记账凭证，专用记账凭证是复式记账凭证

C. 复式记账凭证能够反映会计账户之间的对应关系

D. 通用记账凭证适用于规模较大、经济业务数量以及收付款业务较多的单位

(24) 下列各项中，( )不属于记账凭证的基本要素。

A. 交易或事项的内容摘要　　　　　　　B. 交易或事项的数量、单价

C. 应记会计科目、方向及金额　　　　　D. 凭证的编号

(25) "工资结算汇总表"是一种( )。

A. 一次凭证　　　　　B. 累计凭证　　　　　C. 汇总凭证　　　　　D. 复式凭证

(26) 某企业根据一项不涉及现金与银行存款的会计业务，由于涉及项目较多，需填制两张记账凭证，则记账凭证编号为( )。

A. 转字第 X 号

B. 收字第 X 号

C. 转字第 X 1/2 号和转字第 X 2/2 号

D. 收字第 X 1/2 号和收字第 X 2/2 号

(27) 记账凭证填制完毕加计合计数以后, 如有空行应( )。

    A. 空置不填   B. 划线注销   C. 盖章注销   D. 签字注销

(28) 用转账支票支付前欠货款应填制( )。

    A. 转账凭证   B. 收款凭证   C. 付款凭证   D. 原始凭证

(29) 对于"企业赊购一批原材料, 已经验收入库"的经济业务, 应当编制( )。

    A. 收款凭证   B. 付款凭证

    C. 转账凭证   D. 付款凭证或转账凭证

(30) 职工出差的借款单, 按其填制方法属于( )。

    A. 自制原始凭证   B. 外来原始凭证

    C. 一次凭证   D. 累计凭证

(31) 对于一些经常重复发生的经济业务, 可以根据同类原始凭证编制( )。

    A. 记账凭证   B. 汇总原始凭证

    C. 收料汇总表   D. 发料汇总表

(32) 记账凭证的编制依据是( )。

    A. 会计分录   B. 经济业务

    C. 原始凭证或汇总原始凭证   D. 账簿记录

(33) 以下选项中, 属于一次凭证和累计凭证的主要区别是( )。

    A. 一次凭证是通用凭证, 累计凭证是专用凭证

    B. 累计凭证是自制原始凭证, 一次凭证是外来原始凭证

    C. 累计凭证填制的手续是多次完成的, 一次凭证填制的手续是一次完成的

    D. 累计凭证是汇总凭证, 一次凭证是单式凭证

(34) 会计机构和会计人员对不真实、不合法的原始凭证和违法收支, 应当( )。

    A. 不予接受   B. 予以退回

    C. 予以纠正   D. 不予接受, 并向单位负责人报告

(35) 下列业务中, 应该填制现金收款凭证的是( )。

    A. 将现金存入银行   B. 从银行提取现金

    C. 出售产品一批, 收到一张转账支票   D. 出售多余材料, 收到现金

2. 多项选择题

(1) 在原始凭证上书写阿拉伯数字, 正确的有( )。

    A. 金额数字一律填写到角分

    B. 无角分的, 角位和分位可写"00"或者符号"—"

    C. 有角无分的, 分位应当写"0"

    D. 有角无分的, 分位也可以用符号"—"代替

(2) 原始凭证的基本内容中包括( )。

    A. 原始凭证的名称   B. 原始凭证的种类

    C. 经济业务的性质   D. 填制单位签章

(3) 以下属于汇总原始凭证的有(　　)。

　　A. 差旅费报销单　　　　　　　　　B. 收料凭证汇总表

　　C. 限额领料单　　　　　　　　　　D. 发料凭证汇总表

(4) 下列原始凭证中，属于单位自制原始凭证的有(　　)。

　　A. 收料单　　　　　　　　　　　　B. 限额领料单

　　C. 产品入库单　　　　　　　　　　D. 领料单

(5) 下列说法正确的有(　　)。

　　A. 已经登记入账的记账凭证，在当年内发现填写错误时，直接用蓝字重新填写一张正确的记账凭证即可

　　B. 发现以前年度记账凭证有错误的，可以用红字填写一张与原内容相同的记账凭证，再用蓝字重新填写一张正确的记账凭证

　　C. 如果会计科目没有错误只是金额错误，也可以将正确数字与错误数字之间的差额，另填制一张调整的记账凭证，调增金额用蓝字，调减金额用红字

　　D. 发现以前年度记账凭证有错误的，应当用蓝字填制一张更正的记账凭证

(6) 专用记账凭证按其所反映的经济业务是否与现金和银行存款有关，通常可以分为(　　)。

　　A. 收款凭证　　　　　　　　　　　B. 付款凭证

　　C. 转账凭证　　　　　　　　　　　D. 结算凭证

(7) 下列人员中，应在记账凭证上签名或盖章的有(　　)。

　　A. 审核人员　　　　　　　　　　　B. 会计主管人员

　　C. 记账人员　　　　　　　　　　　D. 制单人员

(8) 下列选项中符合填制会计凭证要求的有(　　)。

　　A. 汉字大小写金额必须相符且填写规范

　　B. 阿拉伯数字连笔书写

　　C. 阿拉伯数字前面的人民币符号写为"￥"

　　D. 大写金额有分的，分字后面不写"整"或"正"字

(9) 下列经济业务中，应填制付款凭证的有(　　)。

　　A. 从银行提现金备用　　　　　　　B. 购买材料预付订金

　　C. 购买材料未付款　　　　　　　　D. 以银行存款支付前欠单位货款

(10) 记账凭证可以根据(　　)编制。

　　A. 一张原始凭证　　　　　　　　　B. 若干张原始凭证汇总

　　C. 原始凭证汇总表　　　　　　　　D. 明细账

(11) 以下有关会计凭证的表述中正确的有(　　)。

　　A. 会计凭证是记录经济业务的书面证明

　　B. 会计凭证可以明确经济责任

　　C. 会计凭证是编制报表的依据

　　D. 会计凭证是登记账簿的依据

(12) 记账凭证的填制除了必须做到记录真实、内容完整、填制及时、书写清楚外，还必须符合( )要求。

    A. 如有空行，应当在空行处划线注销

    B. 填制记账凭证时发生错误应当重新编制

    C. 必须连续编号

    D. 除另有规定外，应该有附件并注明附件张数

(13) 下列凭证属于外来原始凭证的有( )。

    A. 付款收据   B. 银行转来的各种结算凭证

    C. 工资发放明细表   D. 出差人员车票

(14) 涉及现金与银行存款之间的划款业务时，可以编制的记账凭证有( )。

    A. 银行存款收款凭证   B. 银行存款付款凭证

    C. 现金收款凭证   D. 现金付款凭证

(15) 原始凭证审核的内容包括( )。

    A. 真实性   B. 合法性   C. 正确性   D. 及时性

(16) 关于原始凭证的下列说法中，正确的有( )。

    A. 对于真实合法、合理但内容不够完整、填写有错误的原始凭证，应该由出具单位重开或更正

    B. 对于真实合法、合理但内容不够完整、填写有错误的原始凭证，应该由本单位的会计人员代为更正

    C. 金额发生错误的，可由出具单位在原始凭证上更正

    D. 金额发生错误的，应当由出具单位重开

(17) 记账凭证审核的主要内容有( )。

    A. 项目是否齐全   B. 科目是否正确

    C. 内容是否真实   D. 金额是否正确

(18) 王明出差回来，报销差旅费 1 000 元，原预借 1 500 元，交回剩余现金 500 元，这笔业务应该编制的记账凭证有( )。

    A. 付款凭证   B. 收款凭证

    C. 转账凭证   D. 原始凭证

3. 判断题

(1) 原始凭证是编制记账凭证的依据，是会计核算最基础的原始资料。( )

(2) 填制原始凭证，汉字大写金额数字一律用正楷或行书字书写，汉字大写金额数字到元位或角位为止的，后面写"正"或"整"，分位后面不写"正"或"整"。( )

(3) 已登记入账的记账凭证在当年内发生填写错误时，可以用红字填写一张与原内容相同的记账凭证，在摘要栏注明"注销某年某月某日某号凭证"字样。( )

(4) 会计凭证传递是指从原始凭证的填制或取得起，到会计凭证归档保管止，在财会部门内部按规定的路线进行传递和处理的程序。( )

(5) 发现以前年度记账凭证有错误，应先用红字冲销，然后用蓝字填制一张更正的记账凭证。（　　）

(6) 企业的各种原始凭证都不得涂改、刮擦和变造，如果发生错误，应采用划线更正法予以更正。（　　）

(7) 原始凭证的编制可以由非财会部门和人员填写，但记账凭证的编制只能由财会部门的人员填写。（　　）

(8) 原始凭证发生错误，正确的更正方法是由出具单位在原始凭证上更正。（　　）

(9) 如果原始凭证已预先印定编号，在写坏作废时，应加盖"作废"戳记，妥善保管，不得撕毁。（　　）

(10) 为了简化工作，可以将不同内容和类别的原始凭证汇总，填制在一张记账凭证上。（　　）

(11) 从外单位取得的原始凭证遗失时，必须取得原签发单位盖有公章的证明，并注明原始凭证的号码、金额、内容等，由经办单位会计机构负责人、会计主管人员审核签章后，才能代作原始凭证。（　　）

(12) 凡是现金或银行存款增加的经济业务必须填制收款凭证。（　　）

(13) 采用累计原始凭证可以减少原始凭证的张数和记账的次数。（　　）

(14) 记账人员根据记账凭证记账后，在"记账符号"栏内作"对"记号。表示该笔金额已记入有关账户，以免漏记或重记。（　　）

(15) 根据规定，记账凭证必须附有原始凭证，但是，结账和更正错误的记账凭证可以不附原始凭证。（　　）

知识目标

- 了解账簿种类
- 掌握账簿的登记要求和方法
- 掌握对账、错账更正和结账的方法

技能目标

- 能够登记现金、银行存款日记账
- 能够登记总分类账和明细分类账
- 能够对账、更正错账和结账

导入案例

小爱的疑惑

小爱的爸爸妈妈准备给她买一台电脑，需要 5 000 元。一天晚上，小爱妈妈拿出一个硬皮本，看了看，宣布说："这个月收入 10 000 元，已经支出 3 000 元，买了电脑后还剩 2 000 元。"小爱奇怪了，怎么妈妈在那个本子上看了看，就知道这个月家里的收支情况了呢，这个本子是什么？上面又记了些什么呢？

讨论：

如何帮助小爱解开这个疑惑呢？

任务一　认识会计账簿

任务引入

企业的经营业务在实际工作中通过会计凭证的记录和证明，初步转化成了会计信息，但凭证所提供的信息还不能满足企业经济管理的要求，凭证还无法实现企业所有经济业务全面、系统、连续的反映，因此需要会计凭证之后会计核算工作的第二个载体——会计账簿。

> ➤ 任务 1：了解会计账簿。
> ➤ 任务 2：熟悉账簿的种类。

任务分析

本任务要求通过了解账簿的意义和分类，能区分各种账簿，从而对账簿有初步的认识。

知识链接

一、会计账簿的意义

会计账簿是由具有一定格式、相互联结的账页组成的，用来序时地、分类地记录和反映有关经济业务的会计簿籍。

各单位应当按照国家统一的会计制度的规定和会计业务的需要设置会计账簿。设置和登记账簿是编制会计报表的基础，是连接会计凭证与会计报表的中间环节，在会计核算中具有重要意义，主要体现在：设置和登记账簿可以系统地归纳和积累会计核算资料，为改善企业经营管理，合理使用资金提供资料；设置和登记账簿可以为计算财务成果编制会计报表提供依据；设置和登记账簿，利用账簿的核算资料，为开展财务分析和会计检查提供依据。

会计账户存在于会计账簿之中，账簿中的每一账页就是账户的存在形式和载体，没有账簿，账户就无法存在；账簿序时、分类地记载经济业务，是在个别账户中完成的。因此，账簿只是一个外在形式，账户才是它的真实内容。账簿与账户的关系是形式和内容的关系。

二、会计账簿的分类

1. 按用途不同，会计账簿分为序时账簿、分类账簿和备查账簿

(1) 序时账簿。序时账簿又称日记账，是按照经济业务发生或完成时间的先后顺序逐日逐笔进行登记的账簿。日记账又分为普通日记账和特种日记账。普通日记账用于登记全部的经济业务；特种日记账用于登记某一部分经济业务，如现金日记账、银行存款日记账、销货日记账等。在我国，单位都需开设现金日记账和银行存款日记账。

(2) 分类账簿。分类账簿是对全部经济业务事项按照会计要素的具体类别而设置的分类账户进行登记的账簿。分类账簿又分为总分类账簿和明细分类账簿。总分类账，简称总账，根据总分类科目设置账户，通过对全部经济业务的登记，以全面、系统、总括地反映全部资金增减变化和结存情况的账簿。明细分类账，是根据明细分类科目设置账户，用以具体反映某类资金增减变化和结存情况的账簿。分类账簿提供的核算信息是编制会计报表的主要依据。

(3) 备查账簿。备查账簿又称辅助账，是对在序时账和分类账等主要账簿中未能登记或登记不全的事项进行补充登记的账簿，它可以对一些经济业务的内容提供必要的参考资料。如租入固定资产登记簿、票据贴现登记簿、受托加工材料登记簿等。备查账簿与其他账簿之间不存在严密的依存、钩稽关系，也不作为编制报表的依据。

2. 按外表形式不同，会计账簿分为订本式账簿、活页式账簿和卡片式账簿

(1) 订本式账簿。订本式账簿又称订本账，是启用之前就已将账页装订在一起，并对账页进行了连续编号的账簿。它的优点在于账簿固定账页，可以防止账页散失或任意抽换，保证账

簿的完整性。缺点是预留账页数量同实际需用账页数量往往不一致，账页不足会影响记录的连续性，账页过多又造成浪费。这种账簿一般适用于总分类账、现金日记账、银行存款日记账。

(2) 活页式账簿。活页式账簿又称活页账，是在账簿登记完毕之前并不固定装订在一起，而是装在活页账夹中，并可根据需要随时加入和取出部分账页的账簿。当账簿登记完毕之后（通常是一个会计年度结束之后），才将账页予以装订，加具封面，并给各账页连续编号。它的优点在于能根据经济业务的发展变化，随时增减部分账页，使用灵活，便于分类计算和汇总，有利于核算；多余的空白账页可以取出，防止浪费。缺点是账簿账页分散，容易丢失或抽换，在使用时应有账户记录和编号，会计年度结束后应装订成册，妥善保管。各种明细分类账一般采用活页账形式。

(3) 卡片式账簿。卡片式账簿又称卡片账，是将账户所需格式印刷在硬卡片上，将卡片存放在卡片箱内的账簿。严格说，卡片账也是一种活页账，只不过它不是装在活页账夹中，而是装在卡片箱内。这种账簿的优缺点与活页账相同。在我国，企业一般对使用时间长、记录少的固定资产明细账采用卡片账形式。

3. 按账页格式不同，会计账簿分为两栏式账簿、三栏式账簿、多栏式账簿、数量金额式账簿和平行式账簿

(1) 两栏式账簿。两栏式账簿是指只有借方和贷方两个基本金额栏目的账簿，如表 4-1 所示。普通日记账和转账日记账一般采用两栏式账簿。

表 4-1　两栏式账簿

年		凭 证		摘　　要	对方科目	借　　方	贷　　方
月	日	字	号			(收　入)	(付　出)

(2) 三栏式账簿。三栏式账簿是设有借方、贷方和余额 3 个基本栏目的账簿，如表 4-2 所示。各种日记账、总分类账以及资本、债权、债务明细账都可采用三栏式账簿。三栏式账簿又分为设对方科目和不设对方科目两种，区别是在摘要栏和借方科目栏之间是否有一栏"对方科目"。有"对方科目"栏的，称为设对方科目的三栏式账簿；没有"对方科目"栏的，称为不设对方科目的三栏式账簿。

表 4-2　三栏式账簿

年		凭 证		摘　要	对方科目	收　入	付　出	结　余
月	日	字	号					

(3) 多栏式账簿。多栏式账簿是在账簿的两个基本栏目借方和贷方按需要分设若干专栏的账簿，如表 4-3 所示。收入、成本、费用、利润和利润分配明细账一般均采用这种格式的账簿。

表4-3　多栏式明细分类账簿

制造费用明细账

户名：　　　　　　　　　　　　　　　　　　　　　　　　　　　　　　第　　页

| 年 | | 凭　证 | | 摘　要 | 借　方 | | | | | 贷方转出 | 余　额 |
月	日	种　类	号　数		工　资	折　旧	水　电	其　他	合　计		

(4) 数量金额式账簿。数量金额式账簿的借方、贷方和余额 3 个栏目内，都分设数量、单价和金额三小栏，借以反映财产物资的实物数量和价值量。原材料、库存商品等存货明细账一般都采用数量金额式账簿，如表 4-4 所示。

表4-4　数量金额式明细分类账

**　　　　　材料明细账**

类别：B 材料　　　　　　　　品名　　　　　　　　规格　　　　　　　　计量单位：千克

| 20××年 | | 凭　证 | | 摘　要 | 收　入 | | | 发　出 | | | 结　余 | | |
月	日	字	号		数　量	单　价	金　额	数　量	单　价	金　额	数　量	单　价	金　额

(5) 平行式账簿。平行式账簿也称横线登记式账簿，是将前后密切相关的业务在同一张账页的同一行内，登记某一项经济业务从发生到结束的相关内容。一般适用于需要检查每笔经济业务完成及变动情况的物资采购明细账、委托银行收款明细账。

思考与讨论

各种账簿有何特点？

案例分析

新官上任"三把火"

某公司总经理张某撤换了原财务科科长，任命王某为财务科科长。王某新官上任"三把火"后，根据张某的指示，调整了财务科人员的工作分工，重新设置了会计账簿。第一把火——安排主办会计兼任出纳员，王某自己保管并登记银行存款日记账。第二把火——为了减少登账工作量，现金和材料不再设置日记账和明细账，只设置了备查簿。第三把火——为了应付银行和税务，销售收入设置了两套账。

分析：

王某这样安排是否合法？如不合法，错在何处？会造成什么后果和影响？

任务二　设置和登记账簿

任务引入

认识了会计账簿后，就要针对账户的性质，设置不同的会计账簿，并且根据审核后的记账凭证，结合登记方法，掌握会计账簿的登记。

➤ 任务 1：设置会计账簿。
➤ 任务 2：登记会计账簿。

任务分析

本任务重点在于现金日记账、银行存款日记账、三栏式总分类账、各种明细分类账的设置与登记。

知识链接

一、会计账簿的内容、启用与记账规则

1. 会计账簿的基本内容

(1) 封面。主要标明账簿的名称。

(2) 扉页。主要列明科目索引、账簿启用和经管人员一览表。

(3) 账页。账簿用来记录经济业务事项的载体，包括账户的名称、登记账户的日期栏、凭证种类和号数栏、摘要栏、金额栏、总页次、分户页次等基本内容。

2. 会计账簿的启用

启用会计账簿时，应当在账簿封面上写明单位名称和账簿名称，并在账簿扉页上附启用表。启用订本式账簿应当从第一页到最后一页顺序编定页数，不得跳页、缺号。使用活页式账页应当按账户顺序编号，并须定期装订成册；装订后再按实际使用的账页顺序编定页码，另加目录，记明每个账户的名称和页次。账簿启用及交接登记表如表 4-5 所示。

3. 会计账簿的记账规则

(1) 登记会计账簿时，应当将会计凭证日期、编号、业务内容摘要、金额和其他有关资料逐项记入账内，做到数字准确、摘要清楚、登记及时、字迹工整。

(2) 登记完毕后，要在记账凭证上签名或者盖章，并注明已经登账的符号"√"，表示已经记账。

(3) 账簿中书写的文字和数字应紧靠底线书写，上面要留有适当空格，不要写满格，一般应占格距的 1/2。

(4) 登记账簿要用蓝黑墨水或者碳素墨水书写，不得使用圆珠笔(银行的复写账簿除外)或者铅笔书写。

表4-5　账簿启用及交接登记表

账簿名称		编　号		企业名称	
起讫日期		验印日期		企业盖章	
账簿册数	共　　册	第　　册			
账簿页数	号至	号共	页		
会计主管		记账员			

交　接　记　录					
移交日期	移交人	接管日期	接管人	监交人	

审　核　记　录					
审核人	职务		审核时间	起讫	
	姓名				
	签章				
税务局签章			贴印花处		

(5) 下列情况，可以用红色墨水记账：

① 按照红字冲账的记账凭证，冲销错误记录；

② 在不设借贷等栏的多栏式账页中，登记减少数；

③ 在三栏式账户的余额栏前，如未印明余额方向的，在余额栏内登记负数余额；

④ 根据国家统一的会计制度的规定可以用红字登记的其他会计记录。

(6) 各种账簿应按页次顺序连续登记，不得跳行、隔页。如果发生跳行、隔页，应当将空行、空页划线注销，或者注明"此行空白"、"此页空白"字样，并由记账人员签名或者盖章。

(7) 凡需要结出余额的账户，结出余额后，应当在"借或贷"等栏内写明"借"或者"贷"等字样。没有余额的账户，应在"借或贷"栏内写"平"字，并在"余额"栏用"0"表示。

(8) 每一账页登记完毕结转下页时，应当结出本页合计数及余额，写在本页最后一行和下页第一行有关栏内，并在摘要栏内注明"过次页"和"承前页"字样；也可以将本页合计数及金额只写在下页第一行有关栏内，并在摘要栏内注明"承前页"字样。对需要结计本月发生额的账户，结计"过次页"的本页合计数应当为自本月初起至本页末止的发生额合计数；对需要结计本年累计发生额的账户，结计"过次页"的本页合计数应当为自年初起至本页末止的累计数；对既不需要结计本月发生额也不需要结计本年累计发生额的账户，可以只将每页末的余额结转次页。

二、会计账簿的格式和登记方法

1. 普通日记账的设置与登记

普通日记账又称分录簿，是序时地登记全部经济业务的日记账。它是根据日常发生的经济业务所取得的原始凭证直接作会计分录，作为登记分类账依据的账簿，所以普通日记账起到了记账凭证的作用。普通日记账是根据原始凭证逐日逐笔顺序登记的，把每一笔经济业务转化为会计分录登记在账上，然后再转记过入分类账中。由于普通日记账只有两个金额栏，因此这种格式又称为"两栏式"。我国企业不设置一般普通日记账。

2. 特种日记账的设置与登记

为了逐日反映现金、银行存款的收入、支出及结余情况，加强对企业资金的管理与监督，各单位一般应设置现金日记账和银行存款日记账。

(1) 现金日记账的格式和登记方法。

① 现金日记账的格式。现金日记账是用来核算和监督库存现金每天的收入、支出和结存情况的账簿，其格式有三栏式和多栏式两种。无论采用三栏式还是多栏式现金日记账，都必须使用订本账。

② 现金日记账的登记方法。现金日记账由出纳人员根据现金收款凭证、现金付款凭证和银行存款付款(提取现金业务)凭证，按时间顺序逐日逐笔进行登记，并根据"上日余额＋本日收入－本日支出＝本日余额"的公式，逐日结出现金余额，与库存现金实存数核对，以检查每日现金收付是否有误。借、贷分设的多栏式现金日记账的登记方法是：先根据有关现金收入业务的记账凭证登记现金收入日记账，根据有关现金支出业务的记账凭证登记现金支出日记账，每日营业终了，根据现金支出日记账结计的支出合计数，一笔转入现金收入日记账的"支出合计"栏中，并结出当日余额。

现金日记账格式和登记方法如表 4-6 所示。

表 4-6　现金日记账

单位：元

2016 年		凭证		摘　要	对 方 科 目	√	借　　方	贷　　方	余　　额
月	日	字	号						
1	1			期初余额					1 200
	2	现付	1	购买办公用品	管理费用			700	
	2	银付	1	提取现金	银行存款		2 000		
				本日合计			2 000	700	2 500
	6	现付	2	章华预借差旅费	其他应收款			1 000	1 500
	9	现收	1	章华报销差旅费，退回多余现金	其他应收款		200		1 300
				……					
				本月合计			9 000	8 200	2 000

具体登记方法如下。

① 日期："日期"栏中应为据以登记账簿的会计凭证上的日期为依据，不能填写原始凭证上记载的发生或完成该经济业务的日期，也不能填写登记该账簿时的日期。

② 凭证编号："凭证编号"栏中应填入据以登记账簿的会计凭证的类型及编号。

③ 摘要："摘要"栏中简要说明入账的经济业务的内容，力求简明扼要。

④ 对方科目："对方科目"栏中应填入会计凭证中"库存现金"科目的对应科目，用以反映库存现金增减变化的来龙去脉。

在填写对方科目时，应注意以下 3 点：第一，对方科目只填总账科目，不需要填写明细科目；第二，当对方科目有多个时，应填入主要对方科目，如销售产品收到现金，则"库存现金"的对方科目有"主营业务收入"和"应交税费"两个科目，此时可在对方科目栏中填入"主营业务收入"，在借方金额栏中填入取得的现金总额，而不能将一笔现金增加业务拆分成两个对方科目金额填入两行；第三，当对方科目有多个且不能从科目上划分出主次时，可在对方科目栏中填入其中金额较大的科目，并在其后面加上"等"字，如以现金支付电费1 200元，其中车间900元，行政300元，则在现金日记账"对方科目"栏中填入"制造费用"等，在贷方金额栏中填入支付的现金总额1 200元。

⑤ 收入、支出："收入"栏、"支出"栏应根据会计凭证中记录的"库存现金"科目的借贷方向及金额记入。

⑥ 余额："余额"栏应根据"本行余额＝上行余额＋本行收入－本行支出"公式计算填入。一般情况下，库存现金不允许出现贷方余额，因此，现金日记账余额栏前未印有借贷方向，其余额方向默认为借方。如果在登账过程中，由于登记顺序等特殊原因出现了贷方余额，则在余额栏用红字登记，表示贷方余额。

(2) 银行存款日记账的格式和登记方法。银行存款日记账是用来核算和监督银行存款每日的收入、支出和结余情况的账簿。银行存款日记账应按企业在银行开立的账户和币种分别设置，每个银行账户设置一本日记账。银行存款日记账由出纳人员根据银行存款收款凭证、银行存款付款凭证和现金付款(现金存入银行业务)凭证，按时间顺序逐日逐笔进行登记，它的格式和登记方法与现金日记账相同。

银行存款日记账格式和登记方法如表4-7所示。

表4-7　银行存款日记账

单位：元

2016年		凭	证	摘　　要	对 方 科 目	√	借　　方	贷　　方	余　　额
月	日	字	号						
1	1			期初余额					7 000
	2	银付	1	偿还欠货款	应付账款			5 000	
	2	银收	1	取得银行借款	短期借款		6 000		
				本日合计			6 000	5 000	8 000
	6	现付	1	现金存入银行	库存现金		1 000		9 000
	9	银付	2	提取现金	库存现金			3 000	6 000
				......					
				本月合计			49 000	35 200	20 800

银行存款日记账具体登记方法与现金日记账的登记方法基本相同。

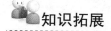

知识拓展

多栏式日记账

多栏式日记账是在三栏式日记账的基础上发展起来的，它将收入栏按照与现金、银行存款相对应的贷方科目设置专栏；支出栏按与现金、银行存款相对应的借方科目设置专栏。由于现金和银行存款所对应科目较多，为了避免账页过宽，可以分别设置"现金收入日记账"(见表4-8)、"现金支出日记账"(见表4-9)、"银行存款收入日记账"和"银行存款支出日记账"。

表4-8 现金收入日记账

单位：元

2016年		凭证号数	摘 要	贷 方 科 目				收入合计	支出合计	余 额
月	日			银行存款	其他业务收入	其他应付款	……			
1	1		期初余额							2 100
	4	银付1	提取现金	5 000						7 100
	4	现收1	收到租金		1 200					8 300
	4		本日合计	5 000	1 200			6 200		8 300

表4-9 现金支出日记账

单位：元

2016年		凭证号数	摘 要	借 方 科 目				支 出 合 计
月	日			银行存款	其他应收款	管理费用	……	
1	2	现付1	李华预借差旅费		3 600			
	2	现付2	购买办公用品			800		
	2		本日合计		3 600	800		4 400

多栏式日记账使每笔经济业务的借贷关系非常明确，简化了凭证分类和总分类账的登记工作，同时由于多栏式日记账中按账户的对应关系设置专栏，便于分析和检查每一项与收付款有关的经济业务。但设置了若干专栏会使账页过长，也不便于会计人员记账和分工。因此，多栏式日记账核算形式适用于经济业务简单，运用会计科目少，但收付款业务较多的企业。

3. 总分类账的格式和登记方法

(1) 总分类账的格式。总分类账是按照总分类账户分类登记以提供总括会计信息的账簿。总分类账最常用的格式为三栏式，设置借方、贷方和余额3个基本金额栏目，如表4-10所示。

表4-10 总分类账

账户名称：应收账款　　　　　　　　　　　　　　　　　　　　　　　　　　　　　第 页

年		凭 证		摘 要	对方科目	借 方	贷 方	借或贷	余 额
月	日	字	号						

(2) 总分类账的登记方法。总分类账可以根据记账凭证逐笔登记，也可以根据经过汇总的科目汇总表或汇总记账凭证等登记。

4. 明细分类账的格式和登记方法

(1) 明细分类账的格式。明细分类账是根据二级账户或明细账户开设账页，分类、连续地登记经济业务以提供明细核算资料的账簿，其格式有三栏式、多栏式、数量金额式和平行式账簿等多种。

① 三栏式明细分类账。三栏式明细分类账是设有借方、贷方和余额 3 个栏目,用以分类核算各项经济业务,提供详细核算资料的账簿,其格式与三栏式总账格式相同,适用于只进行金额核算的资本、债权、债务明细账,如表 4-11 所示。

表 4-11　应收账款明细账

明细科目:惠利公司　　　　　　　　　　　　　　　　　　　　　　　　　　　　　　第　　页

2016 年		凭证		摘　要	对 方 科 目	借　方	贷　方	借或贷	余额(元)
月	日	字	号						
1	1			期初余额				借	30 000
	6	银收	10	收回欠款	银行存款		20 000	借	10 000
	11	转	24	销售商品款未收	主营业务收入	45 000		借	55 000

② 多栏式明细分类账。多栏式明细分类账是将属于同一个总账科目的各个明细科目合并在一张账页上进行登记,分为借方多栏式明细账、贷方多栏式明细账和借方贷方多栏式明细账。其中,借方多栏式适用于收入明细账,贷方多栏式适用于成本、费用明细账,借方贷方多栏式适用于本年利润和利润分配明细账。如表 4-12 所示为生产成本明细账。

表 4-12　生产成本明细账　单位:元

　　　　　　　　　　　　　　　　　　　　　　　　　　　　　　　　　　　　　　　第　　页

2016 年		凭证		摘　要	借方成本项目			
月	日	种类	号		直接材料	直接人工	制造费用	合　计
1	1			期初余额	30 000	20 000	10 000	60 000
	10	转	5	领用材料	10 000			70 000
	18	转	8	分配工资		20 000		90 000
	31	转	15	结转制造费用			5 000	95 000
	31			本月合计	40000	40 000	15 000	95 000
	31	转	16	完工入库	40 000	40 000	15 000	95 000

③ 数量金额式明细分类账。数量金额式明细分类账其借方(收入)、贷方(发出)和余额(结存)都分别设有数量、单价和金额 3 个专栏,适用于既要进行金额核算又要进行数量核算的存货明细账,如表 4-13 所示为原材料明细账。

表 4-13　原材料明细账

类别:B 材料　　　　　　　品名　　　　　　　　规格　　　　　　　计量单位:千克

2016 年		凭证		摘　要	收　入			发　出			结　余		
月	日	字	号		数量	单价	金额	数量	单价	金额	数量	单价	金额
1	1			月初结存							8	500	4 000
	5	转	5	验收入库	5	500	2 500				13	500	6 500
	15	转	29	领用				4	500	2 000	9	500	4 500

(2) 明细分类账的登记方法。不同类型经济业务的明细分类账可根据管理需要,依据记账凭证、原始凭证或汇总原始凭证逐日逐笔或定期汇总登记。固定资产、债权、债务等明细账应逐日逐笔登记;库存商品、原材料收发明细账以及收入、费用明细账可以逐笔登记,也可定期汇总登记。

5. 总分类账户与明细分类账户的平行登记

(1) 总分类账户与明细分类账户的关系。总分类账户与明细分类账户的联系在于：总分类账户和所属明细分类账户反映的内容相同；总分类账户和所属明细分类账户登账的依据相同，都是依据相关的原始凭证和记账凭证。

总分类账户与明细分类账户的区别在于：总分类账户和所属明细分类账户反映内容的详略程度不同；总分类账户对明细分类账户具有统驭和控制作用；明细分类账户对总分类账户具有补充和说明作用。

(2) 总分类账户与明细分类账户的平行登记。平行登记是指对所发生的每项经济业务事项都要以会计凭证为依据，一方面记入有关总分类账户，另一方面记入有关总分类账户所属明细分类账户的方法。通过平行登记，并相互核对，才能保证总分类账户的记录与明细分类账户的记录形成统驭和被统驭的关系，才能及时检查错误和更正错误。

平行登记的要点如下所示。

① 依据相同。对于每一笔经济业务，总分类账户与明细分类账户在登记时依据相同的会计凭证。

② 方向一致。对于每一笔经济业务，总分类账户与明细分类账户在登记时应保持相同的变动方向。一般情况下，总分类账户中登记在借方，所属明细账户也登记在借方；总分类账户中登记在贷方，所属明细账户也登记在贷方。

③ 期间相同。对于每一笔经济业务，总分类账户与明细分类账户应在同一会计期间登记。

④ 金额相等。对于每一笔经济业务，计入总分类账户的金额与计入其所属明细分类账户的合计金额应该相等。

6. 备查账簿的设置和登记

如前所述，备查账簿没有固定格式，与其他账簿之间也不存在严密的钩稽关系，各企业可根据实际工作的需要自行设计，主要包括下列情形。

(1) 所有权不属于本企业，但由企业暂时使用或代为保管的财产物资，应设计相应的备查账簿，如租入固定资产登记簿、受托加工材料登记簿、代销商品登记簿等。

(2) 对同一业务需要进行多方面登记的备查账簿，一般适用于大宗、贵重物资，如固定资产保管登记卡、使用登记卡等。

(3) 对某些出于管理上的需要，而必须予以反映的事项的备查账簿，如经济合同执行情况记录、贷款还款情况记录、重要空白凭证记录等。

备查账的记录不列入本单位的财务会计报告。以"租入固定资产登记簿"为例，其账页格式如表4-14所示。

表4-14　租入固定资产登记簿

固定资产名称及规格	租约合同号数	租出单位	租入日期	租　金	使用部门	归还日期	备　注

思考与讨论

1. 账簿的基本内容包括哪些？
2. 总账和明细账平行登记的要点包括哪些？

 实训题

1. 2016 年 1 月 1 日，新华公司现金日记账、银行存款日记账的期初余额如表 4-15 和表 4-16 所示。

表4-15　现金日记账

单位：元

2016 年		凭　　证		摘　　要	借　　方	贷　　方	余　　额
月	日	种　　类	号　　数				
1	1			期初余额			4 200

表4-16　银行存款日记账

单位：元

2016 年		凭　　证		摘　　要	借　　方	贷　　方	余　　额
月	日	种　　类	号　　数				
1	1			期初余额			4 619 950.00

2. 2016 年 1 月 1 日，新华公司"应收账款——金福公司"明细账的余额为 450 000 元，"应收账款——宏大公司"的余额为 56 000 元，"应付账款——大发钢铁厂"的余额为 70 000 元。

3. 新华公司对原材料的日常核算按实际成本计价，原材料按品种设置明细账。2016 年 1 月初，40#圆钢、8mm 线材、两种原材料明细分类账的余额情况如表 4-17 所示。

表4-17　原材料明细分类账期初余额表

2016 年 1 月 1 日

单位：元

品　　种	计 量 单 位	规　　格	数　　量	单　　价	余　　额
圆钢	吨	40#	55	1 300	71 500
线材	吨	8mm	4	5 000	20 000
合　　计					91 500

4. 2016 年 8 月份，新华公司所发生的有关经济业务及原始凭证、记账凭证参见学习情境三记账凭证填制实训。

要求：

(1) 根据记账凭证填制实训编制的有关收付款凭证，逐日逐笔登记现金日记账和银行存款日记账，并进行结账。

(2) 根据记账凭证填制实训编制的有关凭证登记"应收账款"和"管理费用"总账及所属的明细账。

(3) 根据有关记账凭证及收发料原始凭证登记"原材料"总分类账及所属明细分类账。

注意：

(1) 登记账簿前，指导老师应向学生强调账簿登记的基本要求，使学生能够按记账规则登记账簿。

(2) 登记账簿前要求学生对编制的收付款凭证交换审核，以确保账簿登记的准确性。

(3) 本实训需三栏式账页 6 张，多栏式账页 1 张，数量金额式账页 3 张。

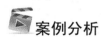 案例分析

账簿启用与交接手续错误

2015 年 12 月 7 日，羽飞公司的王穆空(此前，王穆空已于 2015 年 9 月 1 日开始出任出纳工作。当时的启用财务负责人为袁世海，此前的出纳员为谢红梅)被调离了出纳岗位，接任材料会计工作，新接任出纳工作的是刘乐娥，前任材料会计为吴嫦娥。王穆空和吴嫦娥对各自的原工作做了他们认为必要的处理，并办理了交接手续，办理完交接手续后现金日记账和材料明细账的扉页及相关账页资料如表 4-18 和表 4-19 所示。

表 4-18　账簿启用与经管人员一览表

单位名称	羽飞公司				
账簿名称	现金日记账				
册次及起止页数	自壹页起至壹百页止共壹百页				
启用日期	2015 年 1 月 1 日				
停用日期	年　月　日				
经管人员姓名	接管日期	交出日期	经管人员盖章	会计主管盖章	
王穆空	2015 年 9 月 1 日	2015 年 12 月 7 日	王穆空、刘乐娥	袁世海	
	年　月　日	年　月　日			
	年　月　日	年　月　日			
	年　月　日	年　月　日			
	年　月　日	年　月　日			
备考			单位公章 羽飞公司财务专用章		

账簿启用与经管人员一览表

单位名称	羽飞公司				
账簿名称	原材料明细账				
册次及起止页数	自壹页起至　页止共　页				
启用日期	2015 年 1 月 1 日				
停用日期	年　月　日				
经管人员姓名	接管日期	交出日期	经管人员盖章	会计主管人员盖章	
吴嫦娥	2015 年 3 月 5 日	2015 年 12 月 7 日	吴嫦娥	袁世海	
王穆空	2015 年 12 月 7 日	2015 年 12 月 31 日	王穆空	袁世海	
	年　月　日	年　月　日			
	年　月　日	年　月　日			
	年　月　日	年　月　日			
备考			单位公章		

表4-19 现金日记账

单位：元

2015年		凭证号	摘要	对方科目	借方	贷方	核对号	借或贷	余额
月	日								
9	1	略	期初余额						5 000
	2	略	零星销售	主营业务收入	8 000				13 000
	12	略	报差旅费	管理费用		5 000			8 000
	13	略	零星销售	主营业务收入	5 000				13 000
	13	略	付广告费	销售费用		4 000			9 000

分析：

请指出王穆空会计处理的不当之处，并加以纠正。

会计从业资格考试同步练习

1. 单项选择题

(1) (   )是会计核算的中心环节。

    A. 填制和审核会计凭证　　　　　　　B. 进行成本计算

    C. 设置和登记账簿　　　　　　　　　D. 编制财务会计报告

(2) 将账簿划分为序时账簿、分类账簿和备查账簿的依据是(   )。

    A. 账簿的用途　　　B. 账页的格式　　　C. 账簿的外形特征　　　D. 账簿的性质

(3) 下列各账簿中，必须逐日逐笔登记的是(   )。

    A. 库存现金总账　　　B. 银行存款日记账　　　C. 原材料明细账　　　D. 应付票据登记簿

(4) 登记会计账簿的依据是(   )。

    A. 经济业务　　　B. 会计凭证　　　C. 会计分录　　　D. 会计科目

(5) 在登记账簿过程中，每一账页的最后一行及下一页第一行都要办理转页手续，是为了(   )。

    A. 便于查账　　　　　　　　　　　B. 防止遗漏

    C. 防止隔页　　　　　　　　　　　D. 保持记录的连续性

(6) 总分类账一般采用的账页格式为(   )。

    A. 两栏式　　　B. 三栏式　　　C. 多栏式　　　D. 数量金额式

(7) 在启用之前就已将账页装订在一起，并对账页进行了连续编号的账簿称为(   )。

    A. 订本账　　　B. 活页账　　　C. 卡片账　　　D. 明细分类账

(8) 下列账簿中，一般采用活页账形式的是(   )。

    A. 日记账　　　B. 总分类账　　　C. 明细分类账　　　D. 备查账

(9) 从银行提取现金，登记现金日记账的依据是(　　)。

  A. 库存现金收款凭证

  B. 银行存款收款凭证

  C. 库存现金付款凭证

  D. 银行存款付款凭证

(10) "管理费用"明细账应采用(　　)。

  A. 三栏式   B. 多栏式   C. 数量金额式   D. 横线登记式

(11) 总分类账及特种日记账的外形特征一般为(　　)。

  A. 活页式   B. 卡片式   C. 订本式   D. 任意外形

(12) 账簿按(　　)不同，可分为订本账、活页账和卡片账。

  A. 作用   B. 账页格式   C. 用途   D. 外形特征

(13) 对全部经济业务事项按照会计要素的具体类别而设置的分类账户进行登记的账簿称为(　　)。

  A. 备查账簿 B. 序时账簿   C. 分类账簿   D. 三栏式账簿

(14) 库存商品明细账一般都采用(　　)。

  A. 订本账簿 B. 三栏式账簿   C. 分类账簿   D. 数量金额式账簿

(15) 下列既可以作为登记总账依据，又可以作为登记明细账依据的是(　　)。

  A. 记账凭证 B. 汇总记账凭证 C. 原始凭证   D. 科目汇总表

(16) "租入固定资产登记簿"属于(　　)。

  A. 分类账簿 B. 序时账簿   C. 备查账簿   D. 卡片账簿

(17) 下列做法中，不符合会计账簿的记账规则的是(　　)。

  A. 使用圆珠笔登账

  B. 账簿中书写的文字和数字一般应占格距的 1/2

  C. 登记后在记账凭证上注明已经登账的符号

  D. 按账簿页次顺序连续登记，不得跳行隔页

(18) 卡片账一般在(　　)时采用。

  A. 无形资产总分类核算   B. 固定资产明细分类核算

  C. 原材料总分类核算   D. 原材料明细分类核算

(19) 设置和登记账簿是(　　)的基础。

  A. 复式记账 B. 填制记账凭证 C. 编制会计分录 D. 编制会计报表

(20) 按照经济业务发生或完成时间的先后顺序逐日逐笔进行登记的账簿称为(　　)。

  A. 序时账簿 B. 总分类账簿 C. 明细分类账簿 D. 备查账簿

(21) 编制会计报表的主要依据是(　　)提供的核算信息。

  A. 日记账   B. 分类账簿   C. 备查账簿   D. 科目汇总表

(22) 对某些在序时账簿和分类账簿等主要账簿中都不予登记或登记不够详细的经济业务事项进行补充登记时使用的账簿称为(　　)。

  A. 日记账   B. 总分类账簿   C. 备查账簿   D. 联合账簿

(23) 原材料明细账一般采用的账页格式为( )。

    A. 两栏式　　　　B. 三栏式　　　　　C. 多栏式　　　　　D. 数量金额式

(24) 不需要在会计账簿扉页上的启用表中填列的内容是( )。

    A. 账簿页数　　　B. 记账人员　　　　C. 账户名称　　　　D. 启用日期

(25) 在账簿的两个基本栏目借方和贷方按需要分设若干专栏的账簿称为( )。

    A. 三栏式账簿　　B. 多栏式账簿　　　C. 数量金额式账簿　　D. 两栏式账簿

(26) 下列明细分类账中,一般不宜采用三栏式账页格式的是( )。

    A. 应收账款明细账　　　　　　　　B. 应付账款明细账

    C. 实收资本明细账　　　　　　　　D. 原材料明细账

(27) 账簿中书写的文字和数字一般应占格距的( )。

    A. 1/3　　　　　B. 1/2　　　　　　C. 2/3　　　　　　D. 3/4

2. 多项选择题

(1) 下列账簿中,一般采用多栏式的有( )。

    A. 收入明细账　　B. 债权明细账　　　C. 费用明细账　　　D. 债务明细账

(2) 下列应逐日逐笔登记明细账的有( )。

    A. 原材料　　　　B. 应收账款　　　　C. 应付账款　　　　D. 管理费用

(3) 必须采用订本账的有( )。

    A. 总分类账　　　B. 明细分类账　　　C. 现金日记账　　　D. 银行存款日记账

(4) 账簿按外形特征可以分为( )。

    A. 订本式账簿　　B. 多栏式账簿　　　C. 活页式账簿　　　D. 卡片式账簿

(5) 下列各项中,根据企业会计制度,应当建立备查账簿登记的有( )。

    A. 银行存款　　　B. 融资租入设备　　C. 经营租入设备　　D. 已贴现应收票据

(6) 下列情况中,可以用红色墨水记账的有( )。

    A. 在不设借贷等栏的多栏式账页中,登记减少数

    B. 按照红字冲账的记账凭证,冲销错误记录

    C. 在三栏式账户的余额栏前,如未印明余额方向的,在余额栏内登记负数余额

    D. 根据国家统一的会计制度的规定可以用红字登记的其他会计记录

(7) 下列说法中不正确的有( )。

    A. 日记账必须采用三栏式

    B. 总账最常用的格式为三栏式

    C. 三栏式明细分类账适用于收入、费用类科目的明细核算

    D. 银行存款日记账应按在银行开立的账户和币种分别设置

(8) 下列各账户中,只需反映金额指标的有( )。

    A. 实收资本账户　B. 原材料账户　　　C. 库存商品账户　　D. 短期借款账户

(9) 登记会计账簿时,下列说法正确的有( )。

    A. 一律使用蓝黑墨水钢笔书写　　　B. 月末结账划线可用红色墨水笔

    C. 在某些特定条件下可使用铅笔　　D. 在规定范围内可以使用红色墨水

(10) 会计账簿按经济用途的不同，可以分为(　　　)。

　　A. 序时账簿　　　　B. 分类账簿　　　　C. 三栏式账　　　　D. 备查账簿

(11) 下列明细账中，一般采用多栏式明细分类账的有(　　　)。

　　A. 应收账款明细账　　　　　　　　B. 库存商品明细账

　　C. 管理费用明细账　　　　　　　　D. 主营业务收入明细账

(12) 数量金额式账簿的收入、发出和结存三大栏内，都分设(　　　)3 个小栏。

　　A. 数量　　　　　B. 种类　　　　　C. 单价　　　　　D. 金额

(13) 下列不符合登记账簿要求的有(　　　)。

　　A. 为防止篡改，文字书写要占满格

　　B. 数字书写一般要占格距的 1/2

　　C. 将登记中不慎出现的空页撕毁

　　D. 根据红字冲账的记账凭证，用红字冲销错误记录

(14) 会计账簿的基本内容有(　　　)。

　　A. 封面　　　　　B. 封底　　　　　C. 扉页　　　　　D. 账页

(15) 下列账簿中，一般采用数量金额式的有(　　　)。

　　A. 原材料明细账　　　　　　　　　B. 库存商品明细账

　　C. 应收账款明细账　　　　　　　　D. 应交税费等往来结算账户

(16) 下列可以作为登记明细账依据的有(　　　)。

　　A. 记账凭证　　　B. 原始凭证　　　C. 汇总原始凭证　　　D. 汇总记账凭证

(17) 下列(　　　)明细账既可逐日逐笔登记，也可定期汇总登记。

　　A. 固定资产　　　B. 库存商品　　　C. 应收账款　　　D. 管理费用

3. 判断题

(1) 活页账无论是在账簿登记完毕之前还是之后，账页都不固定装订在一起，而是装在活页账夹中。(　　　)

(2) 使用订本账时，要为每一账户预留若干空白账页。(　　　)

(3) 凡是三栏式账簿在摘要栏和借方科目栏之间均有"对方科目"一栏。(　　　)

(4) 账簿中的每一账页是账户的存在形式和载体，而账户是账簿的真实内容，因此账户与账簿的关系是形式与内容的关系。(　　　)

(5) 会计核算中，红笔一般只在划线、改错、冲账和表示负数金额时使用。(　　　)

(6) 登记账簿要用蓝黑墨水或碳素墨水书写，不得使用铅笔书写，但可使用钢笔或圆珠笔书写。(　　　)

(7) 在账簿记录中有可能出现红字。(　　　)

(8) 原材料明细账应采用数量金额式的活页账。(　　　)

(9) 每一账页登记完毕结转下页时，应当结出本页合计数及余额，写在本页最后一行和下页第一行有关栏内，并在摘要栏内注明"过次页"和"承前页"字样。(　　　)

(10) 总分类账一般采用订本账，明细分类账一般采用活页账。(　　　)

(11) 现金日记账的账页格式均为三栏式，而且必须使用订本账。(　　　)

(12) 在我国,单位一般只对原材料的明细核算采用卡片账。( )

(13) 主要账簿中不予登记或登记不详细的经济业务,可以在备查账簿中予以登记。( )

(14) 库存商品明细账一般都采用多栏式账簿。( )

(15) 各种日记账、总账以及资本、债权债务明细账都可采用三栏式账簿。( )

(16) 启用会计账簿时,应当在账簿封面上写明单位名称和账簿名称,并在账簿扉页上附启用表。( )

(17) 费用明细账一般均采用三栏式账簿。( )

(18) 明细分类账的登记依据只能是记账凭证。( )

知识目标

- 了解对账的内容
- 掌握存货的盘存制度
- 掌握财产清查的方法
- 掌握财产清查结果的业务处理
- 掌握错账更正和结账的方法

技能目标

- 能够对账
- 能够清查货币资金和实物资产
- 能够编制银行存款余额调节表
- 能够更正错账和结账

导入案例

小浩开了个小超市经营日用品，并聘用了一名员工。其存货的销售成本采用"以存计销"的方式。小浩自己负责存货的采购，平时每月进货量和价格基本稳定。2012年6月末盘点后，小浩发现月末商品库存量比上月少了很多，销售成本也明显增加，但销售收入却没有增加，这是为什么？

讨论：

如何帮助小浩分析这个现象的原因呢？

任务一　对账

任务引入

登记账簿后，还需要结账才能进入下一个环节——编制财务会计报告，为了保证最终对外提供的会计信息的真实可靠，在结账前还必须先进行对账工作。

➢ 任务1：了解对账的内容。

> 任务 2：掌握财产清查的方法。

> 任务 3：掌握财产清查结果的业务处理。

任务分析

本任务需要了解对账的 3 个方面内容，并且围绕账实核对学习货币资金、实物资产和往来款项的清查，重点掌握清查方法和清查结果的处理。

知识链接

一、对账的含义

对账，简单来说，就是核对账目，是指在会计核算中，为保证账簿记录的真实可靠，对账簿及其记录的有关数据进行检查和核对的工作。通过对账，应当做到账证相符、账账相符、账实相符。

1. 账证核对

账证核对是指核对会计账簿记录与原始凭证、记账凭证的时间、凭证字号、内容、金额是否一致，记账方向是否相符。

2. 账账核对

账账核对是指核对各种会计账簿之间有关的记录是否相符。具体包括如下内容。

(1) 总分类账各账户借方期末余额合计数与贷方期末余额合计数核对；

(2) 各明细账户的余额合计数与其有关总账账户余额核对；

(3) 现金日记账和银行存款日记账期末余额与有关总分类账户期末余额核对；

(4) 会计部门各种财产物资明细账期末余额与财产物资保管和使用部门的有关财产物资明细分类账的期末余额核对。

3. 账实核对

账实核对就是核对会计账簿记录与财产实有数额是否相符。具体包括如下内容。

(1) 现金日记账账面余额与库存现金实存数额核对；

(2) 银行存款日记账账面余额与银行实际余额核对；

(3) 各种材料物资明细分类账账面余额与各种材料物资实际盘存数额相核对；

(4) 各种应收、应付账款明细账账面余额与有关债务、债权单位的相关余额相核对。在实际工作中，它一般是通过财产清查进行的。

二、财产清查的意义

财产清查是指通过对货币资金、实物资产和往来款项的盘点或核对，确定其实存数，查明账存数与实存数是否相符的一种专门方法。

加强财产清查工作，对于加强企业管理、充分发挥会计的监督作用具有重要意义。具体体现在以下 4 个方面。

1. 确保会计核算资料的真实可靠

通过财产清查，可以确定其实存数，与账面数相核对，查明账存数与实存数之间是否存在差异，查清发生盘盈、盘亏的原因和责任，并及时调整账簿记录，使账实相符，从而保证会计核算资料的真实可靠。

2. 保护财产物资的安全与完整

通过财产清查，可以查明财产物资是否安全、完整，有无缺损、霉变或被偷被盗、贪污挪用等情况，以便采取措施，健全落实财产物资的管理制度与核算制度，以保证财产物资的安全与完整。

3. 促进财产物资的有效使用

通过财产清查，可以查明财产物资的储备和利用情况，充分挖掘财产物资潜力，发挥各种财产物资的使用效能，及时清理债权、债务，促进财产物资的有效利用，加速资金周转，提高企业经济效益。

4. 保证财经法纪的贯彻执行

通过财产清查，可以检查单位财经法律法规及有关结算制度的执行情况，查明各项往来款项的结算是否符合财经纪律和国家财政、信贷结算制度的规定，查明是否存在违法乱纪行为，促进单位自觉遵守财经法纪，以保证其贯彻执行。

三、财产清查的分类

1. 按清查对象和范围，财产清查可以分为全面清查和局部清查两种

(1) 全面清查。全面清查就是对所有的财产进行全面盘点和核对，包括存放在本企业的财产和存放在外单位但属于本企业的财产，范围较广、内容较多，不可能经常进行。

一般来说，在以下几种情况下需要进行全面清查。

① 年终决算前要进行一次全面清查，以确保年度会计报表的真实性。

② 单位撤销、合并或改变隶属关系要进行一次全面清查，明确经济责任。

③ 中外合资，国内联营。

④ 开展清产核资(清查财产、核对资金)要进行全面清查，以摸清家底，准确核定资金，保证生产的正常资金需要。

⑤ 单位主要负责人调离工作。

(2) 局部清查。局部清查是根据需要对一部分财产所进行的清查，范围小、内容少，但专业性较强。

一般有以下几种情况可进行局部清查。

① 对于流动性较大的物资如存货等，除了年度清查外，年内还要轮流盘点或重点抽查，各种贵重物资每月应清查一次。

② 现金应由出纳人员每日业务终了时清点。

③ 银行存款和银行借款每月同银行核对一次。

④ 债权债务应在年内至少核对一至二次，有问题的要及时核对，及时解决。

2. 按清查的时间，财产清查可分为定期清查和不定期清查两种

(1) 定期清查。定期清查是指根据管理制度的规定或预先计划安排的时间对财产所进行的清查。它一般是在年末、季末或月度末结账时进行。根据实际情况和需要，定期清查可以是全面清查，也可以是局部清查。

(2) 不定期清查。不定期清查是事先并无规定清查时间，而根据需要所进行的临时性清查，如更换财产、物资和现金保管人员时，要对有关人员所保管的财产、物资和现金进行清查，以分清经济责任；发生非常灾害和意外损失时，要对受灾损失的有关财产进行清查，以查明损失情况；上级主管、财政和银行等部门要对本单位进行会计检查时，应按检查的要求和范围进行清查，以验证会计资料的准确性；进行临时性的清产核资工作时，要对本单位的财产进行清查，以摸清家底。不定期清查，可以是全面清查，也可以是局部清查，应依实际需要而定。

四、财产物资的盘存制度

财产物资的盘存制度是指在财产清查中确定存货实存数量的方法，有永续盘存制和实地盘存制两种。

1. 永续盘存制

永续盘存制也称账面盘存制，是指平时对各项财产物资的增加数和减少数都须根据有关凭证连续记入有关账簿，并随时结出账面结存数额。计算公式如下：

$$账面期末余额＝账面期初余额＋本期增加额－本期减少额 \tag{5-1}$$

采用"永续盘存制"，尽管能在账簿中及时反映各项财产物资的结存数额，但是，也可能发生账实不符的情况。因此，采用"永续盘存制"的企业，也需要对各项财产、物资进行清查盘点，以查明账实是否相符，以及查实账实不符的原因。

永续盘存制的优点是核算手续严密，能及时反映各项财产物资的收、发、结存情况，有利于加强对各项财产物资的管理，保护财产物资的安全与完整；其缺点是核算工作量大。这种盘存制度为各企业单位广泛采用。

2. 实地盘存制

实地盘存制，平时只根据凭证账簿中登记财产物资的增加数，而不登记减少数，到月末结账时，根据实地盘点的实存数来倒挤出本月的减少数，再据以登记有关账簿。计算公式如下：

$$本期减少数＝账面期初余额＋本期增加数－期末实际结存数 \tag{5-2}$$

在实地盘存制下，对各项财产物资进行盘点的结果，只是作为登记财产物资账减少的依据，而不能用来核对账实是否相符。

实地盘存制的优点是核算工作比较简单，工作量较小。其缺点是，手续不够严密，不能通过账簿随时反映和监督各项财产物资的收、发、结存情况，反映的数字不精确，仓库管理中多发少发、物资毁损、盗窃、丢失等情况，在账面上均无反映，而全部隐藏在本期的发出数内，这样不利于加强对存货的监督管理。因此，实地盘存制是一种不完善的存货管理办法，只有经营进出频繁的鲜活商品的零售等企业采用。

五、财产清查的一般方法

1. 财产清查前的准备工作

(1) 组织准备。组建以企业负责人为组长，包括财务、设备、技术、生产、行政人员的财产清查小组。

① 研究制订财产清查计划。

② 安排清查工作进度。

③ 确定财产清查工作的方式、方法，配备工作人员。

④ 确定清查的具体要求。

(2) 业务准备。主要有以下几点要求。

① 财务人员：经济业务全部入账，结出余额，做到账证相符、账账相符。

② 物资保管部门及人员：业务全部入账，物资分类、码放、挂标。

③ 准备必要的计量器具。

④ 准备好财产清查使用的盘存报告表等。

2. 货币资金的清查

(1) 现金的清查。现金的清查是通过实地盘点法，确定库存现金的实存数，再与现金日记账的账面结余额进行核对，以查明盈亏情况。盘点时，出纳人员必须在场，发现盘盈或盘亏，应填制"现金盘点报告表"，并由盘点人员和出纳人员签章。"现金盘点报告表"兼有"盘存单"和"实存账存对比表"的作用，是反映库存现金实有数和调整账簿记录的重要原始凭证，其一般格式如表 5-1 所示。

表 5-1　现金盘点报告表

单位名称：　　　　　　　　　　　年　月　日

实 存 金 额	账 存 金 额	实存与账存对比		备　　注
		盘　　盈	盘　　亏	

盘点人：　　　　　　　　出纳员：

(2) 银行存款的清查。银行存款的清查，是采用与开户银行核对账目的方法进行的，即将本单位的银行日记账与开户银行送来的"对账单"逐笔进行核对。假如银行存款日记账的余额和银行对账单的余额不一致，其原因可能是某一方记账有错误或存在未达账项。

所谓未达账项，是指企业与银行之间对于同一项业务，由于取得凭证的时间不一致、记账时间不一致，而发生的一方已取得结算凭证已登记入账，另一方由于未取得结算凭证尚未入账的款项。

未达账项有以下 4 种情况：

① 企业已收，银行未收；

② 企业已付，银行未付；

③ 银行已收，企业未收；

④ 银行已付，企业未付。

上述任何一种未达账项存在，都会使银行存款日记账余额与银行对账单的余额不符。因此，在与银行对账时，必须注意有无未达账项，如果发现有未达账项，应据以编制存款余额调节表，以便检验双方的账面余额是否一致。

下面举例说明银行存款余额调节表的编制。

【例 5-1】某企业 2015 年 12 月 31 日银行存款日记账的余额为 84 000 元，银行对账单的余额为 111 000 元，经过逐笔核对有如下未达账项。

① 企业收到销货款 2 000 元已登账，银行尚未入账。

② 企业支付购料款 27 000 元已登账，银行尚未入账。

③ 银行收到购货方汇来货款 14 000 元已登账，企业尚未入账。

④ 银行代企业支付购料款 12 000 元已登账，企业尚未入账。

根据上述未达账项编制"银行存款余额调节表"，如表 5-2 所示。

表 5-2　银行存款余额调节表

2015 年 12 月 31 日　　　　　　　　　　　　　　　　单位：元

项　　目	金　　额	项　　目	金　　额
企业银行存款账面余额	84 000	银行对账单账面余额	111 000
加：银行已收，企业未收	14 000	加：企业已收，银行未收	2 000
减：银行已付，企业未付	12 000	减：企业已付，银行未付	27 000
调整后的存款余额	86 000	调整后的存款余额	86 000

采用这种方法调整，双方调节后的余额相等。说明双方记账一般没有错误；否则说明记账有错误应查明原因给予更正，所得到调整后余额，是企业当时实际可以使用的存款额。

需要指出的是，"银行存款余额调节表"只起着对账作用，不能据以更改账簿记录。银行存款日记账的登记，还应等收到有关原始凭证后再进行。

3. 实物的清查

不同品种的实物财产由于其形态、体积重量、堆放方式不同，而采用不同的清查方法，一般采用实地盘点法或技术推算法来确定其实存数量，进而确定其金额；对于难以确认其实存数量，可以采用账面价值法或评估确认法，直接确定其金额。

为了明确经济责任，盘点时，实物保管人员必须在场并参加盘点工作，对盘点的结果应如实地登记在盘存单上并由盘点人员和实物保管人员签章。"盘存单"是记录实物盘点结果的书面证明，也是反映实物财产实有数的原始凭证。"盘存单"一式三份：一份由盘点人员留存备查；一份交由实物保管人员保存；一份交由财会部门与账面记录核对。其一般格式如表 5-3 所示。

表 5-3　盘存单

单位名称：　　　　财产类别：　　　　盘点时间：　　　　存放地点：　　　　编号：

序　号	名　　称	规格型号	计量单位	数　量	单　价	金　额	备　注

盘点人：　　　　　　保管人：

盘点完毕，发现某些财产物资账实不符时，应填制"账存实存对比表"(也称盘盈盘亏报告表)，以确定财产物资盘盈或盘亏的数额，作为调整账面记录的原始凭证，也是分析盈亏原因，明确经济责任的重要依据，其一般格式如表 5-4 所示。

表 5-4　账存实存对比表

单位名称：　　　　　　　　　　　　年　月　日　　　　　　　编号：

序　号	名　称	规格型号	计量单位	单价	实存		账存		实存与账存对比				备　注
					数　量	金　额	数　量	金　额	盘　盈		盘　亏		
									数　量	金　额	数　量	金　额	
	合　计												

盘点人：　　　　　　　　　　　　会计：

4. 结算往来款项的清查

结算往来款项主要包括应收款、应付款、预收款及预付款等款项，一般采取函证核对法进行清查，清查单位按每一个经济往来单位编制"往来款项对账单"(一式两份，其中一份作为回联单)送往各经济往来单位，对方经过核对相符后，在回联单上加盖公章退回，表示已核对；如果经核对数字不相符，对方应在回联单上注明情况，或另抄写对账单退回本单位，进一步查明原因，再进行核对，直到相符为止。"往来款项对账单"的格式和内容如图 5-1 所示。

××单位：

　　你单位 2016 年 8 月 6 日到我公司购买乙产品 1 000 件，已付货款 6 000 元，尚有 4 000 元货款未付，请核对后将回联单寄回。

　　　　　　　　　　　　　　　　　　　　清查单位：(盖章)

　　　　　　　　　　　　　　　　　　　　2016 年 10 月 9 日

沿此虚线裁开，将以下回联单寄回！

....

往来款项对账单(回联)

××单位：

　　你单位寄来的"往来款项对账单"已收到，经核对相符无误。

　　　　　　　　　　　　　　　　　　　　××单位(盖章)

　　　　　　　　　　　　　　　　　　　　2016 年 10 月 13 日

图 5-1　往来款项对账单

六、财产清查结果的处理

财产清查的结果无非是账实相符与账实不符两种。账实相符的，不需要再进行业务处理。所以财产清查结果的处理主要针对的是账实不符即盘盈、盘亏情况的处理。企业清查的各种财产的盘盈盘亏，应于期末前查明原因，并根据企业的管理权限，经股东大会或董事会，或经理(厂长)会议或类似机构批准后，在期末结账前处理完毕。

为了核算企业在财产清查中查明的各种财产物资盘盈、盘亏和毁损的价值，企业应设置"待处理财产损溢"科目。其借方登记发生的各种财产物资的盘亏金额和批准转销的盘盈金额，贷方登记发生的各种财产物资的盘盈金额和批准转销的盘亏和毁损金额。处理前的借方余额，反映企业尚未处理的各种财产的净损失；处理前的贷方余额，反映企业尚未处理的各种财产的净溢余。期末，处理后本科目应无余额。该科目下应设置"待处理流动资产损溢"和"待处理固定资产损溢"两个明细科目。

1. 库存现金清查结果的处理

对于企业每日终了结算现金收支，以及财产清查等发现的有待查明原因的现金短缺或溢余，除了设法查明原因外，还应及时根据"现金盘点报告表"通过"待处理财产损溢——待处理流动资产损溢"科目核算。

(1) 现金短缺。发现现金短缺后，应按实际短缺的金额，借记"待处理财产损溢——待处理流动资产损溢"科目，贷记"库存现金"科目。

待查明原因后再分情况处理：

① 属于应由责任人员赔偿的部分，通过"其他应收款——应收现金短缺款(××个人)"科目核算；

② 属于应由保险公司赔偿的部分，通过"其他应收款——应收保险赔款"科目核算；

③ 属于无法查明原因的现金短缺，根据企业内部管理权限，经批准后计入管理费用。

(2) 现金溢余。发现现金溢余后，按实际溢余的金额，借记"库存现金"科目，贷记"待处理财产损溢——待处理流动资产损溢"科目。

待查明原因后再分情况处理：

① 属于应支付有关人员或单位的，应从"待处理财产损溢——待处理流动资产损溢"科目转入"其他应付款——应付现金溢余(××个人或单位)"等科目；

② 属于无法查明原因的现金溢余，根据企业内部管理权限，经批准后转入"营业外收入——现金溢余"。

现举例说明库存现金清查结果的会计处理。

【例 5-2】某企业某月份进行现金清查，根据清查结果作如下会计分录。

(1) 现金清查中发现溢余 60 元。

借：库存现金　　　　　　　　　　　　　　　　60

　　贷：待处理财产损溢——待处理流动资产损溢　　60

若经反复核查，未查明原因，报经批准作营业外收入处理。

借：待处理财产损溢——待处理流动资产损溢　　60

　　贷：营业外收入　　　　　　　　　　　　　　60

(2) 现金清查中发现短缺 40 元。

借：待处理财产损溢——待处理流动资产损溢　　40

　　贷：库存现金　　　　　　　　　　　　　　　40

若经核查，属于出纳员李丽的责任，应由出纳员赔偿。

借：其他应收款——李丽　　　　　　　　　　　　40

　　贷：待处理财产损溢——待处理流动资产损溢　　40

2. 存货清查结果的处理

存货应当定期盘点，每年至少盘点一次。对盘盈、盘亏、毁损的存货，应先通过"待处理财产损溢——待处理流动资产损溢"账户核算，同时要及时查明原因，并根据企业的管理权限，经股东大会或董事会，或经理(厂长)会议或类似机构批准后，在期末结账前处理完毕。盘盈的存货，应冲减当期的管理费用；盘亏的存货，在减去过失人或者保险公司等赔款和残料价值之后，计入当期管理费用，属于非常损失的，计入营业外支出。

现举例说明存货清查结果的会计处理。

【例 5-3】某企业经财产清查发现盘盈甲材料一批。在批准前根据"实存账存对比表"确定的甲材料盘盈金额为 2 000 元。

(1) 在批准之前，根据"实存账存对比表"作如下会计分录。

借：原材料——甲材料　　　　　　　　　　　　2 000

　　贷：待处理财产损溢——待处理流动资产损溢　　2 000

(2) 经查明是由于收发计量上的错误所致，批准冲减管理费用，作如下会计分录。

借：待处理财产损溢——待处理流动资产损溢　　2 000

　　贷：管理费用　　　　　　　　　　　　　　　2 000

【例 5-4】某企业进行盘点，发现短缺甲产品 5 千克，每千克 30 元。

(1) 在批准之前，根据"实存账存对比表"作如下会计分录。

借：待处理财产损溢——待处理流动资产损溢　　150

　　贷：库存商品——甲产品　　　　　　　　　　150

(2) 经查明属于定额内正常损耗，根据批准意见，作如下会计分录。

借：管理费用　　　　　　　　　　　　　　　　150

　　贷：待处理财产损溢——待处理流动资产损溢　　150

【例 5-5】某企业发生非正常损失乙材料 100 吨，每吨买价 100 元，根据购货发票列有增值税进项税额 1 700 元。

(1) 在批准之前，根据"实存账存对比表"作如下会计分录。

借：待处理财产损溢——待处理流动资产损溢　　11 700

　　贷：原材料——乙材料　　　　　　　　　　　10 000

　　　　应交税费——应交增值税(进项税额转出)　　1 700

(2) 除收回残值 100 元，保险公司赔偿 10 000 元，其余的损失经批准计入营业外支出，作如下会计分录。

借：原材料　　　　　　　　　　　　　　　　　100

　　其他应收款——保险公司　　　　　　　　　10 000

　　营业外支出——非常损失　　　　　　　　　1 600

　　贷：待处理财产损溢——待处理流动资产损溢　　11 700

3. 固定资产清查结果的处理

固定资产应当定期或者至少每年实地盘点一次。根据会计准则规定，盘盈的固定资产，作为前期差错处理；对盘亏、毁损的固定资产，应先通过"待处理财产损溢——待处理固定资产损溢"账户核算，同时要及时查明原因，写出书面报告，并根据企业的管理权限，经股东大会或董事会，或经理(厂长)会议或类似机构批准后，在期末结账前处理完毕。盘亏或毁损的固定资产，在减去过失人或者保险公司等赔款和残料价值之后，计入当期营业外支出。

现举例说明固定资产清查结果的会计处理。

【例5-6】某企业在财产清查中，发现盘亏设备一台，其原值为80 000元，已提折旧50 000元。

(1) 批准前，根据"固定资产盘盈盘亏报告表"，作如下会计分录。

```
借：待处理财产损溢——待处理固定资产损溢    30 000
    累计折旧                              50 000
    贷：固定资产                                    80 000
```

(2) 经查明，审批过失人赔偿5 000元，其余损失经批准转入营业外支出，作如下会计分录。

```
借：其他应收款——××过失人              5 000
    营业外支出——固定资产盈亏           25 000
    贷：待处理财产损溢——待处理固定资产损溢    30 000
```

(3) 若是由于非常事故引起损失，保险公司同意赔偿15 000元，由过失人赔偿5 000元，作如下会计分录。

```
借：其他应收款——保险公司              15 000
    其他应收款——××过失人              5 000
    营业外支出——非常损失              10 000
    贷：待处理财产损溢——待处理固定资产损溢    30 000
```

4. 应收、应付款清查结果的处理

在财产清查中查明确实无法收回的应收账款和无法支付的应付账款，不通过"待处理财产损溢"账户进行核算，而是在原来账面记录的基础上，按规定程序报经批准后，直接转账冲销。对无法支付的应付款项经批准后，直接转作营业外收入。

【例5-7】长期无法支付的应付账款500元，经查实对方单位已解散，经批准做销账处理，作如下会计分录。

```
借：应付账款                          500
    贷：营业外收入                              500
```

 思考与讨论

1. 对账包括哪3个方面的内容？
2. 财产清查的种类有哪些？分别适用于哪些情况？
3. 简述各类财产的清查方法。

实训题

1. 嘉利工厂 2015 年 12 月 31 日"银行存款日记账"账面余额为 41 353 元，开户银行送达的"对账单"其银行存款余额为 43 835 元。经核查，发现有以下几笔未达账项。

(1) 企业已送存银行#34875 转账支票一张，面额 1 765 元，企业已增加银行存款，开户银行尚未入账。

(2) 银行代企业支付水费 183 元，银行已入账，减少企业银行存款，企业尚未接到通知，没有入账。

(3) 银行代企业收销货款 3 950 元，银行已入账，增加企业银行存款，企业尚未接到通知，没有入账。

(4) 企业开出#49201 转账支票一张，购买办公物品计金额 480 元，企业已记银行存款减少，银行尚未入账。

要求：

根据上述资料，编制银行存款余额调节表，并指出企业月末可动用的银行存款实有数额。

2. 某工厂 2015 年 12 月 25—31 日银行存款日记账和银行送来的对账单内容如表 5-5 和表 5-6 所示。

表 5-5　银行存款日记账

2015 年		记账凭证		摘　　要	结算凭证		收　　入	支　　出	余　　额
月	日	字	号		种　类	号　数			
12	24			余额					250 000
	25	银付	228	付购料款	转支	045		200 000	
	26	银付	229	付运费	转支	046		1 000	
	27	银付	108	收销货款	电汇		234 000		
	30	银付	230	付购料款	电汇			90 000	
	30	银付	231	付修理费	转支	047		2 500	
	31	银收	109	收销货款	转支	127	150 000		340 500

表 5-6　银行对账单

2015 年		摘　　要	结算凭证		存　　入	支　　出	余　　额
月	日		种　类	号　数			
12	24						250 000
	26	宏江工厂	电汇		234 000		
	28	二场	转支	046		1 000	
	28	丰立公司	转支	045		200 000	
	28	电费	信汇			23 000	
	28	中天公司	汇票	148	3 200		
	29	三环公司	信汇		60 000		
	30	货款	电汇			90 000	233 200

要求：

(1) 根据上述资料将银行存款日记账与银行对账单进行逐笔核对(用红笔√表示对讫)，确定未达款项。

(2) 编制 12 月 31 日银行存款余额调节表，将调节后的银行存款余额进行检查核对。

3. 某工厂 2015 年年终进行财产清查，在账实清查中发现以下问题。

(1) 盘亏#01 产成品 6 件，每件 35 元。

(2) 盘盈乙种材料 260 千克，每千克为 15 元。

(3) 盘亏 A 型设备 1 台，账面原值 1 700 元，已提折旧 920 元。

(4) 盘亏甲种材料 350 千克，每千克单价为 18 元。

(5) 盘亏乙种材料 400 千克，每千克 20 元。

要求：

根据以上账实清查中的问题，编制审批前的会计分录。

4. 第 3 题的清查结果经逐项核实如下。

(1) #01 产品损失，属有关人员失职造成的，应由其负责赔偿。

(2) 盘盈乙材料为计量不准造成的，按规定转销管理费用。

(3) 盘亏 A 型设备一台，已报废，按规定转作营业外支出。

(4) 盘亏的甲种材料，因管理不善造成的，已无法收回，可转作管理费用。

(5) 由于自然灾害，造成乙材料损失，向保险公司索赔 5 000 元，其余转作营业外支出。

要求：

根据上述批准结果，编制相应的会计分录。

 案例分析

Y 企业的副经理王××，将企业正在使用的一台设备借给其朋友使用，未办理任何手续。清查人员在年底盘点时发现盘亏了一台设备，原值为 20 万元，已提折旧 5 万元，净值为 15 万元。经查，属王副经理所为。于是，派人向借方追索。但借方声称，该设备已被人偷走。当问及王副经理对此处理意见时，王××建议按正常报废处理。

分析：

(1) 盘亏的设备按正常报废处理是否符合会计制度要求？

(2) 企业应怎样正确处理盘亏的固定资产？

任务二　更正错账和结账

任务引入

对账之后，可能发现账簿记录错误，则必须采用规定的方法更正，只有确认账簿记录没有错误的情况下，才能进行期末结账工作。

任务1：更正错账。

任务2：结账。

任务分析

本任务围绕两个重点：一是掌握错账更正的方法及适用的情况；二是熟悉结账的方法，能够完成对日记账、总账和明细账的结账工作。

知识链接

一、更正错账

在登记账簿或对账过程中发现账簿记录错误时，不准涂改、挖补、刮擦，不准重新抄写，应根据记账错误的性质和发现时间，采用适当的错账更正方法进行更正。错账的具体情况不同，更正方法也不一样。错账更正方法一般包括3种：划线更正法、红字更正法和补充登记法。

1. 划线更正法

在结账之前，如果发现账簿记录有错误，而所依据的记账凭证没有错误，即过账时发现记录错误，可采用划线更正法更正。

更正方法：先将错误的文字或数字划上一条单红线，以示注销，然后在红线上方的空白处用蓝字写上正确的记录，并由记账人员在划线处盖章，以示负责。

采用划线更正法时应注意：对于数字错误，必须将错误的数字全部划去，不允许只划线更正数字中的个别数字，并保持划去的字迹依然清晰可辨。例如在过账时，将金额12 500元误写成21 500元，更正时应将21 500全数划掉，再在上面空白处写上正确的数字12 500。对于文字错误，可以只划去错误的文字部分。

2. 红字更正法

红字更正法也称为红字冲销法或红字订正法，是指用红字冲销错误记录，以更正或调整记账错误的一种方法。这种方法适用于下列两种情况错账的更正。

(1) 在记账之后，如果发现记账凭证中应借应贷科目、方向发生错误，从而导致账簿记录错误的，可用红字更正法进行更正。

更正方法：第一步用红字填制一张与原错误记账凭证内容相同的记账凭证，并在摘要栏注明"冲销某月某日第×号凭证错误"，并据以用红字登记入账，冲销原有错误的账簿记录；第二步是用蓝(黑)字填制一张正确的记账凭证，在摘要栏注明"订正某月某日第×号凭证错误"，并据以登记入账。冲销和更正的记账凭证后面可以不附原始凭证。

【例5-8】车间管理部门领用材料4 000元，填制记账凭证后已据以登记入账。

原会计分录为：

借：管理费用　　　　　　　　　　　　　　4 000

　　贷：原材料　　　　　　　　　　　　　　　　4 000

更正：

第一步，先编制一张红字(金额)记账凭证(加方框代表红字，下同)。

借：管理费用　　　　　　　　　　　　　　　　　4 000

　　贷：原材料　　　　　　　　　　　　　　　　　　4 000

第二步，再编制蓝字正确凭证，并将更正凭证登记账簿。

借：制造费用　　　　　　　　　　　　　　　　　4 000

　　贷：原材料　　　　　　　　　　　　　　　　　　4 000

(2) 在记账之后，如果发现据以登记账簿的记账凭证中的应借应贷科目、方向正确，但所记金额大于应记的正确金额，从而导致账簿记录错误的，可采用红字更正法予以更正。

更正方法：将多记的金额，即错误金额大于正确金额的差额，用红字填制一张与原错误记账凭证应借应贷会计科目完全相同的记账凭证，并在摘要栏注明"冲销某月某日第×号记账凭证多记金额"，并据以登记入账，冲销多记金额。

【例 5-9】从银行提取现金 350 元，在填制记账凭证时，误将金额填为 530 元，并已据以登记入账。

原会计分录为：

借：库存现金　　　　　　　　　　　　　　　　　530

　　贷：银行存款　　　　　　　　　　　　　　　　　530

更正：

编制一张红字(金额)记账凭证，并据以记账。

借：库存现金　　　　　　　　　　　　　　　　　180

　　贷：银行存款　　　　　　　　　　　　　　　　　180

3. 补充登记法

在登记入账后，如果发现记账凭证中应借应贷科目无错误，但所记金额小于应记的正确金额，可以采用补充登记法予以更正。

更正方法：将少记的金额，即错误金额小于正确金额的差额，用蓝字填一张与原错误记账凭证应借应贷会计科目、方向相同的记账凭证，并在摘要栏说明"补充某月某日第×号凭证少记金额"，并据以登记入账，补足少记的金额。

【例 5-10】以银行存款 6 500 元归还前欠的购货款，在填制记账凭证时，误将金额填为 5 600 元，并据以登记入账。

原会计分录为：

借：应付账款　　　　　　　　　　　　　　　　　5 600

　　贷：银行存款　　　　　　　　　　　　　　　　　5 600

更正：

按差额编制一张蓝字记账凭证，并据以记账。

借：应付账款　　　　　　　　　　　　　　　　　900

　　贷：银行存款　　　　　　　　　　　　　　　　　900

二、结账

结账，简单来说，就是结算账目，是指在将一定时期内所发生的经济业务全部登记入账的基础上，按照规定的方法结算出本期发生额合计和期末余额，并将期末余额结转下期的方法。

1. 结账的内容和要求

(1) 结账前，必须将本期内发生的各项经济业务全部登记入账，既不能提前结账，也不能将本期发生的业务延至以后期间登账。

(2) 结账时，计算、登记各账户的本期发生额和期末余额。将损益类账户转入"本年利润"账户，结平所有损益类账户；将资产、负债和所有者权益账户期末余额转为下期的期初余额。

(3) 结账的标志是划红线，目的是突出有关数字，表示本期会计记录已经截止或结束，并将本期与下期的记录明显分开。

2. 结账的一般方法

结账工作通常按月进行，年度终了，还要进行年终结账。各期间结账的要求和方法基本一致。按照《会计基础工作规范》的要求，一般采用划线结账的方法进行结账，月结时通栏划单红线，年结时通栏划双红线。

(1) 对于不需按月结计本期发生额的账户，如各项应收应付明细账等，每次记账以后，都要随时结出余额，每月最后一笔余额即为月末余额。月末结账时，只需要在最后一笔经济业务事项纪录之下通栏划单红线，不需要再结计一次余额。划线的目的是为了表示本期的记录已经截止，并将本期与下期的记录明显分开。

(2) 现金、银行存款日记账和需要按月结计发生额的收入、费用等明细账，每月结账时，需要在最后一笔经济业务记录之下通栏划单红线，结出本月发生额和余额，在摘要栏注明"本月合计"字样，并在合计数下通栏划单红线。

(3) 需要结计本年累计发生额的某些明细账户，每月结账时，应在"本月合计"行下结出自年初至本月末止的累计发生额，登记在月份发生额的下面，在摘要栏内注明"本年累计"字样，并在下面通栏划单红线。12月末的"本年累计"就是全年累计发生额，全年累计发生额下通栏划双红线。

(4) 总账账户平时只需要结出月末余额。年终结账时，将所有总账账户结出全年发生额和年末余额，在摘要栏内注明"本年合计"字样，并在合计数下通栏划双红线。

(5) 年度终了结账时，有余额的账户，要将其余额结转下年，并在摘要栏注明"结转下年"字样；在下一会计年度新建有关会计账户的第一行余额栏内填写上年结转的余额，并在摘要栏注明"上年结转"字样。

表5-7和表5-8为年结示例表。

表5-7　年结示例(1)

| 20××年 | | 凭　证 | | 摘　　要 | 对方科目 | 借　方 | 贷　方 | 借或贷 | 余　额 |
月	日	字	号						
				本年累计		10 000	5 000	借	5 000
12	31			结转下年			5 000	平	0
									0

表 5-8　年结示例(2)

20××年		凭　　证		摘　　要	对方科目	借　　方	贷　　方	借或贷	余　　额
月	日	字	号						
1	1			上年结转				借	5 000

三、会计账簿的更换与保管

1. 会计账簿的更换

会计账簿的更换通常在新会计年度建账时进行。

(1) 总账、日记账和多数明细账应每年更换一次。年初,将旧账簿各账户的余额直接记入新账簿相应账户新账页的第一行"余额"栏内,同时在"摘要"栏内注明"上年结转"字样。

(2) 新旧账簿之间的余额转记,不必填制记账凭证。

(3) 部分明细账和备查账簿可以跨年使用,不必每年更换一次,如"固定资产明细账"。

2. 会计账簿的保管

会计账簿是会计档案的重要组成部分,每个单位必须按照国家统一的会计制度规定,建立管理制度,妥善保管,保管期满,按规销毁。

账簿管理分为日常管理和归档保管两部分。

(1) 日常账簿管理的要求。①各种账簿的管理要分工明确,指定专人管理,账簿经管人员既要负责本账簿的记账、对账、结账等工作,又要负责保证账簿安全、完整。②会计账簿未经会计负责人或有关人员批准,非经管人员不得随意翻阅、查看、摘抄和复制等。③会计账簿除需要与外单位核对外,一般能携带外出,对携带外出的账簿,会计负责人要指定专人负责,办理手续并如期归还。④会计账簿不能随意交给其他人员管理,以保证账簿安全、完整和防止任意篡改、毁坏账簿等问题的发生。

(2) 旧账归档保管的要求。在年度终了更换并启用新账簿后,会计人员必须将各种活页账簿连同"账簿和经管人员一览表"都要装订成册,加上封皮,统一编号,与各种订本式账簿一起形成的会计档案,可暂由会计机构保管一年,期满之后,应当由会计机构编制移交清册,移交本单位档案机构统一保管;未设立档案机构的,应当在会计机构内部指定专人保管。

会计账簿的保管期限,根据《会计档案管理办法》的规定办理,至少保存 15 年,重要的会计账簿应永久保存。保管期满,一定要按规定的审批程序报经批准后方可销毁。

思考与讨论

错账有哪几种更正方法?它们分别适用于什么情况?

实训题

根据任务二中的结账实训,将自己登记的日记账、总账和明细账进行结账。

案例分析

小武毕业后应聘到一家单位做会计。第一个月填制记账凭证时，有一笔业务借贷方金额记错，并已登记入账。月底对账，发现了错账，小武就用红笔在记账凭证和相应的账簿上将错误金额划去，在上面写上正确的金额。

分析：

小武的做法对不对？如果有误，应该如何更正？

会计从业资格考试同步练习

1. 单项选择题

(1) 下列错账中，可以采用补充登记法更正的是(   )。

    A. 记账后发现记账凭证填写的会计科目无误，只是所记金额小于应记金额

    B. 在结账前发现账簿记录有文字或数字错误，而记账凭证没有错误

    C. 记账后在当年内发现记账凭证所记的会计分录错误

    D. 记账后在当年内发现记账凭证所记金额大于应记金额

(2) 记账之后，发现记账凭证中将 20 000 元误写为 2 000 元，会计科目名称及应记方向无误，应采用的错账更正方法是(   )。

    A. 划线更正法　　　　B. 红字更正法　　　　C. 补充登记法　　　D. 红字冲销法

(3) 下列对账工作中属于账实核对的是(   )。

    A. 银行存款日记账与银行对账单核对

    B. 总分类账与所属明细分类账核对

    C. 会计部门的财产物资明细账与财产物资保管部门的有关明细账相核对

    D. 总分类账与日记账核对

(4) 企业生产车间因生产产品领用材料 10 000 元，在填制记账凭证时，将借方科目记为"管理费用"并已登记入账，应采用的错账更正方法是(   )。

    A. 划线更正法　　　　B. 红字更正法　　　　C. 补充登记法　　　D. 重填记账凭证法

(5) 填制记账凭证时无误，根据记账凭证登记账簿时，将 30 000 元误记为 3 000 元，更正时应采用(   )。

    A. 划线更正法　　　　B. 红字更正法　　　　C. 补充登记法　　　D. 更换账页法

(6) 错账更正时，划线更正法的适用范围是(   )。

    A. 记账凭证中会计科目或借贷方向错误，导致账簿记录错误

    B. 记账凭证正确，登记账簿时发生文字或数字错误

    C. 记账凭证中会计科目或借贷方向正确，所记金额大于应记金额，导致账簿记录错误

    D. 记账凭证中会计科目或借贷方向正确，所记金额小于应记金额，导致账簿记录错误

(7) 下列项目中，属于账证核对内容的是(   )。

    A. 会计账簿与记账凭证核对

B. 总分类账簿与所属明细分类账簿核对

C. 原始凭证与记账凭证核对

D. 银行存款日记账与银行对账单核对

(8) 在结账前发现账簿记录有文字或数字错误，而记账凭证没有错误应采用(　　)。

    A. 划线更正法   B. 红字更正法   C. 补充登记法   D. 平行登记法

(9) 对账时，账账核对不包括(　　)。

    A. 总账有关账户的余额核对   B. 总账与明细账之间的核对

    C. 总账与记账凭证之间的核对   D. 总账与日记账的核对

(10) 企业开出转账支票 1 680 元购买办公用品，编制记账凭证时，误记金额为 1 860 元，科目及方向无误并已记账，应采用的更正方法是(　　)。

    A. 补充登记 180 元   B. 红字冲销 180 元

    C. 在凭证中划线更正   D. 把错误凭证撕掉重编

(11) 根据记账凭证登账，误将 200 元记为 2 000 元，应采用(　　)进行更正。

    A. 红字更正法   B. 补充登记法   C. 划线更正法   D. 平行登记法

(12) 记账后在当年内发现记账凭证所记的会计科目错误，从而引起记账错误应采用(　　)。

    A. 划线更正法   B. 红字更正法   C. 补充登记法   D. 平行登记法

(13) 下列不属于账账核对的是(　　)。

    A. 明细分类账簿之间的核对

    B. 总分类账簿与所属明细分类账簿之间的核对

    C. 总分类账簿与序时账簿之间的核对

    D. 会计账簿与原始凭证之间的核对

(14) 一般来说，在企业撤销、合并和改变隶属关系前，应对财产进行(　　)。

    A. 全面清查   B. 局部清查   C. 实地盘点   D. 定期清查

(15) 对于大量堆积的煤炭清查，一般采用(　　)法进行清查。

    A. 实地盘点   B. 抽查检验   C. 技术推算   D. 发函询证

(16) 下列记录可以作为调整账面数字的原始凭证的是(　　)。

    A. 盘存单   B. 实存账存对比表

    C. 银行存款余额调节表   D. 往来款项对账单

(17) 月末企业银行存款日记账余额为 180 000 元，银行对账单余额为 170 000 元，经过未达账项调节后的余额为 160 000 元，则企业可以动用的银行存款实有数额为(　　)元。

    A. 180 000   B. 160 000   C. 170 000   D. 不能确定

(18) 以下项目中不是财产清查一般程序的是(　　)。

    A. 清查前的准备工作   B. 账项核对和实地盘点

    C. 填制盘存单   D. 复查报告

(19) 在财产清查中发现盘亏一台设备，其账面原值为 80 000 元，已提折旧 20 000 元，则该企业记入"待处理财产损溢"账户的金额为(　　)元。

    A. 80 000   B. 20 000   C. 60 000   D. 100 000

(20) 银行存款余额调节表中调节后的余额是(　　)。

　　A. 银行存款账面余额

　　B. 对账单余额与日记账余额的平均数

　　C. 对账日企业可以动用的银行存款实有数额

　　D. 银行方面的账面余额

(21) "待处理财产损溢"账户未转销的借方余额表示(　　)。

　　A. 等待处理的财产盘盈

　　B. 等待处理的财产盘亏

　　C. 尚待批准处理的财产盘盈数大于尚待批准处理的财产盘亏和毁损数的差额

　　D. 尚待批准处理的财产盘盈数小于尚待批准处理的财产盘亏和毁损数的差额

(22) 盘盈的固定资产,一般应记入(　　)账户。

　　A. 本年利润　　　　　　　　　　　B. 以前年度损益调整

　　C. 投资收益　　　　　　　　　　　D. 其他业务收入

(23) 对盘亏的固定资产净损失经批准后应记入(　　)账户的借方。

　　A. 制造费用　　　　B. 生产成本　　　　C. 营业外支出　　　D. 管理费用

(24) 对银行存款进行清查时,应将(　　)与银行对账单逐笔核对。

　　A. 银行存款总账　　　　　　　　　B. 银行存款日记账

　　C. 库存现金总账　　　　　　　　　D. 现金日记账

(25) 出纳人员每天工作结束前都要将现金日记账与库存现金实存数核对,这属于(　　)。

　　A. 账账核对　　　　B. 账证核对　　　　C. 账实核对　　　D. 账表核对

(26) 库存现金清查中对无法查明原因的长款,经批准应记入(　　)账户。

　　A. 其他应收款　　　B. 其他应付款　　　C. 营业外收入　　　D. 管理费用

(27) 财产清查是用来检查(　　)的一种专门方法。

　　A. 账实是否相符　　B. 账账是否相符　　C. 账表是否相符　　D. 账证是否相符

(28) 某企业在遭受洪灾后,对其受损的财产物资进行的清查,属于(　　)。

　　A. 局部清查和定期清查　　　　　　B. 全面清查和定期清查

　　C. 局部清查和不定期清查　　　　　D. 全面清查和不定期清查

(29) 以下情况中,宜采用局部清查的是(　　)。

　　A. 年终决算前进行的清查　　　　　B. 企业清产核资时进行的清查

　　C. 企业更换存货保管人员时　　　　D. 企业改组为股份制企业前进行清查

　(30) 企业 2015 年 12 月 31 日银行存款日记账的余额为 150 000 元,经逐笔核对,未达账项如下:银行已收,企业未收的 92 000 元;银行已付,企业未付的 2 000 元。调整后的企业银行存款余额应为(　　)元。

　　　A. 240 000　　　　B. 60 000　　　　C. 56 000　　　　D. 244 000

　(31) 某企业本期期末盘亏原材料原因已经查明,属于自然损耗,经批准后,会计人员应编制的会计分录为(　　)。

　　A. 借:待处理财产损溢　　　　　　　B. 借:待处理财产损溢

　　　　贷:原材料　　　　　　　　　　　　贷:管理费用

  C. 借: 管理费用   D. 借: 营业外支出

    贷: 待处理财产损溢   贷: 待处理财产损溢

(32) 在财产清查中,实物盘点的结果应如实登记在( )。

  A. 盘存单   B. 账存实存对比表   C. 对账单   D. 盘盈盘亏报告表

(33) 下列各项中,采用与对方核对账目的方法清查的是( )。

  A. 固定资产   B. 存货   C. 库存现金   D. 往来款项

(34) 在企业与银行双方记账无误的情况下,银行存款日记账与银行对账单余额不一致是由于有( )存在。

  A. 应收账款   B. 应付账款   C. 未达账项   D. 其他货币资金

(35) 银行对账单余额为 56 000 元,调整前企业已收、银行未收的款项为 2 000 元,银行已收、企业未收款项为 1 200 元,企业已付、银行未付款项为 3 000 元。则调整后银行存款余额为( )元。

  A. 56 200   B. 55 000   C. 58 000   D. 51 200

(36) 某企业本期发生的原材料盘亏现查明原因,属于自然灾害导致,经批准后,会计人员应编制的会计分录为( )。

  A. 借: 待处理财产损溢   B. 借: 待处理财产损溢

    贷: 原材料   贷: 管理费用

  C. 借: 管理费用   D. 借: 营业外支出

    贷: 待处理财产损溢   贷: 待处理财产损溢

(37) 更换出纳人员,应对其保管的库存现金进行清查,这种财产清查属于( )。

  A. 全面清查和定期清查   B. 局部清查和不定期清查

  C. 全面清查和不定期清查   D. 局部清查和定期清查

(38) 单位主要负责人调离工作前进行的财产清查,应属于( )。

  A. 重点清查   B. 全面清查   C. 局部清查   D. 定期清查

(39) 对于应收账款进行清查应采用的方法是( )。

  A. 技术推算法   B. 实地盘点法   C. 发函询证法   D. 抽查法

(40) 库存现金清查盘点时,( )必须在场。

  A. 记账人员   B. 出纳人员   C. 单位领导   D. 会计主管

(41) 单位撤销、合并所进行的清查按时间分类,属于( )。

  A. 全面清查   B. 局部清查   C. 定期清查   D. 不定期清查

(42) 对企业与其开户银行之间的未达账项,进行账务处理的时间是( )。

  A. 编好银行存款余额调节表时   B. 查明未达账项时

  C. 收到银行对账单时   D. 实际收到有关结算凭证时

(43) 下列项目中,清查时应采用实地盘点法的是( )。

  A. 应收账款   B. 应付账款   C. 银行存款   D. 固定资产

(44) 库存现金盘点时发现短缺,则应借记的会计科目是( )。

  A. 库存现金   B. 其他应付款

　　　　C. 待处理财产损溢　　　　　　　　　　D. 其他应收款

(45) 对库存现金的清查应采用的方法是(　　)。

　　　　A. 实地盘点法　　　　B. 技术推算法　　　　C. 倒挤法　　　　D. 抽查法

2. 多项选择题

(1) 银行存款日记账余额与银行对账单余额不一致，原因可能有(　　)。

　　　　A. 银行存款日记账记账有误　　　　　　B. 银行记账有误

　　　　C. 存在未达账项　　　　　　　　　　　D. 存在企业与银行均未付的款项

(2) 下列各项中，企业应对其财产进行全面清查的有(　　)。

　　　　A. 年终决算前　　　　　　　　　　　　B. 企业进行股份制改造前

　　　　C. 更换仓库保管员　　　　　　　　　　D. 开展全面的资产评估前

(3) 下列记录中，可以作为调整账面金额的原始凭证有(　　)。

　　　　A. 盘存单　　　　　　　　　　　　　　B. 实存账存对比表

　　　　C. 银行存款余额调节表　　　　　　　　D. 现金盘点报告表

(4) 对于盘亏、毁损的存货，经批准后进行账务处理时，可能涉及的借方科目有(　　)。

　　　　A. 其他应收款　　　　　　　　　　　　B. 营业外支出

　　　　C. 管理费用　　　　　　　　　　　　　D. 原材料

(5) 下列业务中需要通过"待处理财产损溢"账户核算的有(　　)。

　　　　A. 库存现金丢失　　　　　　　　　　　B. 原材料盘亏

　　　　C. 发现账外固定资产　　　　　　　　　D. 应收账款无法收回

(6) 与"待处理财产损溢"科目借方发生额有对应关系的账户可能有(　　)。

　　　　A. 原材料　　　　　　B. 固定资产　　　　　C. 应收账款　　　　　D. 库存商品

(7) 下列未达账项中，使企业银行存款日记账的余额小于银行对账单余额的未达账项的
有(　　)。

　　　　A. 企业已收款记账而银行尚未收款记账

　　　　B. 企业已付款记账而银行尚未付款记账

　　　　C. 银行已收款记账而企业尚未收款记账

　　　　D. 银行已付款记账而企业尚未付款记账

(8) 财产清查按清查的时间可分为(　　)。

　　　　A. 定期清查　　　　　　B. 不定期清查　　　　C. 全面清查　　　　D. 局部清查

(9) 财产清查按清查范围可分为(　　)。

　　　　A. 定期清查　　　　　　B. 不定期清查　　　　C. 全面清查　　　　D. 局部清查

(10) "待处理财产损溢"账户借方登记的有(　　)。

　　　　A. 等待批准处理的财产盘亏、毁损

　　　　B. 经批准转销的财产盘亏、毁损

　　　　C. 等待批准处理的财产盘盈

　　　　D. 经批准转销的财产盘盈

(11) 假设不存在记账错误，关于银行存款余额调节表，下列说法正确的有(   )。

    A. 调节后的余额表示企业可以实际动用的银行存款数额

    B. 该表是通知银行更正错误的依据

    C. 不能够作为调整本单位银行存款日记账记录的原始凭证

    D. 是更正本单位银行存数日记账记录的依据

(12) 财产清查的意义有(   )。

    A. 确保会计资料真实可靠

    B. 保护财产物资的安全完整

    C. 提高资金使用效能

    D. 建立健全规章制度，提高企业管理水平

(13) 下列内容中，属于结账工作的有(   )。

    A. 结算有关账户的本期发生额及期末余额

    B. 编制试算平衡表

    C. 清点库存现金

    D. 按照权责发生制对有关账项进行调整

(14) 对账的内容一般包括(   )。

    A. 账证核对   B. 账账核对   C. 账实核对   D. 账表核对

(15) 错账更正的方法一般有(   )。

    A. 平行登记法   B. 划线更正法   C. 补充登记法   D. 红字更正法

3. 判断题

(1) 对需要按月进行月结的账簿，结账时，应在"本月合计"字样下面通栏划单红线，而不是划双红线。(   )

(2) 年度终了，各种账户在结转下年、建立新账后，一般都要把旧账送交主办会计集中统一管理。(   )

(3) 备查账簿不必每年更换新账，可以连续使用。(   )

(4) 会计部门的财产物资明细账期末余额与财产物资使用部门的财产物资明细账期末余额相核对，属于账实核对。(   )

(5) 由于记账凭证错误而造成的账簿记录错误，应采用划线更正法进行更正。(   )

(6) 如果在结账前发现账簿记录有文字或数字错误，而记账凭证没有错误，则可采用划线更正法，也可采用红字更正法。(   )

(7) 对需要结计本年累计发生额的账户，结计"过次页"的本页合计数应为年初起至本月末止的累计数。(   )

(8) 红字更正法适用于记账凭证所记会计科目错误，或者会计科目无误而所记金额大于应记金额，从而引起的记账错误。(   )

(9) 所有账簿，每年必须更换新账。(   )

(10) 补充登记法一般适用于记账凭证所记会计科目无误，只是所记金额大于应记金额，从而引起的记账错误。(   )

(11) 每年年初，除了少数明细账不必更换新账外，总账、日记账和大部分明细账，都必须更换新账。(　　)

(12) 从财产清查的对象和范围看，全面清查只有在年终进行。(　　)

(13) 经批准转销固定资产盘亏净损失时，账务处理应借记"营业外支出"账户，贷记"固定资产清理"账户。(　　)

(14) 企业对于与外部单位往来款项的清查，一般采取编制对账单寄送给对方单位的方式进行，因此属于账账核对。(　　)

(15) 银行存款余额调节表只是为了核对账目，并不能作为调整银行存款账面余额的原始凭证。(　　)

(16) 存货盘亏的净损失一律记入"管理费用"科目。(　　)

知识目标

- 了解会计报表
- 掌握资产负债表的内容、结构和编制方法
- 掌握利润表的内容、结构和编制方法

技能目标

- 能够填列资产负债表部分项目
- 能够填列利润表部分项目

导入案例

老王的选择

老王是一名新股民，对浙江明鑫股份一见钟情。该公司 20××年 04 月 15 日会计资料显示，20××年浙江明鑫股份有限公司总资产为 28.09 亿元，每股净资产 2.033 5 元，净资产收益率 9.09%，主营业务收入 51.96 亿元，净利润 9 344.33 万元，每股收益 0.18 元，股东权益 10.28 亿元，其总资产在行业中排名为第三名，主营业务收入 51.96 亿元，在行业中排名为第 4 名，净利润同比增长 4.22%，在行业中排名第八，2006 年年度利润分配预案：每 10 股派 1 元(含税)。

讨论：

老王应该如何选择？以上帮助他做出选择的会计信息是通过什么会计资料提供给信息使用者的？

任务一　认识会计报表

任务引入

完成对账和结账后，会计工作就将进入最后一个环节——编制报表，要编制报表，首先需要认识报表。

> ➤ 任务 1: 了解财务会计报告的定义和构成。
> ➤ 任务 2: 了解会计报表的种类。
> ➤ 任务 3: 了解编制报表的要求。

任务分析

本任务主要是要了解财务会计报告中主要组成部分——会计报表,从会计报表的分类及填制要求两方面来认识会计报表。

知识链接

一、财务会计报告的含义

财务会计报告,是企业对外提供的反映企业某一特定日期财务状况和某一会计期间经营成果、现金流量等会计信息的文件。它是会计核算工作的最终成果,是企业对外提供会计信息的主要形式。

企业根据发生的经济业务,编制记账凭证,并据以登记账簿,这称为日常的会计核算。但这些账户中所记录的信息所反映的还只是企业生产经营过程中某一个片断和某一方面的情况,信息使用者尤其是外部信息使用者不便于也不可能通过企业的账簿来了解企业的会计信息,以帮助他们做出决策。因此,还必须进一步加工提炼,编制财务会计报告,使其转化成容易为企业外部人士接受并符合他们需要的信息,提供反映企业财务状况、经营成果方面的指标给会计信息的使用者。

二、财务会计报告的作用

提供正确、及时、完整的财务会计报告,对满足各使用者的需要具有重要作用。

(1) 对企业本身来说,有利于企业对经营活动进行分析、考核、评价,并且利用财务会计报告提供的信息资料,进行经济预测和决策,不断提高企业的经营管理水平与经济效益。

(2) 对投资人、债权人和其他利害关系人来说,通过财务会计报告所披露的信息数据,可以了解企业的财务状况和偿债能力,作为投资、贷款和贸易的决策依据。

(3) 对财政、税务、审计及企业上级主管部门来说,通过财务会计报告,可以了解企业经营资金的构成及使用是否合理,检查企业应交税费是否及时、足额缴库,监督企业有无违法违纪问题,考核企业各项经济政策贯彻执行情况,从而更好地发挥宏观调控与经济监督的作用。

三、财务会计报告的构成

财务会计报告一般由会计报表、报表附注和财务情况说明书 3 部分构成。

会计报表是财务会计报告的主要组成部分,它是根据会计账簿和有关资料,按照规定的报表格式,总括反映一定期间的经济活动和财务收支情况及其结果的一种报告文件。企业向外提供的会计报表主要包括:资产负债表、利润表、现金流量表、所有者权益变动表以及有关附表。

会计报表附注是为了便于会计报表使用者理解会计报表的内容而对会计报表的编制基础、编制依据、编制原则和方法及主要项目等所做的解释。

财务情况说明书是对企业一定会计期间生产经营以及财务、成本情况进行分析说明的书面文字报告。

四、会计报表的分类

会计报表可以根据需要，按照不同的标准进行分类。

(1) 按照会计报表反映的内容，可以分为动态会计报表和静态会计报表。

(2) 按照会计报表的编制时间，可以分为月报、季报、半年报和年报。

(3) 按照会计报表的编制单位，可以分为基层会计报表和汇总会计报表。

(4) 按照会计报表的服务对象，可以分为内部会计报表和外部会计报表。

(5) 按照母、子公司之间的关系，可以分为个别会计报表和合并会计报表。

五、会计报表的编制要求

企业的会计报表有两大类，一类为对外报送的报表，为正确传送这些信息，应按照会计准则的要求来确认、计量和报告各项会计信息，因而其具体种类、格式和编制方法，由会计准则作出规定。另一类为企业内部管理服务的报表，其具体种类、格式和编制方法由企业自行决定，在会计准则中没有统一规范。

为了报表使用者能够清楚全面地了解到企业的财务状况、经营成果和现金流量等的变动情况，会计报表的编制应当做到数字真实、计算准确、内容完整、报送及时，符合企业会计准则的有关规定。

(1) 数字真实。会计报表应如实反映企业的财务状况、经营成果、现金流量等会计信息，不得弄虚作假。

(2) 计算准确。虽然会计账簿记录是编制会计报表的依据，但报表中有相当一部分内容是需要采用一定的方法计算填列的，为了保证会计报表的信息质量，必须要求报表项目计算准确，不能有误。

(3) 内容完整。对外报送的报表必须按照国家统一格式和内容要求填列，不得漏报会计报表，也不得漏填报表项目。

(4) 报送及时。根据会计准则规定，月度财务会计报告在月份终了 6 日内(节假日顺延)对外报出，季度财务会计报告在季度终了 15 日内对外报出，半年度财务会计报告在半年度终了 60 日内对外报出，年度财务会计报告在年度终了 4 个月内对外报出。

思考与讨论

1. 财务会计报告由哪几部分构成？

2. 会计报表种类有哪些？

实训题

找一张《中国证券报》，比较两家上市公司的报表，简单说说它们的财务状况和经营成果。

案例分析

青岛海尔股份有限公司成立于 1989 年 4 月 28 日。公司于 1993 年 10 月 12 日向社会公开发行股票，并于 11 月 19 日在上海证券交易所上市交易。上市十多年来，公司取得了长足的发展，主营业务收入由上市初的 6.8 亿元增长到 2003 年的 116.88 亿元，每股收益在股本大比例扩张的情况下由 1993 年的 0.41 元逐年提高到 2003 年的 0.46 元。同时，公司由原先只生产电冰箱这一个产品扩展到目前涉及电冰箱、空调、冷柜、系列小家电、滚筒洗衣机、电脑板、注塑件、电子商务等业务。公司良好的业绩也渐为广大投资者所认同，公司挂牌后，"青岛海尔"连续入围上证 180 指数和道琼斯中国 88 指数，连续入选"上市公司 50 强"、"中证亚商中国最具发展潜力上市公司 50 强"……在中央电视台"经济半小时"栏目与国际最具权威的会计师事务所——普华永道共同对 2001 年度"中国令人尊敬的上市公司"评选中，青岛海尔一枝独秀，得票高居榜首，是证券市场蓝筹绩优股的典型代表……

分析：

类似上述这样关于一个公司的介绍，跟会计有关系吗？

任务二 编制报表

任务引入

认识报表后，作为一名会计人员，如何编制报表是接踵而来的问题。

> 任务 1：资产负债表项目填列。
> 任务 2：利润表项目填列。

任务分析

作为会计初学者，本任务是在了解资产负债表和利润表的内容、结构基础上，掌握资产负债表和利润表项目填列方法，能够初步学会资产负债表和利润表的编制。

知识链接

一、资产负债表

1. 资产负债表的意义

资产负债表是反映企业在某一特定日期的财务状况的会计报表。它是根据"资产＝负债＋所有者权益"这一会计等式，依照一定的分类标准和顺序，将企业在一定日期的全部资产、负债和所有者权益项目进行适当分类、汇总、排列后编制而成的。它反映的是企业在某个时点上的财务状况，因此又称为静态报表。

通过编制资产负债表，可以反映企业资产的构成及其状况，分析企业在某一日期所拥有的经济资源及其分布情况；可以反映企业某一日期的负债总额及其结构，分析企业目前与未来需要支付的债务数额；可以反映企业所有者权益的情况，了解企业现有的投资者在企业资产总额中所占的份额。通过资产负债表，可以帮助报表使用者全面了解企业的财务状况，分析企业的债务偿还能力，从而为未来的经济决策提供参考信息。

2. 资产负债表的内容

资产负债表基本内容分为资产、负债和所有者权益三类项目。

(1) 资产类项目以流动性作为项目排列标准。按照流动资产、非流动资产进行分类并分项列示。

① 流动资产项目。包括库存现金及存款、应收账款、应收票据、预付账款、其他应收款、存货等。

② 非流动资产项目。包括固定资产、在建工程、无形资产等。

(2) 负债类项目以偿还期限的长短作为项目排列标准。按照流动负债、非流动负债进行分类并分项列示。

① 流动负债项目。包括短期借款、应付票据、应付账款、预收账款、应付职工薪酬、应交税费、应付利润、其他应付款等。

② 非流动负债项目。包括长期借款、应付债券、长期应付款等。

(3) 所有者权益类项目以其永久性程度的高低作为项目排列标准。一般按照实收资本、资本公积、盈余公积、未分配利润等项目分别列示。

(4) 资产负债表的补充资料部分，列示和说明资产负债表中有关重要项目的明细资料以及其他有助于理解和分析资产负债表的事项。

3. 资产负债表的结构

我国企业的资产负债表通常包括表头、表体和表尾。表头主要包括资产负债表的名称、编制单位、编制日期和金额单位；表体包括各项资产、负债和所有者权益的年初余额和期末余额，是资产负债表的基本结构部分；表尾主要包括补充资料等。

资产负债表的格式主要有账户式和报告式两种。我国企业的资产负债表采用账户式结构。账户式资产负债表分左右两方，左方为资产项目，按照资产的流动性强弱排列。右方为负债及所有者权益项目，一般按照要求清偿时间的先后顺序排列。报表左方合计数等于报表右方合计数，即资产总额等于负债和所有者权益总额合计。该报表结构的特点在于突出报表项目的平衡关系，如表6-1所示。

表6-1　资产负债表

编制单位：××公司　　　　　　　　　　200×年×月×日　　　　　　　　　　单位：万元

资　　产	期　末　数	期　初　数	负债及所有者权益	期　末　数	期　初　数
流动资产			流动负债		
			非流动负债		
非流动资产			负债合计		
			所有者权益合计		
资产合计			负债及所有者权益合计		

4. 资产负债表的编制方法

(1) 根据总分类账户的余额直接填列。如：应收票据、其他应收款、固定资产原价、累计折旧、短期借款、应付票据、应付职工薪酬、应交税费、长期借款、实收资本、资本公积、盈余公积等项目。

(2) 根据同类总账科目期末余额计算填列。当报表项目与账户名称不完全一致时，应根据报表项目和有关账户的关系计算填列。如"货币资金"项目,根据"库存现金"、"银行存款"和"其他货币资金"的期末余额合计数计算填列。"存货"根据"库存商品"、"原材料"、"生产成本"等期末余额合计数计算填列,计算公式如下所示。

(3) 根据总账科目的有关明细科目期末余额分析填列。资产负债表中有些项目,如"应收账款"、"应付账款"等,应根据相关的若干个明细分类账户的余额分析计算填列。

$$\text{"应收账款"} = \text{"应收账款" 所属明细科目借方余额} + \text{"预收账款" 科目的借方余额} \quad (6\text{-}1)$$
$$\text{"预收账款"} = \text{"预收账款" 所属明细科目贷方余额} + \text{"应收账款" 科目的贷方余额} \quad (6\text{-}2)$$
$$\text{"应付账款"} = \text{"应付账款" 所属明细科目贷方余额} + \text{"预付账款" 科目的贷方余额} \quad (6\text{-}3)$$
$$\text{"预付账款"} = \text{"预付账款" 所属明细科目借方余额} + \text{"应付账款" 科目的借方余额} \quad (6\text{-}4)$$

(4) 根据总分类科目和明细科目的余额分析计算填列。"长期借款"项目,应根据"长期借款"总账科目的余额,减去所属明细科目中将于一年内到期的部分填列;"应付债券"项目,应根据"应付债券"总账科目的余额,减去所属明细科目中将于一年内到期的部分填列。

(5) 根据总账科目与备抵科目抵消后的净额填列。如"存货"项目,应根据"材料采购"、"原材料"、"材料成本差异"、"库存商品"、"周转材料"等科目期末余额,减去"存货跌价准备"科目余额后的金额填列;"持有至到期投资"项目,应根据"持有至到期投资"科目期末余额,减去"持有至到期投资减值准备"科目余额后的金额填列。

【例6-1】某企业12月31日有关总分类账户余额如下(单位:元):

库存现金500(借)、银行存款100 000(借)

原材料3 000(借)、生产成本5 400(借)

固定资产3 200 000(借)

库存商品82 000(借)

累计折旧800 000(贷)

应交税费8 000(借)

则资产负债表项目数额如下所示:

货币资金项目=500+100 000=100 500(元)

固定资产净值项目=3 200 000-800 000=2 400 000(元)

存货项目=3 000+5 400+82 000=90 400(元)

应交税费项目=-8 000(元)

【例6-2】表6-2为天津正东公司2015年12月31日的资产负债表。

表6-2 资产负债表

会企01表

编制单位:天津正东公司　　　　　　　2015年12月31日　　　　　　　　单位:元

资　产	期末余额	期初余额	负债和所有者权益	期末余额	期初余额
流动资产:			流动负债:		
货币资金	1 857 241	1 027 689	短期借款	40 000	40 000
交易性金融资产	80 500	80 500	交易性金融负债		
应收票据	360 800	305 740	应付票据	347 640	240 000

（续表）

资　产	期末余额	期初余额	负债和所有者权益	期末余额	期初余额
应收账款	458 656	476 451	应付账款	113 139	48 555
预付账款		40 000	预收账款		100 000
应收利息			应付职工薪酬	71 204	34 000
应收股利			应交税费	301 919	143 000
其他应收款	7 500	4 200	应付利息	12 700	13 000
存货	613 851	717 800	应付股利	100 000	
一年内到期的非流动资产			其他应付款		
其他流动资产			一年内到期的非流动负债		
流动资产合计	3 378 548	2 652 380	其他流动负债		
非流动资产：			流动负债合计	986 602	618 555
可供出售金融资产			非流动负债：		
持有至到期投资			长期借款	200 000	200 000
长期应收款			应付债券		
长期股权投资	67 000	67 000	长期应付款		
投资性房地产			专项应付款		
固定资产	2 810 793	2 649 175	预计负债		
在建工程			递延所得税负债		
工程物资			其他非流动负债		
固定资产清理			非流动负债合计	200 000	200 000
生产性生物资产			负债合计	1 186 602	818 555
油气资产			所有者权益：		
无形资产	19 660		实收资本	3 100 000	2 800 000
开发支出			资本公积	180 000	180 000
商誉			减：库存股		
长期待摊费用			盈余公积	245 940	170 000
递延所得税资产			未分配利润	1 563 459	1 400 000
其他非流动资产			所有者权益合计	5 089 399	4 550 000
非流动资产合计	2 897 453	2 716 175			
资产合计	6 276 001	5 368 555	负债和所有者权益合计	6 276 001	5 368 555

二、利润表

1. 利润表的意义

利润表是反映企业一定期间经营成果的会计报表，也称为动态报表，它是依据"营业利润＋营业外收入－营业外支出＝利润总额"的计算公式为基础编制的。

通过利润表可以从总体上了解企业收入、成本和费用、净利润(或亏损)的实现及构成情况；同时，通过利润表提供的不同时期的比较数字(本月数、本年累计数、上年数)，可以分析企业的获利能力及利润的未来发展趋势，了解投资者投入资本的保值增值情况。

2. 利润表的内容和结构

利润表的基本内容包括收入、费用和利润三大项目。

目前，应用比较普遍的利润表的结构有多步式利润表和单步式利润表两种。

(1) 单步式利润表。单步式利润表是指将所有收入和所有费用分别相加，再将两个加总数相减得出净利润。这种利润表因为只有一个收入与费用相减的步骤，故称为单步式利润表。单步式利润表实际上是将"收入－费用＝利润"这一基本会计等式予以表格化。

单步式利润表的优点是比较直观、简单、易于编制，其缺点则在于没能反映出各类收入与费用之间的配比关系，无法揭示出各构成要素之间的内在联系，不便于会计报表使用者进行分析，也不利于同行业之间的报表比较。在我国，单步式利润表主要用于那些业务比较简单的服务咨询行业和某些实行企业化管理的事业单位。

(2) 多步式利润表。多步式利润表，是将利润表上的收入、费用项目加以分类，在从营业收入到净利润的计算过程中，经过营业利润、利润总额等几次中间性计算的利润表。

其优点在于，通过列示中间性利润数据，分步反映净利润的计算过程，准确地揭示了净利润各构成要素之间的内在联系，提供了比单步式利润表更为丰富的财务信息，便于报表使用者进行盈利分析，能够满足现在和潜在的投资者、债权人对企业财务信息的需求。多步式利润表如表6-3所示。

表6-3 利润表

编制单位：　　　　　　　　　　年　月

项　目	本　月　数	本年累计数
一、营业收入		
减：营业成本		
营业税金及附加		
销售费用		
管理费用		
财务费用		
资产减值损失		
加：公允价值变动收益(损失以"－"号填列)		
投资收益(损失以"－"号填列)		
二、营业利润		
加：补贴收入		
营业外收入		
减：营业外支出		
三、利润总额(净亏损以"－"号填列)		
减：所得税费用		

(续表)

项　　目	本　月　数	本年累计数
四、净利润(净亏损以"－"号填列)		
五、每股收益		
（一）基本每股收益		
（二）稀释每股收益		

3．利润表的编制方法

(1) 报表中的"本月数"栏反映各项目的本月实际发生数；在编报中期财务会计报告时，填列上年同期累计实际发生数；在编报年度财务会计报告时，填列上年全年累计实际发生数，并将"本月数"栏改成"上年数"栏。如果上年度利润表的项目名称和内容与本年度利润表不相一致，应对上年度利润表项目的名称和数字按本年度的规定进行调整，填入报表的"上年数"栏。在编报中期和年度财务会计报告时，应将"本月数"栏改成"上年数"栏。

报表中的"本年累计数"栏反映各项目自年初起至报告期末止的累计实际发生数。

(2) 报表各项目主要根据各损益类科目的发生额分析填列。

【例6-3】南方公司2015年有关损益科目发生额如表6-4所示。根据这些资料编制的2015年该公司利润表如表6-5所示。

表6-4　科目发生额表

单位：元

科　目　名　称	借方发生额	贷方发生额
主营业务收入		800 000
主营业务成本	460 000	
营业税金及附加	24 000	
其他业务收入		40 000
其他业务成本	25 000	
销售费用	35 000	
管理费用	50 000	
财务费用	15 000	
投资收益		15 000
营业外收入		2 000
营业外支出	8 000	
所得税费用	79 200	

表6-5　利润表

编制单位：南方公司　　　　　　　　　　2015年　　　　　　　　　　　单位：元

项　　目	行　　次	本月数(略)	本年累计数
一、营业收入	1		840 000
减：营业成本	4		485 000
营业税金及附加	5		24 000
销售费用	6		35 000

(续表)

项 目	行 次	本月数(略)	本年累计数
管理费用	7		50 000
财务费用	9		15 000
加：投资收益(损失以"—"号填列)	10		15 000
二、营业利润(亏损以"—"号填列)	11		246 000
加：营业外收入	12		2 000
减：营业外支出	13		8 000
三、利润总额(亏损总额以"—"号填列)	14		240 000
减：所得税费用	15		79 200
四、净利润(净亏损以"—"号填列)	16		160 800

 思考与讨论

1. 资产负债表的内容与结构。
2. 利润表的内容与结构。

 实训题

1. 资产负债表的编制。

(1) 实训资料：海通公司 2015 年 12 月 31 日全部账户余额如表 6-6 所示的资料。

表 6-6 总分类账户余额表

编制单位：海通公司　　　　　　　　2015 年 12 月 31 日　　　　　　　　单位：元

总 账	借方余额	贷方余额	总 账	借方余额	贷方余额
库存现金	870		短期借款		70 000
银行存款	218 000		应付票据		16 200
应收票据	50 000		应付账款		20 000
原材料	94 500		预收账款		49 000
库存商品	66 000		其他应付款		8 800
低值易耗品	10 000		应交税费		28 900
待摊费用	910		预提费用		1 580
长期股权投资	190 000		利润分配	12 550	
固定资产	490 000		实收资本		454 000
累计折旧		324 000	盈余公积		116 000
在建工程	90 000		长期借款		219 000
无形资产	110 000		本年利润		25 350
合计	1 320 280	324 000	合计	12 550	1 008 830

(2) 实训要求：根据上述资料，编制该公司当年度的资产负债表，将表 6-7 填写完整。

表 6-7　资产负债表

编制单位：海通公司　　　　　　　　2015 年 12 月 31 日　　　　　　　　单位：元

资　产	行　次	期　末　数	负债和所有者权益(或股东权益)	行　次	期　末　数
流动资产：			流动负债：		
货币资金	1		短期借款	68	
交易性金融资产	2		应付票据	69	
应收票据	3		应付账款	70	
应收账款	6		预收账款	71	
其他应收款	7		应付职工薪酬	72	
预付账款	8			73	
存货	10		应付股利	74	
待摊费用	11		应交税费	75	
一年内到期的长期债权投资	21		其他应交款	80	
其他流动资产	24		其他应付款	81	
流动资产合计	31		预提费用	82	
长期投资：			一年内到期的长期负债	86	
长期股权投资	32		流动负债合计	100	
	34		长期负债：		
固定资产：	38		长期借款	101	
固定资产原值	39		应付债券	102	
减：累计折旧	40		长期应付款	103	
固定资产净值	41		其他长期负债	108	
固定资产清理	43		长期负债合计	110	
在建工程	45		负债合计	114	
固定资产合计	50		所有者权益：		
无形资产及其他资产：			实收资本	115	
无形资产	51		资本公积	118	
长期待摊费用	52		盈余公积	119	
其他长期资产	53		未分配利润	121	
无形资产及其他资产合计	60		所有者权益合计	122	
资产总计	67		负债和所有者权益总计	135	

2. 利润表编制实训。

(1) 实训资料：海通公司 2015 年 12 月有关损益类账户的发生额如表 6-8 所示的资料。

表 6-8　损益类账户发生额

单位：元

账　户　名　称	借方发生额	贷方发生额
主营业务收入		198 000
主营业务成本	102 400	
营业税金及附加	13 200	

(续表)

账 户 名 称	借方发生额	贷方发生额
销售费用	5 000	
管理费用	9 550	
其他业务收入		7 216
营业外收入		2 180
营业外支出	546	
所得税费用	25 311	

(2) 实训要求：编制该公司当月利润表，如表 6-9 所示。

表 6-9　利润表

编制单位：海通公司　　　　　　　　　　2015 年 12 月　　　　　　　　　　单位：元

项　　目	行　次	本　月　数	本年累计数
一、营业收入			
减：营业成本			
营业税金及附加			
销售费用			
财务费用			
管理费用			
资产减值损失			
加：公允价值变动收益(损失以"－"号填列)			
投资收益(损失以"－"号填列)			
二、营业利润(亏损以"－"号填列)			
加：营业外收入			
减：营业外支出			
三、利润总额(亏损以"－"号填列)			
减：所得税费用			
四、净利润(亏损以"－"号填列)			

案例分析

ABC 公司会计员辞职

ABC 公司的总裁刘菲菲向她的一位朋友发出了下面的请求。

我的会计员辞职了，我想了解公司的资产负债表。会计员走的时候留下了一本账簿，有关的数据都已经登记好了。你愿意帮助我编制一份资产负债表吗？如果你能就这些数据发表一些你的意见，我将非常感谢。会计员还告诉我 2016 年 6 月份的净收益是 19 635 元。

那本账簿包含了每笔交易的明细记录，她的朋友能够从中复印出月初和月末的账户余额，如表 6-10 所示。刘菲菲拥有 ABC 公司的全部股份。6 月底，刘菲菲支付给自己 11 700 元股利，她把这笔钱用于偿还她向公司借的钱。

表 6-10 2016 年 6 月 ABC 公司账户余额表

单位：元

项 目	6 月 1 日	6 月 30 日
应付账款	8 517	21 315
应收账款	21 798	26 505
应付工资	1 974	2 202
房屋累计折旧	156 000	157 950
设备累计折旧	5 304	5 928
短期借款	8 385	29 250
房屋	585 000	585 000
股本	390 000	390 000
现金	34 983	66 660
设备(成本)	13 260	36 660
土地	89 700	89 700
商品存货	29 835	26 520
应收票据	11 700	0
其他非流动资产	7 308	8 091
其他非流动负债	2 451	2 451
留存收益	221 511	229 446
其他物料	5 559	6 630
应交税费	5 700	7 224

分析：

假设您是她的朋友，请为她做以下工作。

(1) 用正确的格式编制 6 月 1 日与 6 月 30 日的资产负债表。

(2) 比较 6 月初与 6 月末的财务状况并发表评论。

分析：

为什么 6 月份的净收益没有增加足够多的留存收益？

 会计从业资格考试同步练习

1. 单项选择题

(1) 依照我国的会计准则，利润表采用的格式为(   )。

　　A. 单步式　　　　　　B. 多步式　　　　　　C. 账户式　　　　　D. 混合式

(2) 下列各项中，属于长期负债项目的是(   )。

　　A. 应付票据　　　　　B. 长期借款　　　　　C. 应付股利　　　　D. 应付职工薪酬

(3) 依照我国的会计准则，资产负债表采用的格式为(   )。

　　A. 单步报告式　　　　B. 多步报告式　　　　C. 账户式　　　　　D. 混合式

(4) 资产负债表是反映企业(   )财务状况的财务报表。

　　A. 某一特定日期　　　B. 一定时期内　　　　C. 某一年份内　　　D. 某一月份内

(5) 在下列各个财务报表中，属于企业对外提供的静态报表是(　　)。

　　A. 利润表　　　　　　　　　　　　B. 所有者权益变动表

　　C. 现金流量表　　　　　　　　　　D. 资产负债表

(6) 某企业 2012 年 12 月 31 日编制的年度利润表中"本期金额"一栏反映了(　　)。

　　A. 12 月 31 日利润或亏损的形成情况　　B. 12 月累计利润或亏损的形成情况

　　C. 本年度利润或亏损的形成情况　　　　D. 第 4 季度利润或亏损的形成情况

(7) "应收账款"科目所属明细科目如有贷方余额，应在资产负债表(　　)项目中反映。

　　A. 预付款项　　　　B. 预收款项　　　　C. 应收账款　　　D. 应付账款

(8) 编制财务报表时，以"资产＝负债＋所有者权益"这一会计等式作为编制依据的财务报表是(　　)。

　　A. 利润表　　　　　　　　　　　　B. 所有者权益变动表

　　C. 资产负债表　　　　　　　　　　D. 现金流量表

(9) 编制财务报表时，以"收入－费用＝利润"作为编制依据的财务报表是(　　)。

　　A. 利润表　　　　　　B. 所有者权益变动表　　C. 资产负债表　　D. 现金流量表

(10) 分析填列资产负债表中的各报表项目(　　)。

　　A. 都按有关账户期末余额直接填列

　　B. 必须对账户发生额和余额进行分析计算才能填列

　　C. 应根据有关账户的发生额填列

　　D. 有的项目可以直接根据账户期末余额填列，有的项目需要根据有关账户期末余额计算

(11) 某企业"应付账款"明细账期末余额情况如下："应付账款——X 企业"贷方余额为 200 000 元，"应付账款——Y 企业"借方余额为 180 000 元，"应付账款——Z 企业"贷方余额为 300 000 元。假如该企业"预付账款"明细账均为借方余额。则根据以上数据计算的反映在资产负债表中的"应付账款"项目的金额为(　　)元。

　　A. 680 000　　　　　B. 320 000　　　　　C. 500 000　　　　D. 80 000

(12) 下列各项中，属于直接根据总分类账户余额填列的资产负债表项目是(　　)。

　　A. 应付票据　　　　B. 应收账款　　　　C. 未分配利润　　D. 存货

(13) 在资产负债表中，资产按照其流动性排列时，下列排列方法正确的是(　　)。

　　A. 存货、无形资产、货币资金、交易性金融资产

　　B. 交易性金融资产、存货、无形资产、货币资金

　　C. 无形资产、货币资金、交易性金融资产、存货

　　D. 货币资金、交易性金融资产、存货、无形资产

(14) 下列资产项目中，属于非流动资产项目的是(　　)。

　　A. 应收票据　　　　B. 交易性金融资产　　C. 长期待摊费用　D. 存货

(15) 下列项目中，需要根据几个总账科目的期末余额进行汇总填列的是(　　)。

　　A. 应付职工薪酬　　B. 短期借款　　　　C. 货币资金　　　D. 资本公积

(16) 资产负债表中所有者权益部分是按照(　　)顺序排列的。

　　A. 实收资本、盈余公积、资本公积、未分配利润

B. 资本公积、实收资本、盈余公积、未分配利润

C. 资本公积、实收资本、未分配利润、盈余公积

D. 实收资本、资本公积、盈余公积、未分配利润

(17) 下列各项中，不会影响营业利润金额的是(　　)。

A. 资产减值损失　　　B. 财务费用　　　　C. 投资收益　　　D. 营业外收入

(18) 资产负债表中的"存货"项目，应根据(　　)。

A. "存货"账户的期末借方余额直接填列借方余额之和填列

B. "原材料"账户的期末借方余额直接填列

C. "原材料"、"生产成本"和"库存商品"等账户的期末借方余额之和减去"存货跌价准备"科目余额填列

D. "原材料"、"生产成本"和"库存商品"等账户的期末余额之和填列

(19) 可以反映企业的短期偿债能力和长期偿债能力的报表是(　　)。

A. 利润表　　　　　B. 所有者权益变动表　C. 资产负债表　　D. 现金流量表

(20) 利润表主要是根据(　　)编制的。

A. 资产、负债及所有者权益各账户的本期发生额

B. 资产、负债及所有者权益各账户的期末余额

C. 损益类各账户的本期发生额

D. 损益类各账户的期末余额

(21) 资产负债表中的资产项目应按其(　　)大小顺序排列。

A. 流动性　　　　　B. 重要性　　　　　　C. 变动性　　　　D. 营利性

(22) 财务报表中各项目数字的直接来源是(　　)。

A. 原始凭证　　　　B. 日记账　　　　　　C. 记账凭证　　　D. 账簿记录

(23) 资产负债表中的"应付账款"项目，应(　　)计算填列。

A. 直接根据"应付账款"科目的期末贷方余额

B. 根据"应付账款"科目的期末贷方余额和"应收账款"科目的期末借方余额

C. 根据"应付账款"科目的期末贷方余额和"应收账款"科目的期末贷方余额

D. 根据"应付账款"科目和"预付账款"科目所属相关明细科目的期末贷方余额

(24) 在利润表上，利润总额减去(　　)后得出净利润。

A. 管理费用　　　　B. 资产减值损失　　　C. 营业外支出　　D. 所得税费用

(25) H 公司年末"应收账款"科目的借方余额为 100 万元(其明细科目没有贷方余额)，"预收账款"科目贷方余额为 150 万元，其中，明细账的借方余额为 15 万元，贷方余额为 165 万元。"应收账款"对应的"坏账准备"期末余额为 8 万元，该企业年末资产负债表中"应收账款"项目的金额为(　　)万元。

A. 165　　　　　　B. 150　　　　　　　C. 115　　　　　D. 107

(26) 下列各项中，不会引起利润总额增减变化的是(　　)。

A. 销售费用　　　　B. 管理费用　　　　　C. 所得税费用　　D. 营业外支出

(27) ( )是指企业对外提供的反映企业某一特定日期财务状况和某一会计期间经营成果、现金流量等会计信息的文件。

    A. 资产负债表   B. 利润表   C. 附注   D. 财务会计报告

2. 多项选择题

(1) 利润表中的"营业成本"项目填列的依据有( )。

    A. "营业外支出"发生额   B. "主营业务成本"发生额

    C. "其他业务成本"发生额   D. "营业税金及附加"发生额

(2) 下列各项中,属于利润表提供的信息有( )。

    A. 实现的营业收入   B. 发生的营业成本

    C. 营业利润   D. 企业的净利润或亏损总额

(3) 下列各项中,属于资产负债表中流动资产项目的有( )。

    A. 货币资金   B. 预收款项   C. 应收账款   D. 存货

(4) 编制资产负债表时,需根据有关总账科目期末余额分析、计算填列的项目有( )。

    A. 货币资金   B. 预付款项   C. 存货   D. 短期借款

(5) 在编制资产负债表时,应根据总账科目的期末贷方余额直接填列的项目有( )。

    A. 应收利息   B. 交易性金融资产   C. 短期借款   D. 应付利息

(6) 多步式利润表可以反映企业的( )等项目。

    A. 所得税费用   B. 营业利润   C. 利润总额   D. 净利润

(7) 下列等式正确的有( )。

    A. 资产=负债+所有者权益

    B. 营业利润=主营业务收入+其他业务收入-主营业务成本-其他业务成本+投资收益+公允价值变动收益-营业外支出

    C. 利润总额=营业利润+营业外收入-营业外支出

    D. 净利润=利润总额-所得税费用

(8) 下列账户中,可能影响资产负债表中"应付账款"项目金额的有( )。

    A. 应收账款   B. 预收账款   C. 应付账款   D. 预付账款

(9) 资产负债表中,"预收款项"项目应根据( )总分类账户所属各明细分类账户期末贷方余额合计填列。

    A. 预付账款   B. 应收账款   C. 应付账款   D. 预收账款

(10) 资产负债表的相关项目,可以根据( )。

    A. 总账科目余额直接填列   B. 总账科目余额计算填列

    C. 记账凭证直接填列   D. 明细科目余额计算填列

(11) 企业财务会计报表按其编报的时间不同,分为( )。

    A. 半年度报表   B. 月度报表   C. 季度报表   D. 年度报表

(12) 下列各项中,列示在资产负债表左方的有( )。

    A. 固定资产   B. 无形资产   C. 非流动资产   D. 流动资产

(13) 下列各项中，列示在资产负债表右方的有(　　)。

  A. 非流动资产 B. 非流动负债 C. 流动负债 D. 所有者权益

(14) 下列各项中，会影响营业利润计算的有(　　)。

  A. 营业外收入 B. 营业税金及附加 C. 营业成本 D. 销售费用

(15) 下列各项中，属于影响利润总额计算的有(　　)。

  A. 营业收入 B. 营业外支出 C. 营业外收入 D. 投资收益

(16) 按现行制度规定，企业年度财务报表主要包括(　　)和附注。

  A. 资产负债表   B. 利润表

  C. 现金流量表   D. 所有者权益变动表

(17) 企业中期财务报表至少应当包括(　　)。

  A. 资产负债表 B. 利润表 C. 现金流量表 D. 附注

(18) 下列各项中，属于对财务会计报告编制要求的有(　　)。

  A. 真实可靠 B. 编报及时 C. 全面完整 D. 便于理解

(19) 下列各项中，属于资产负债表中流动负债项目的有(　　)。

  A. 应付职工薪酬 B. 应付股利 C. 应交税费 D. 应付票据

(20) 资产负债表中的"存货"项目反映的内容包括(　　)。

  A. 发出商品 B. 材料成本差异 C. 委托加工物资 D. 生产成本

(21) 资产负债表中的"预付款项"项目，应根据(　　)之和填列。

  A. "预付账款"明细科目的借方余额 B. "预付账款"明细科目的贷方余额

  C. "应付账款"明细科目的贷方余额 D. "应付账款"明细科目的借方余额

(22) 资产负债表中"应收账款"项目应根据(　　)之和减去"坏账准备"账户中有关应收账款计提的坏账准备期末余额填列。

  A. "应收账款"科目所属明细科目的借方余额

  B. "应收账款"科目所属明细科目的贷方余额

  C. "应付账款"科目所属明细科目的贷方余额

  D. "预收账款"科目所属明细科目的借方余额

(23) 资产负债表中的"货币资金"项目，应根据(　　)科目期末余额的合计数填列。

  A. 备用金 B. 库存现金 C. 银行存款 D. 其他货币资金

3. 判断题

(1) 中期财务会计报告是指以一年的中间日为资产负债表日编制的财务报告。(　　)

(2) 资产负债表是总括反映企业特定日期资产、负债和所有者权益情况的动态报表，通过它可以了解企业的资产构成、资金的来源构成和企业债务的偿还能力。(　　)

(3) 资产负债表的格式主要有账户式和报告式两种，我国采用的是报告式。(　　)

(4) 利润表是反映企业在一定会计期间经营成果的报表，属于静态报表。(　　)

(5) 利润表的格式主要有多步式和单步式两种，我国采用多步式。(　　)

(6) 财务会计报告至少应当包括资产负债表、利润表、现金流量表、所有者权益变动表和附注。(　　)

(7) 营业利润减去管理费用、销售费用、财务费用和所得税费用后得到净利润。(　　)

(8) 账户式资产负债表分左右两方，右方为负债及所有者权益项目，一般按要求偿还时间的先后顺序排列。(　　)

(9) 财务会计报告是由企业根据经过审核的会计凭证编制的。(　　)

(10) 资产负债表的"期末余额"栏各项目主要是根据总账或有关明细账本期发生额直接填列的。(　　)

(11) 资产负债表中"货币资金"项目，应根据"银行存款"账户的期末余额填列。(　　)

(12) 资产负债表中"固定资产"项目应根据"固定资产"账户余额减去"累计折旧"、"固定资产减值准备"等账户的期末余额后的金额填列。(　　)

(13) 利润表中"营业成本"项目，反映企业销售产品和提供劳务等主要经营业务的各项销售费用和实际成本。(　　)

(14) 利润表是反映企业一定日期财务状况的财务报表。(　　)

(15) 资产负债表中资产项目是按资产流动性由小到大的顺序排列的。(　　)

(16) 利润表中的各项目应根据有关损益类账户的本期发生额或余额分析计算填列。(　　)

学习情境七　运用账务处理程序

知识目标

- 了解账务处理程序的意义和种类
- 区别各种账务处理程序

技能目标

- 能够针对不同情况选择适合企业的账务处理程序

导入案例

小王在大学学的是会计专业，5 年前开了家皮鞋厂，那时由于鞋厂规模小，业务量少，厂里的会计小张总是显得很清闲，每个月总是早早就把账做完了。但近年鞋厂接了很多订单，业务量激增，企业的规模迅速扩大，没到月末小张就要加班，他对小王抱怨说："每个月几百张记账凭证要登记总账，工作量太大了！"小王就给他出了个主意……

讨论：

小王给他出了个什么主意？

任务一　认识账务处理程序

任务引入

填制和审核凭证—登记账簿—编制报表，这构成了会计核算工作最主要的 3 个环节，那么如何有效地组织凭证、账簿和报表，使之成为一个有机的整体，从而提高会计工作的质量和效率，节约账务处理的时间及费用？这就需要企业运用合理的账务处理程序。

- ➤ 任务 1：了解账务处理程序的意义。
- ➤ 任务 2：了解账务处理程序的种类。

任务分析

会计人员是通过账务处理程序来解决从填制凭证到登记账簿再到编制会计报表这一过程

的组织,本任务需要结合前面已经学习的知识来正确认识账务处理程序,体会其在企业的运用。

知识链接

一、账务处理程序的意义

会计凭证、会计账簿和会计报表是组织会计核算的工具,填制和审核凭证、登记账簿和编制报表,构成了会计核算工作最主要的 3 个环节,而这三者之间不是彼此孤立、互不联系的。为了保证会计核算工作的顺利进行,就必须有效地组织凭证、账簿和报表,明确规定各种凭证、账簿和报表之间的衔接形式,使其有机结合,形成一定的、适合于不同类型企业经营特点和管理要求的账务处理程序。

账务处理程序,也称会计核算形式或会计核算组织程序,是指凭证和账簿组织、记账程序三者有机结合的方式,是记账和生成会计数据和信息的步骤和方法。具体来说,会计账务处理程序是指从整理、审核原始凭证及填制记账凭证开始,到登记日记账、明细分类账及总分类账,再到编制会计报表的全过程的组织程序和方法。凭证和账簿组织是所运用的会计凭证和账簿的种类、账页格式和各种账簿之间的关系;记账程序是从填制和取得原始凭证、填制记账凭证到登记各种账簿、编制会计报表的工作程序和方法等。

账务处理程序是做好会计工作的一个重要前提。合理、科学的账务处理程序,不但可以提高会计工作的效率,也能保证会计工作的质量,具体表现在以下 3 个方面。

(1) 有利于会计工作程序的规范化,确定合理的凭证、账簿与报表之间的联系方式,保证会计信息加工过程的严密性,提高会计信息的质量,为企业的经营管理提供准确的财务资料。

(2) 有利于保证会计记录的完整性、正确性,通过凭证、账簿及报表之间的牵制作用,增强会计信息的可靠性。

(3) 有利于减少不必要的会计核算环节和手续,通过井然有序的账务处理程序,提高会计核算的工作效率,保证会计信息的及时性。

二、账务处理程序的种类

账务处理程序有多种形式,目前我国企业、行政事业等单位采用的核算程序按照登记总分类账的方法和依据不同主要有以下几种。

(1) 记账凭证账务处理程序。

(2) 汇总记账凭证账务处理程序。

(3) 科目汇总表账务处理程序。

(4) 日记总账账务处理程序。

在实际工作中,各单位应根据自身的生产经营特点和管理要求,考虑组织规模的大小、经济业务的性质和繁简程度,选用合适的凭证、账簿和会计报表,确定它们的格式、填制和登记的步骤和方法,设计并实施适合本单位经济业务特点的账务处理程序,以有利于会计工作的分工协作和内部控制,提高会计工作的效率,满足各部门和人员的信息需求。

 思考与讨论

1. 什么是会计账务处理程序?

2. 简述会计法规体系。

 案例分析

昊昊是一名大学生，他决定利用暑假期间勤工俭学，开办一家经营商品推销、少儿暑假寄托、教育等业务的服务公司。2016 年 7 月 1 日，昊昊成立了开心服务公司，利用自己的积蓄租了一套房间，租赁期为两个月，每月租金 300 元，先预付 500 元，同时，借来现金 2 000 元。

该服务公司 2016 年 7—8 月份发生以下业务：

(1) 支付广告费 100 元；

(2) 租用办公桌一张，月租金 50 元，预付 30 元，余款到 2012 年 8 月 31 日租赁期满于 8 月份租金一并付清；

(3) 现款购入各种少儿读物 1 130 套，共计 460 元；

(4) 现款购入数把儿童椅子，总成本 1 000 元；

(5) 在外出联系业务时，请了一名临时工来帮忙，月薪为 300 元；

(6) 支付各种杂费 50 元；

(7) 推销商品佣金收入 1 640 元；

(8) 入托少儿的学杂费收入 1 500 元；

(9) 7 月份个人支用服务公司现金 300 元；

(10) 8 月份该公司取得 3 100 元的现金收入，均收到现金，其中托费收入 1 700 元，其余均为佣金收入，费用开支保持不变，个人支用服务公司现金 300 元。

(11) 8 月 31 日暑假结束，将少儿读物全部送给孩子们，并将数把椅子出售得款 600 元。同时，归还借款。

分析：

为昊昊设计一套合理的账务处理，完整地记录开心服务公司的全部经济业务。通过计算，确定昊昊的经营是否能成功。

任务二　运用各种账务处理程序

任务引入

既然账务处理程序有不同的类别，那么它们究竟是如何组织会计核算的，又分别适用于什么情况？

➤ 任务 1：掌握各种账务处理程序的特点、步骤。

➤ 任务 2：理解其凭证和账簿组织、优缺点及适用范围。

任务分析

本任务重点在于学习并比较各种账务处理程序的特点、凭证和账簿组织、步骤、优缺点及适用范围，能够结合具体企业选择和设计适宜的账务处理程序。

知识链接

一、记账凭证账务处理程序

1. 特点

记账凭证账务处理程序是指经济业务发生后,根据所填制的记账凭证直接逐笔登记总分类账的一种会计核算形式。记账凭证账务处理程序是最基本的账务处理程序,其他各种账务处理程序基本上是在它的基础上发展或变化形成的。

记账凭证账务处理程序的特点是:直接根据各种记账凭证逐笔登记总分类账。

2. 凭证和账簿组织

在记账凭证核算形式中,记账凭证可采用一种通用记账凭证的格式,也可以采用收款凭证、付款凭证和转账凭证3种并存的专用记账凭证格式。

设置的账簿一般包括:现金日记账、银行存款日记账、总分类账和明细分类账。其中,现金日记账和银行存款日记账一般采用三栏式格式,在这种记账凭证账务处理程序下,现金日记账和银行存款日记账只被用来序时地登记各笔收付款业务,并不作为登记总分类账的依据。总分类账一般按规定的会计科目开设账页,格式也采用三栏式。明细分类账则应根据企业管理上的需要,格式可采用三栏式、多栏式或数量金额式等。

3. 工作步骤

(1) 根据原始凭证或原始凭证汇总表,填制收款凭证、付款凭证和转账凭证或通用的记账凭证;

(2) 根据收款凭证和付款凭证及所附原始凭证或通用的记账凭证,逐笔顺序登记现金日记账和银行存款日记账;

(3) 根据各种记账凭证和原始凭证或汇总原始凭证逐笔登记明细分类账;

(4) 根据收款凭证、付款凭证和转账凭证或通用的记账凭证逐笔登记总分类账;

(5) 按照对账的要求,定期将总分类账与日记账、明细分类账相核对;

(6) 期末,根据总分类账和明细分类账编制会计报表。

记账凭证账务处理程序如图 7-1 所示。

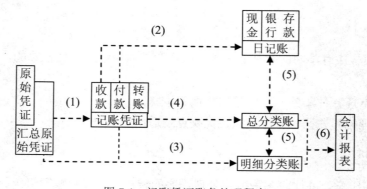

图 7-1 记账凭证账务处理程序

4. 优缺点及适用范围

采用记账凭证账务处理程序，处理程序比较简单，易于理解和掌握，总分类账能详细地反映经济业务的发生情况、账户的对应关系和经济业务的来龙去脉，清晰明了，便于查账和用账；但如果企业的规模较大、经济业务数量较多，登记总账的工作量也会很大。

因此，这种账务处理程序一般适用于规模较小、经济业务较少、记账凭证不多的单位。

二、科目汇总表账务处理程序

1. 特点

科目汇总表账务处理程序，又称记账凭证汇总表账务处理程序，是定期将记账凭证按科目分类汇总编制科目汇总表，然后据以登记总分类账的一种会计核算形式。

科目汇总表账务处理程序的特点是：定期根据记账凭证填制科目汇总表，然后根据科目汇总表登记总分类账。

2. 凭证、账簿组织

在科目汇总表核算形式下，与记账凭证核算形式基本相同，仍应设置收款、付款和转账等记账凭证。为了定期根据记账凭证进行汇总，应增设"科目汇总表"。

科目汇总表又称记账凭证汇总表，是根据收款凭证、付款凭证和转账凭证或通用的记账凭证，按照相同的账户归类，定期汇总计算每一账户的借方发生额和贷方发生额，并将发生额填入科目汇总表的相应栏目内，据以登记总分类账的一种记账凭证汇总表。科目汇总表可以每月汇总一次编制一张，也可以5天或10天汇总一次，每月编制几张。科目汇总表的格式如表7-1所示。

表 7-1　科目汇总表

2015 年 12 月 1 日至 10 日　　　　　　　　　　　　　　编号：汇 1201

会 计 科 目	本期发生额		账　　页	记账凭证起讫编号
	借　　方	贷　　方		
库存现金	15 000	15 000		
银行存款	350 000	300 000		
应收账款	120 000	90 000		
其他应收款	20 000	10 000		
在途物资	200 000	180 000		
原材料	210 000	180 000		
生产成本	150 000	130 000		
制造费用	50 000	50 000		
应付账款		80 000		
应交税费		80 000		
……	……	……		
合计	1 115 000	1 115 000		

此外，还应设置现金、银行存款日记账，各种总分类账和明细分类账。现金日记账、银行存款日记账一般采用三栏式的账页。由于据以登记总分类账的科目汇总表只汇总填列各科目的

借方发生额和贷方发生额，而不反映它们之间的对应关系，所以在这种会计核算形式下，总分类账一般采用不设"对方科目"的三栏式的格式。各种明细分类账应根据所记录的经济业务内容和经营管理上的要求，采用三栏式、数量金额式或多栏式的账页。

3. 工作步骤

(1) 根据原始凭证或原始凭证汇总表，填制收款凭证、付款凭证和转账凭证或通用的记账凭证；

(2) 根据收款凭证、付款凭证及所附原始凭证逐笔顺序登记现金日记账和银行存款日记账；

(3) 根据记账凭证和原始凭证或汇总原始凭证，逐笔登记明细分类账；

(4) 根据各种记账凭证，定期编制科目汇总表；

(5) 根据科目汇总表登记总分类账；

(6) 按照对账要求，定期将总分类账与日记账、明细分类账相核对；

(7) 期末，根据总分类账和明细分类账编制会计报表。

科目汇总表账务处理程序如图 7-2 所示。

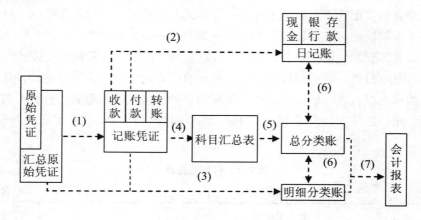

图 7-2　科目汇总表账务处理程序

4. 优缺点及适用范围

由于这种程序是根据科目汇总表在期末一次登记总分类账，所以运用科目汇总表可以大大减轻登记总账的工作量；而且，因为进行了借方与贷方发生额的试算平衡，便于及时发现差错，可以保证会计核算资料的质量；同时科目汇总表的编制并不复杂，记账程序易于掌握。

但是，由于这种账务处理程序在科目汇总表和总分类账中不能反映各账户的对应关系，因而不利于对经济业务进行分析和检查。

科目汇总表账务处理程序适用于规模较大、经济业务较多、记账凭证较多的单位。

三、汇总记账凭证账务处理程序

1. 特点

汇总记账凭证核账务处理程序是定期将一定期间内所有记账凭证加以汇总，编制汇总记账凭证，然后再根据汇总记账凭证登记总分类账的一种会计核算程序。

汇总记账凭证账务处理程序的特点是：定期(5 天或 10 天)根据记账凭证归类编制汇总记账凭证，然后根据汇总记账凭证登记总分类账。

2. 凭证、账簿组织

采用汇总记账凭证核算形式时，需要设置的凭证除了一般意义上的收款、付款和转账凭证外，还需设置汇总记账凭证。汇总记账凭证也是一种记账凭证，它根据收款凭证、付款凭证和转账凭证定期(一般为每隔 5 天或 10 天)汇总编制而成，其种类可分为汇总收款凭证、汇总付款凭证和汇总转账凭证。

(1) 汇总收款凭证是根据现金和银行存款收款凭证汇总编制而成的。编制时，汇总收款凭证应按现金账户、银行存款账户的借方设置，并按其对应的贷方账户归类汇总。月终时，结计出汇总收款凭证的合计数，分别记入现金、银行存款总分类账户的借方以及各对应账户的贷方。汇总收款凭证格式如表 7-2 所示。

表 7-2　汇总收款凭证

借方科目：银行存款　　　　　　　　　　2015 年 12 月　　　　　　　　　　汇收字 1201

贷 方 账 户	金　　额				总 账 页 数	
	1—10 日 银收第　号 至第　号	11—20 日 银收第　号 至第　号	21—31 日 银收第　号 至第　号	合　计	借　方	贷　方
主营业务收入	100 000		20 000	120 000		
应交税费	17 000		3 400	20 400		
应收账款		10 000		10 000		
合计	117 000	10 000	23 400	150 400		

(2) 汇总付款凭证是根据现金和银行存款付款凭证汇总编制而成的。编制时，汇总付款凭证应按现金账户、银行存款账户的贷方设置，并按其对应的借方账户归类汇总。月终时，结计出汇总付款凭证的合计数，分别记入现金、银行存款总分类账户的贷方以及各对应账户的借方。汇总付款凭证格式如表 7-3 所示。

表 7-3　汇总付款凭证

贷方科目：库存现金　　　　　　　　　　2015 年 12 月　　　　　　　　　　汇付字 1201

借 方 账 户	金　　额				总 账 页 数	
	1—10 日 现付第　号 至第　号	11—20 日 现付第　号 至第　号	21—31 日 现付第　号 至第　号	合　计	借　方	贷　方
管理费用	30 000	10 000	20 000	60 000		
应付职工薪酬			140 000	140 000		
合计	30 000	10 000	160 000	200 000		

在填制时，应注意现金和银行存款之间的相互划转业务，如果同时填制收款凭证和付款凭证，汇总时应以付款凭证为依据，收款凭证就不再汇总。

(3) 汇总转账凭证是根据转账凭证汇总编制而成的，与汇总付款凭证相同。编制时，汇总转账凭证应按现金账户、银行存款账户以外的每一账户的贷方设置，并按其相对应的借方账户归类汇总。月终时，结计出汇总转账凭证的合计数，分别记入该汇总转账凭证所开设的应贷账户的贷方和各个对应账户的借方。汇总转账凭证格式如表 7-4 所示。

表 7-4　汇总转账凭证

贷方科目：原材料　　　　　　　　　2015 年 12 月　　　　　　　　　汇转字 1201

借 方 账 户	金　　额				总 账 页 数	
	1—10 日 转字第　号 至第　号	11—20 日 转字第　号 至第　号	21—31 日 转字第　号 至第　号	合　计	借　方	贷　方
生产成本	80 000	100 000	120 000	300 000		
制造费用	20 000	30 000		50 000		
管理费用		7 000	3 000	10 000		
合计	100 000	137 000	123 000	360 000		

为了便于汇总转账凭证的编制，在平时编制转账凭证时，应使账户的对应关系保持一个贷方账户与一个或几个借方账户相对应，尽量避免一个借方账户或几个借方账户与几个贷方账户相对应。即编制的会计分录应为一借一贷或一贷多借，尽量避免一借多贷或多借多贷，否则会给汇总转账凭证的编制带来不便。

汇总记账凭证账务处理程序所设置的现金日记账、银行存款日记账和总分类账的格式一般采用三栏式；明细分类账可选用三栏式、多栏式或数量金额式的账页。

3. 工作步骤

(1) 根据原始凭证或原始凭证汇总表，填制收款凭证、付款凭证和转账凭证；

(2) 根据收款凭证、付款凭证及所附原始凭证逐笔顺序登记现金日记账和银行存款日记账；

(3) 根据记账凭证和原始凭证或原始凭证汇总表，逐笔登记明细分类账；

(4) 根据各种记账凭证编制汇总记账凭证；

(5) 根据汇总记账凭证登记总分类账；

(6) 按照对账要求，定期将总分类账与日记账、明细分类账相核对；

(7) 期末，根据总分类账和明细分类账编制会计报表。

汇总记账凭证账务处理程序如图 7-3 所示。

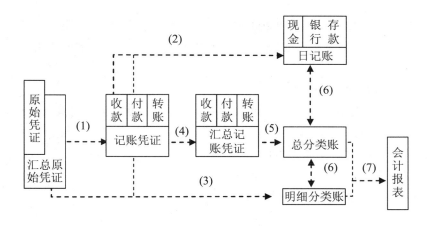

图 7-3 汇总记账凭证账务处理程序

4. 优缺点及适用范围

汇总记账凭证的作用与科目汇总表的作用相同，都可以简化总分类账的登记工作，但它们的填制方法不同，产生的结果也不同。

科目汇总表是定期汇总计算每一账户的借方发生额和贷方发生额，并不考虑账户的对应关系，全部账户的借、贷方发生额可以汇总在一张表内。其结果是科目汇总表和据此登记的总分类账都不能反映各账户间的对应关系，所以也不便于了解经济业务的具体内容。汇总记账凭证是定期以每一账户的贷方(或借方)，分别按与其对应的借方(或贷方)账户汇总发生额。其结果是汇总记账凭证和据此登记的总分类账都能反映各账户间的对应关系，便于了解经济业务的来龙去脉和具体内容，便于查账和用账。

但是，由于这种账务处理程序要增加一道填制汇总记账凭证的手续，工作量较大。

因此，汇总记账凭证账务处理程序一般适用于经营规模较大、经济业务较多的单位。

 思考与讨论

各种账务处理程序有何异同点？

 案例分析

张瑞于 2015 年 6 月，以每月 2 000 元租用一间店面，投资创办了大海公司，主要经营各种服装的批发兼零售。6 月 1 日，张瑞以公司名义在银行开立账户，存入 100 000 元作为资本，用于经营，由于张瑞不懂会计，他除了将所有的发票等单据都收集保存起来以外，没有作任何其他记录。到月底，张瑞发现公司的存款反而减少，只剩下 58 987 元银行存款外加 643 元现金。另外，尽管客户赊欠的 13 300 元尚未收现，但公司也有 10 560 元货款尚未支付。除此以外，实地盘点库存服装，价值 25 800 元，张瑞开始怀疑自己的经营，前来向你请教。

对张瑞保存的所有单据进行检查分析，汇总一个月情况显示：

(1) 投资银行存款 100 000 元；

(2) 内部装修及必要的设施花费 20 000 元，均已用支票支付；

(3) 购入服装两批，每批价值 35 200 元，其中第一批现金购入，第二批赊购全部款的 30%；

(4) 1—31 日零售服装收入共计 38 800 元，全部收现，存入开户银行；

(5) 1—31 日批发服装收入共计 25 870 元，其中赊销 13 300 元，其余货款收入均存入开户银行；

(6) 支票支付店面租金 2 000 元；

(7) 6 月份从存款户提取现金五次共计 10 000 元，其中 4 000 元支付雇员工资，5 000 元用作个人生活费，其余留备日常零星开支；

(8) 本月水电费 543 元，支票支付；

(9) 电话费 220 元，用现金支付；

(10) 其他各种杂费 137 元，用现金支付。

分析：

根据你所掌握的会计知识，结合大海公司的具体业务，替张瑞设计一套合理的账务处理程序。

 会计从业资格考试同步练习

1. 单项选择题

(1) 规模较小、业务量较少的单位适用(　　)。

    A. 记账凭证账务处理程序　　　　　　B. 汇总记账凭证账务处理程序

    C. 多栏式日记账账务处理程序　　　　D. 科目汇总表账务处理程序

(2) 关于记账凭证账务处理程序，下列说法不正确的是(　　)。

    A. 根据记账凭证逐笔登记总分类账，是最基本的账务处理程序

    B. 简单明了，易于理解，总分类账可以较详细地反映经济业务的发生情况

    C. 登记总分类账的工作量较大

    D. 适用于规模较大、经济业务量较多的单位

(3) 汇总记账凭证是依据(　　)编制的。

    A. 记账凭证　　　　B. 原始凭证　　　C. 原始凭证汇总表　　D. 各种总账

(4) 汇总记账凭证账务处理程序的优点是(　　)。

    A. 详细反映经济业务的发生情况　　　B. 可以做到试算平衡

    C. 便于了解账户之间的对应关系　　　D. 处理程序简单

(5) 下列不属于科目汇总表账务处理程序优点的是(　　)。

    A. 科目汇总表的编制和使用较为简便，易学易做

    B. 可以清晰地反映账户之间的对应关系

    C. 可以大大减少登记总分类账的工作量

    D. 科目汇总表可以起到试算平衡的作用，保证总账登记的正确性

(6) 下列属于记账凭证账务处理程序优点的是(　　)。

    A. 总分类账反映经济业务较详细　　　B. 减轻了登记总分类账的工作量

    C. 有利于会计核算的日常分工　　　　D. 便于核对账目和进行试算平衡

(7) 汇总记账凭证账务处理程序的特点是根据(　　)登记总账。

　　A. 记账凭证　　　　　　　B. 汇总记账凭证　C. 科目汇总表　　　　D. 原始凭证

(8) 汇总记账凭证账务处理程序与科目汇总表账务处理程序的相同点是(　　)。

　　A. 登记总账的依据相同　　　　　　　B. 记账凭证的汇总方法相同

　　C. 保持了账户间的对应关系　　　　　D. 简化了登记总分类账的工作量

(9) 科目汇总表是依据(　　)编制的。

　　A. 记账凭证　　　　　　　B. 原始凭证　　　　C. 原始凭证汇总表　　D. 各种总账

(10) 以下属于汇总记账凭证账务处理程序缺点的是(　　)。

　　A. 登记总账的工作量较大

　　B. 当转账凭证较多时,编制汇总转账凭证的工作量较大

　　C. 不便于体现账户间的对应关系

　　D. 不便于进行账目的核对

(11) 在不同账务处理程序中,不能作为登记总账依据的是(　　)。

　　A. 记账凭证　　　　　　　　　　　　B. 汇总记账凭证

　　C. 汇总原始凭证　　　　　　　　　　D. 科目汇总表

(12) 以下项目中,属于科目汇总表账务处理程序缺点的是(　　)。

　　A. 增加了会计核算的账务处理程序　　B. 增加了登记总分类账的工作量

　　C. 不便于检查核对账目　　　　　　　D. 不便于进行试算平衡

(13) 记账凭证账务处理程序的特点是根据记账凭证逐笔登记(　　)。

　　A. 日记账　　　　　　　　　　　　　B. 明细分类账

　　C. 总分类账　　　　　　　　　　　　D. 总分类账和明细分类账

(14) 各种账务处理程序之间的区别主要在于(　　)。

　　A. 总账的格式不同　　　　　　　　　B. 编制会计报表的依据不同

　　C. 登记总账的依据不同　　　　　　　D. 会计凭证的种类不同

(15) 汇总记账凭证账务处理程序的适用范围是(　　)。

　　A. 规模较小、业务较少的单位　　　　B. 规模较小、业务较多的单位

　　C. 规模较大、业务较多的单位　　　　D. 规模较大、业务较少的单位

(16) 根据科目汇总表登记总账,在简化登记总账工作的同时也起到了(　　)的作用。

　　A. 简化报表的编制　　　　　　　　　B. 反映账户对应关系

　　C. 简化明细账工作　　　　　　　　　D. 发生额试算平衡

(17) 采用汇总记账凭证账务处理程序,(　　)是其登记总账的直接依据。

　　A. 汇总记账凭证　　　B. 科目汇总表　　　C. 记账凭证　　　　　　　D. 原始凭证

(18) 对于汇总记账凭证账务处理程序,下列说法正确的是(　　)。

　　A. 登记总账的工作量大

　　B. 不能体现账户之间的对应关系

　　C. 按每一借方科目编制汇总转账凭证

　　D. 当转账凭证较多时,汇总转账凭证的编制工作量比较大

(19) 下列属于记账凭证账务处理程序主要缺点的是(　　)。

　　A. 不能体现账户的对应关系　　　　　B. 不便于会计合理分工

   C. 方法不易掌握　　　　　　　　　　　D. 登记总账的工作量较大

(20) (　　)是最基本的一种账务处理程序。

  A. 日记总账账务处理程序　　　　　　B. 汇总记账凭证账务处理程序

  C. 科目汇总表账务处理程序　　　　　　D. 记账凭证账务处理程序

2. 多项选择题

(1) 不同账务处理程序所具有的相同之处有(　　)。

  A. 编制记账凭证的直接依据相同　　　B. 编制会计报表的直接依据相同

  C. 登记明细分类账簿的直接依据相同　　D. 登记总分类账簿的直接依据相同

(2) 在记账凭证账务处理程序下，不能作为登记总账直接依据的有(　　)。

  A. 原始凭证　　　　　B. 记账凭证　　　　C. 汇总原始凭证　　　　D. 汇总记账凭证

(3) 在科目汇总表账务处理程序下，月末应将(　　)与总分类账进行核对。

  A. 现金日记账　　　　　　　　　　　B. 银行存款日记账

  C. 明细分类账　　　　　　　　　　　D. 备查账

(4) 在科目汇总表账务处理程序下，记账凭证是(　　)的依据。

  A. 登记现金日记账　　B. 登记总分类账　　C. 登记明细分类账　　D. 编制科目汇总表

(5) 以下属于记账凭证账务处理程序优点的有(　　)。

  A. 简单明了、易于理解

  B. 总分类账可较详细地记录经济业务的发生情况

  C. 便于进行会计科目的试算平衡

  D. 减轻了登记总分类账的工作量

(6) 在我国，常用的账务处理程序主要有(　　)。

  A. 记账凭证账务处理程序　　　　　　B. 汇总记账凭证账务处理程序

  C. 多栏式日记账账务处理程序　　　　　D. 科目汇总表账务处理程序

(7) 下列属于汇总记账凭证账务处理程序特点的有(　　)。

  A. 根据原始凭证编制汇总原始凭证　　B. 根据记账凭证定期编制汇总记账凭证

  C. 根据记账凭证定期编制科目汇总表　　D. 根据汇总记账凭证登记总账

(8) 科目汇总表账务处理程序的优点有(　　)。

  A. 科目汇总表的编制和使用较为简便，易学易做

  B. 可以清晰地反映科目之间的对应关系

  C. 便于查对账目

  D. 科目汇总表可以起到试算平衡的作用，保证总账登记的正确性

(9) 在常见的账务处理程序中，共同的账务处理工作有(　　)。

  A. 均应填制和取得原始凭证　　　　　B. 均应编制记账凭证

  C. 均应填制汇总记账凭证　　　　　　D. 均应设置和登记总账

(10) 账务处理程序也叫会计核算组织程序，它是指(　　)相结合的方式。

  A. 会计凭证　　　　　B. 会计账簿　　　　C. 会计报表　　　　　D. 会计科目

(11) 下列项目中，属于科学、合理地选择适用于本单位的账务处理程序的意义有(　　)。

  A. 有利于会计工作程序的规范化　　　B. 有利于增强会计信息可靠性

　　C. 有利于提高会计信息的质量　　　　D. 有利于保证会计信息的及时性

(12) 在不同的账务处理程序下，登记总账的依据可以有(　　)。

　　A. 记账凭证　　　　B. 汇总记账凭证　C. 科目汇总表　　　　D. 汇总原始凭证

(13) 各种账务处理程序下，登记明细账的依据可能有(　　)。

　　A. 原始凭证　　　　B. 汇总原始凭证　C. 记账凭证　　　　D. 汇总记账凭证

(14) 在科目汇总表账务处理程序下，不能作为登记总账直接依据的有(　　)。

　　A. 原始凭证　　　　B. 汇总记账凭证　C. 科目汇总表　　　　D. 记账凭证

(15) 在汇总记账凭证账务处理程序下，月末应与总账核对的内容有(　　)。

　　A. 银行存款日记账　B. 会计报表　　　C. 明细账　　　　D. 记账凭证

(16) 对于汇总记账凭证核算形式，下列说法错误的有(　　)。

　　A. 登记总账的工作量大

　　B. 不能体现账户之间的对应关系

　　C. 明细账与总账无法核对

　　D. 当转账凭证较多时，汇总转账凭证的编制工作量较大

3. 判断题

(1) 在不同的账务处理程序中，登记总账的依据相同。(　　)

(2) 汇总记账凭证账务处理程序既能保持账户的对应关系，又能减轻登记总分类账的工作量。(　　)

(3) 各个企业的业务性质、组织规模、管理上的要求不同，企业应根据自身的特点，选择恰当的会计账务处理程序。(　　)

(4) 会计凭证、会计账簿、会计报表之间的结合方式不同，构成不同的账务处理程序。(　　)

(5) 记账凭证账务处理程序的主要特点就是直接根据各种记账凭证登记总账。(　　)

(6) 汇总记账凭证账务处理程序和科目汇总表账务处理程序都适用于经济业务较多的单位。(　　)

(7) 汇总记账凭证账务处理程序就是将各种原始凭证汇总后填制记账凭证，据以登记总账的账务处理程序。(　　)

(8) 汇总记账凭证账务处理程序适合规模小、业务量少的单位。(　　)

(9) 科目汇总表账务处理程序能科学地反映账户的对应关系，且便于账目核对。(　　)

(10) 科目汇总表账务处理程序的主要特点是根据记账凭证编制科目汇总表，并根据科目汇总表填制报表。(　　)

(11) 现金日记账和银行存款日记账不论在何种会计核算形式下，都是根据收款凭证和付款凭证逐日逐笔顺序登记的。(　　)

(12) 科目汇总表不仅可以减轻登记总分类账的工作量，还可以起到试算平衡作用。(　　)

(13) 科目汇总表账务处理程序只适用于经济业务不太复杂的中小型单位。(　　)

(14) 各种账务处理程序的共同点之一是编制会计报表的方法相同。(　　)

(15) 记账凭证账务处理程序一般适用于规模小、业务复杂、凭证较多的单位。(　　)

- 了解会计档案整理与装订、归档与移交的要求
- 掌握会计档案保管与销毁的程序和要求

技能目标

- 能够正确整理、装订和保管会计档案

导入案例

东关县两市镇八一经济合作社是城西村的集体经济组织，于 2002 年年底成立，具体负责管理、处置八一居委会的财产，李明任会计。2007 年 12 月，八一经济合作社解散，所有会计资料均存放在港南社区城管办公室，由李明及出纳王胜保管。2008 年 3 月 13 日，王胜提出封账，并通知有关人员。李明及原八一经济合作社管理人员曹德、李新、刘洪、张仙到港南社区城管办公室。对原八一经济合作社账目进行封账后，曹德提出将会计柜卖掉，李明喊来收废品的人，将柜内会计凭证等物清到地上，除保留账本及 2007 年 8 月 20 日后的会计凭证外，其余会计凭证作价 10 元钱卖掉。当日，李明将未卖的 2007 年 9 月 1 日后的会计凭证带回家。事后，经司法鉴定所鉴定，李明销毁的会计凭证涉及 1994 年至 2007 年支出金额 14 794 959.82 元，隐匿会计凭证涉及 2007 年 9 月 1 日以后支出金额 3 803 122.04 元。

讨论：

李明等人对原八一经济合作社的会计档案处理是否妥当？为什么？

任务一　认识会计档案

任务引入

会计工作最终形成相关的会计信息，而这些会计信息都需要借助会计凭证、账簿、会计报表等载体。那么，在实际工作中这些会计资料又包括哪些呢？

➢ 任务 1：了解会计档案的内容。
➢ 任务 2：了解会计档案的整理与装订。

任务分析

本任务主要是要求会计人员应当了解有哪些会计资料以及不同的会计资料整理及装订要求。

知识链接

一、会计档案的内容

会计档案是指会计凭证、会计账簿和财务会计报告等会计核算专业材料，是记录和反映企业单位经济业务的重要资料和证据。具体包括如下内容。

(1) 会计凭证类：包括原始凭证、记账凭证、汇总凭证和其他会计凭证。

(2) 会计账簿类：包括总账、明细账、日记账、固定资产卡片、辅助账簿和其他会计账簿。

(3) 财务会计报告类：指月度、季度、年度财务会计报告，包括会计报表、附表、附注、文字说明和其他财务会计报告。

(4) 其他类：包括银行存款余额调节表、银行对账单、其他应当保存的会计核算专业资料、会计档案移交清册、会计档案保管清册、会计档案销毁清册等。

二、会计档案的整理与装订

对会计档案进行整理是会计档案管理的重要内容，是保存和利用会计档案的前提，会计人员必须充分认识和认真对待。

1. 会计凭证的整理与装订

会计凭证是会计档案的重要组成部分。《会计基础工作规范》对会计凭证的整理、装订、保管都有明确的要求。会计凭证要做到装订整齐、完整、牢固，妥善保管，便于查阅。

整理会计凭证，首先要把所有应归档的会计凭证收集齐全，并根据记账凭证分类。记账凭证一般分为现金收款、付款凭证，银行存款收款、付款凭证，转账凭证，共三类五种。根据不同的种类，按时间或按顺序号逐张排放好。然后整理记账凭证的附件，剔出不属于会计档案范围和没有必要归档的一些资料，补充遗漏的必不可少的会计核算资料。再次清除订书针、曲别针等金属物。最后将记账凭证按适当的厚度分成若干本。

会计凭证整理好后，应当按照有关规定的要求，认真做好会计凭证的装订工作。

2. 会计账簿的整理与装订

年度终了，各种账簿(包括仓库的材料、产成品的明细分类账)在结转下年、建立新账后，一般都要把旧账送交总账会计集中统一整理。首先，将活页账按页码顺序排好，加装封面后装订成册。然后，将各种账簿按照会计科目顺序排列，据以逐本登记会计账簿封面，封面的有关内容要填写完全。

3. 会计报表的整理与装订

会计报表一般在年度终了后，由专人(一般是主管报表的会计人员或财会机构负责人)统一收集、整理、装订，并立卷归档。平时，月度、季度报表，由会计主管人员负责保存。年终，将全年会计报表按时间顺序整理装订成册，登记会计报表目录，填写会计报表名称、页数、归档日期等。经会计机构负责人审核、盖章后，由主管会计报表人员负责装盒归档。

4. 其他会计资料的整理与装订

其他会计资料，包括年(季)度成本、利润计划、月度财务收支计划、经济活动分析报告、薪资计算表及一些重要的经济合同，也应随同正式会计档案进行收集整理。但是，这些会计资料不全部移交档案部门，有些在相当长的时间内由财会部门保存。把收集起来的会计资料，逐件进行鉴别，将需要移交档案部门保管存放的，按照要求另行组卷装订，移交档案部门保存。

会计档案的整理必须要规范化，封面、档案盒、档案袋要按统一尺寸、规格制作，卷脊、封面的内容要按统一的项目印刷、填写，做到收集按范围、整理按规范、装订按标准。

 思考与讨论

1. 会计档案具体包括哪些内容？
2. 会计档案的整理与装订有哪些具体的要求？

任务二　保管会计档案

任务引入

我们认识了会计档案，了解了会计档案包括哪些具体的内容，也明确了会计档案的整理与装订的要求。那么，在实际工作中会计档案的保管又有哪些要求呢？

➢ 任务 1：了解会计档案的归档与移交。
➢ 任务 2：掌握会计档案的保管与销毁。

任务分析

会计档案的归档、保管具有非常强的实务操作性，因此，必须要全面了解会计档案归档的要求规范，掌握会计档案保管期限及销毁的程序、要求。

知识链接

一、会计档案的归档与移交

会计档案必须按照规定造册归档，进行科学管理，做到妥善保管、存放有序，便于查找。各企业单位要严格执行安全和保密制度，不得随意堆放会计档案，严防丢失、毁损和泄密。

各企业单位每年形成的会计档案，应当由会计机构按照归档要求负责整理立卷，装订成册，编制会计档案保管清册。当年形成的会计档案，在会计年度终了后，可暂由会计机构保管一年，期满之后，应当由会计机构编制会计档案移交清册，移交本单位档案保管机构统一保管；若本企业单位没有设立档案保管机构的，应当在会计机构内部指定专人保管，但出纳员不得兼任会计档案保管工作。

移交本单位档案机构保管的会计档案，原则上应当保持原卷册的封装，个别需要拆封重新整理的，档案机构应当会同会计机构和经办人员共同拆封整理，以分清责任。

各企业单位保存的会计档案不得借出。如有特殊需要的，可以提供查阅或者复制，但必须按照规定程序办理。本单位人员查阅或复制会计档案的，须经会计主管人员同意；外单位人员查阅或复制会计档案的，须持有正式单位介绍信，经本单位负责人批准。

各企业单位应当设置"会计档案查阅登记簿"，详细登记查阅日期、查阅人、查阅理由、归还日期等。查阅或复制会计档案的人员，严禁在会计档案上涂画、拆封或抽换会计档案，必须保持会计档案的真实性和完整性。

二、会计档案的保管与销毁

1. 会计档案的保管期限

会计档案的保存期限和销毁办法由财政部和国家档案局制定。会计档案的保管期限分为永久和定期两类，定期保管期限又分为 3 年、5 年、10 年、15 年和 25 年 5 种。

会计档案的具体保管期限如表 8-1 所示。

表 8-1　会计档案保管期限一览表

档 案 名 称	保 管 期 限	备　　注
会计凭证类		
原始凭证	15 年	
记账凭证	15 年	
汇总凭证	15 年	
会计账簿类		
总账	15 年	包括日记总账
明细账	15 年	
日记账	15 年	现金和银行存款日记账保管 25 年
固定资产卡片	5 年	固定资产报废清理后保管 5 年
辅助账簿	15 年	
财务会计报告类		
月、季度财务会计报告	3 年	包括文字分析资料
年度财务会计报告(决算)	永久	包括文字分析资料
其他类		
会计档案移交清册	15 年	
会计档案保管清册	永久	
会计档案销毁清册	永久	
银行存款余额调节表	5 年	
银行对账单	5 年	

2. 会计档案的销毁程序

会计档案在保管期满后需要销毁。销毁的会计档案必须按如下程序进行。

(1) 由本企业单位档案保管机构会同会计机构提出销毁意见，编制会计档案销毁清册，列明销毁会计档案的名称、卷号、册数、起止年度、档案编号、应保管期限、已保管期限、销毁时间等内容。

(2) 单位负责人在会计档案销毁清册上签署意见。

(3) 销毁会计档案时，应当由会计档案保管机构和会计机构共同派员监销；各级主管部门销毁会计档案时，应当由同级财政、审计部门共同派员监销；财政部门销毁会计档案时，应当由同级审计部门派员监销。

(4) 监销人员在销毁会计档案前，应当按照会计档案销毁清册所列内容清点核对所要销毁的会计档案；销毁后应当在会计档案销毁清册上签名盖章，并将监销情况报告本单位负责人。

另外，下列会计档案需按规定处理。

(1) 保管期满但尚未结清的债权债务会计档案，不得销毁，应当单独抽出立卷，保管到未了事项完结为止。单独抽出立卷的会计档案，应当在会计档案销毁清册和会计档案保管清册中列明。正在建设期间项目的会计档案，其保管期满的也不得销毁。

(2) 单位因撤销、解散、破产或者其他原因终止的，在终止和办理注销登记手续之前形成的会计档案，应当由终止单位的业务主管部门或财产所有者代管或移交有关档案馆代为保管。法律、行政法规另有规定的，从其规定。

(3) 单位合并后，原各单位解散或一方存续，而其他方解散的，原各单位的会计档案应当由合并后的单位统一保管；单位合并后，原各单位仍然存续的，其会计档案仍应由原各单位保管。

(4) 采用电算化会计进行核算的单位，应当保存打印出的纸质会计档案。具备采用磁带、磁盘、光盘等磁性介质保存会计档案条件的，由国务院业务主管部门统一规定，并报财政部、国家档案局备案。

思考与讨论

会计档案保管期满后就可以全部销毁吗？为什么？

案例分析

2000 年 3—4 月间的一天，江山造纸厂厂长杨云，召集该厂经营副厂长、财务科长、副科长、出纳和该厂劳动服务公司的出纳到其办公室，指使上述人员共同对该厂劳动服务公司上年度(1999 年 3—4 月至当日止)的财务支出流水账、凭证等会计资料进行审核，确认无异议后，将余额结转到新账簿上，由在场人签名。之后，杨云决定延用该厂以往的做法，将审核过的会计资料让人拿到锅炉房予以烧毁。

2001 年 4 月 5 日，杨云仍沿用前次做法，将审核过的该厂财务和该厂劳动服务公司上年度的财务流水账、凭证等会计资料，指使他人拿到锅炉房予以烧毁。

分析：

根据你所掌握的会计档案保管知识，分析江山造纸厂厂长杨云销毁会计资料这一做法是否妥当，违反了哪些管理规定？

会计从业资格考试同步练习

1. 单项选择题

(1) 下列会计资料中不属于会计档案的是(　　)。

　　A. 记账凭证　　　　　　　　　　　　　B. 会计档案移交清册

　　C. 年度财务计划　　　　　　　　　　　D. 银行对账单

(2) 以下会计资料中不属于会计档案的是(　　)。

　　A. 现金日记账　　　　B. 总账　　　　C. 购销合同　　　　D. 购货发票

(3) 会计档案是指记录和反映经济业务事项的重要(　　)。

　　A. 凭证　　　　　B. 资料和依据　　　　C. 史料和证据　　　　D. 材料

(4) 企业年度财务报告的保管期限为(　　)。

　　A. 5 年　　　　　B. 15 年　　　　　C. 25 年　　　　　D. 永久

(5) 各种会计档案的保管期限,根据其特点分为永久、定期两类。定期保管期限分为(　　)。

　　A. 3 年、10 年、20 年、30 年、40 年 5 种　　B. 1 年、5 年、10 年、15 年、20 年 5 种

　　C. 3 年、5 年、10 年、15 年、20 年 5 种　　D. 3 年、5 年、10 年、15 年、25 年 5 种

(6) 下列会计档案中需要保管 25 年的是(　　)。

　　A. 银行存款总账　　　B. 银行存款日记账　　　C. 汇总凭证　　　D. 辅助账簿

(7) 其他单位如果因特殊原因需要使用会计档案时,经本单位负责人批准(　　)。

　　A. 可以借阅　　　　　　　　　　　　　B. 只可以查阅不能复制

　　C. 不可查阅或复制　　　　　　　　　　D. 可以查阅或复制

(8) 下列会计档案中,不需要永久保存的是(　　)。

　　A. 财政总预算　　　　　　　　　　　　B. 税收日记账和总账

　　C. 会计档案保管清册　　　　　　　　　D. 会计档案销毁清册

(9) 会计档案的保管期限是从(　　)算起。

　　A. 会计年度终了后第一天　　　　　　　B. 审计报告之日

　　C. 移交档案管理机构之日　　　　　　　D. 会计资料的整理装订日

(10) 企业的总账的保管期限为(　　)。

　　A. 15 年　　　　　B. 3 年　　　　　C. 25 年　　　　　D. 永久

(11) 当年形成的会计档案在会计年度终了后,可暂由本单位会计机构保管(　　)后移交到会计档案管理机构。

　　A. 3 个月　　　　　B. 半年　　　　　C. 1 年　　　　　D. 2 年

(12) 各单位每年形成的会计档案,都应由(　　)负责整理立卷,装订成册,编制会计档案保管清册。

　　A. 会计机构　　　　B. 档案部门　　　　C. 人事部门　　　　D. 指定专人

(13) 行政事业单位的各种会计凭证的保管期限为(　　)。

　　A. 10 年　　　　　B. 5 年　　　　　C. 20 年　　　　　D. 15 年

(14) 其他会计核算资料是指与会计核算、会计监督密切相关，由会计部门负责办理的有关数据资料，不包括(　　)。

　　A. 银行对账单　　　　　　　　　　B. 银行存款余额调节表

　　C. 会计档案保管清册　　　　　　　D. 生产计划书

(15) 银行存款余额调节表、银行对账单位应当保存(　　)。

　　A. 3 年　　　　　　B. 永久　　　　　　C. 5 年　　　　　　　　D. 15 年

(16) 企业的现金日记账、银行存款日记账的保管期限为(　　)。

　　A. 15 年　　　　　　B. 3 年　　　　　　C. 25 年　　　　　　　　D. 永久

(17) 企业和行政单位的固定资产卡片的保管期限为(　　)。

　　A. 固定资产报废清理时　　　　　　B. 固定资产报废清理后 1 年

　　C. 固定资产报废清理后 2 年　　　　D. 固定资产报废清理后 5 年

(18) 企业月、季度财务报告需要保管的期限为(　　)。

　　A. 15 年　　　　　　B. 3 年　　　　　　C. 25 年　　　　　　　　D. 永久

(19) 会计档案保管清册的保管年限为(　　)。

　　A. 10 年　　　　　　B. 15 年　　　　　　C. 25 年　　　　　　　　D. 永久

(20) 国家机关销毁会计档案时，应由(　　)派员参加监销。

　　A. 同级财政部门　　　　　　　　　B. 同级财政部门和审计部门

　　C. 同级审计部门　　　　　　　　　D. 上级财政部门和审计部门

(21)《会计档案管理办法》规定的会计档案保管期限为(　　)。

　　A. 最高保管期限　　　　　　　　　B. 最低保管期限

　　C. 平均保管期限　　　　　　　　　D. 适当保管期限

(22) 定期保管的会计档案期限最长为(　　)。

　　A. 20 年　　　　　　B. 15 年　　　　　　C. 25 年　　　　　　　　D. 10 年

2. 多项选择题

(1) 下列属于会计档案的内容的有(　　)。

　　A. 原始凭证　　　　B. 总分类账　　　　C. 资产负债表　　　　D. 会计档案保管清册

(2) 下列会计档案中需要永久保管的有(　　)。

　　A. 会计移交清册　　　　　　　　　B. 会计档案保管清册

　　C. 现金和银行存款日记账　　　　　D. 财政总预算

(3) 保管期限为 3 年的会计档案有(　　)。

　　A. 企业月度财务报告　　　　　　　B. 企业季度财务报告

　　C. 行政单位月度报表　　　　　　　D. 财政总预算会计旬报

(4) 会计档案的保管期限分为(　　)。

　　A. 永久　　　　　　B. 定期　　　　　　C. 临时　　　　　　D. 短期

(5) 会计档案的定期保管期限可以是(　　)。

　　A. 3 年　　　　　　B. 5 年　　　　　　C. 10 年　　　　　　D. 15 年

(6) 下列属于企业会计档案的有(　　)。

  A. 会计档案移交清册　　　　　　B. 固定资产卡片

  C. 银行对账单　　　　　　　　　D. 月、季度财务报告

(7) 企业的下列会计档案中,保管期限为15年的应有(　　)。

  A. 往来款项明细账　　　　　　　B. 存货总账

  C. 银行存款明细账　　　　　　　D. 长期股权投资总账

(8) 下列关于会计档案管理的说法中正确的有(　　)。

  A. 出纳人员不得兼管会计档案

  B. 会计档案的保管期限,从会计档案形成后的第一天算起

  C. 单位负责人应在会计档案销毁清册上签署意见

  D. 各单位保存的会计档案不得借出

(9) 按照《会计档案管理办法》的规定,下列说法中正确的有(　　)。

  A. 会计档案的保管期限分为3年、5年、10年、15年、25年5种

  B. 单位合并后原各单位仍存续的,其会计档案仍应由原各单位保管

  C. 固定资产卡片于固定资产报废清理后保管5年

  D. 我国境内所有单位的会计档案不得携带出境

(10) 对移交本单位档案机构保管的会计档案,需要拆封重新整理的,应由(　　)同时参与,以分清责任。

  A. 财务会计部门　　　　　　　　B. 经办人

  C. 本单位档案机构　　　　　　　D. 本单位人事部门

(11) 按照《会计档案管理办法》的规定,(　　)的保管期限为15年。

  A. 原始凭证　　　B. 记账凭证　　　C. 银行对账单　　　　　D. 汇总凭证

(12) 会计档案销毁清册中应列明所销毁会计档案的(　　)等内容。

  A. 起止年度和档案编号　　　　　B. 应保管期限

  C. 已保管期限　　　　　　　　　D. 销毁时间

3. 判断题

(1) 会计档案的保管期限分为永久保管和定期保管两种。其中,定期保管又分为3年、5年、10年、15年和25年。(　　)

(2) 本单位的会计档案机构为方便保管会计档案,可以根据需要对其拆封重新整理。(　　)

(3) 会计账簿类会计档案的保管期限均为15年。(　　)

(4) 企业会计账簿中的总账应当保管15年。(　　)

(5) 企业和其他组织的银行存款余额调节表、银行对账单和固定资产报废清理后的固定资产卡片等会计档案保管期限应当为3年。(　　)

(6) 当年形成的会计档案,在会计年度终了后,可暂由本单位会计机构保管1年。(　　)

(7) 企业年度会计决算(包括文字分析)保管期限为永久。(　　)

(8) 会计档案是指会计凭证、会计账簿和财务会计报告等会计核算专业材料。(　　)

(9) 财会部门或经办人，必须在会计年度终了后的第一天，将应归档的会计档案全部移交档案部门，保证会计档案齐全完整。( )

(10) 单位负责人应在会计档案销毁清册上签署意见。( )

(11) 财政部门销毁会计档案时，应当由同级财政部门派员监销。( )

(12) 各种会计档案的保管期限，从会计年度开始后的第一天算起。( )

(13) 正在项目建设期间的建设单位，其保管期满的会计档案也不得销毁。( )

(14) 各单位保存的会计档案如有特殊需要，经本单位负责人批准，可以提供查阅或者复制，并办理登记手续。( )

(15) 销毁会计档案时，应由单位档案机构和会计机构共同派员监销。( )

(16) 保管期满但尚未结清的债权债务原始凭证，不得销毁，应单独抽出立卷。( )

(17) 银行存款余额调节表、银行对账单是会计档案。( )

附录　中华人民共和国会计法

(1985 年 1 月 21 日第六届全国人民代表大会常务委员会第九次会议通过，根据 1993 年 12 月 29 日第八届全国人民代表大会常务委员会第五次会议《关于修改〈中华人民共和国会计法〉的决定》修正，1999 年 10 月 31 日第九届全国人民代表大会常务委员会第十二次会议修订，自 2000 年 7 月 1 日起施行。)

第一章　总则

第一条　为了规范会计行为，保证会计资料真实、完整，加强经济管理和财务管理，提高经济效益，维护社会主义市场经济秩序，制定本法。

第二条　国家机关、社会团体、公司、企业、事业单位和其他组织(以下统称单位)必须依照本法办理会计事务。

第三条　各单位必须依法设置会计账簿，并保证其真实、完整。

第四条　单位负责人对本单位的会计工作和会计资料的真实性、完整性负责。

第五条　会计机构、会计人员依照本法规定进行会计核算，实行会计监督。

任何单位或者个人不得以任何方式授意、指使、强令会计机构、会计人员伪造、变造会计凭证、会计账簿和其他会计资料，提供虚假财务会计报告。

任何单位或者个人不得对依法履行职责、抵制违反本法规定行为的会计人员实行打击报复。

第六条　对认真执行本法，忠于职守，坚持原则，做出显著成绩的会计人员，给予精神的或者物质的奖励。

第七条　国务院财政部门主管全国的会计工作。

县级以上地方各级人民政府财政部门管理本行政区域内的会计工作。

第八条　国家实行统一的会计制度。国家统一的会计制度由国务院财政部门根据本法制定并公布。

国务院有关部门可以依照本法和国家统一的会计制度制定对会计核算和会计监督有特殊要求的行业实施国家统一的会计制度的具体办法或者补充规定，报国务院财政部门审核批准。

中国人民解放军总后勤部可以依照本法和国家统一的会计制度制定军队实施国家统一的会计制度的具体办法，报国务院财政部门备案。

第二章 会计核算

第九条 各单位必须根据实际发生的经济业务事项进行会计核算，填制会计凭证，登记会计账簿，编制财务会计报告。

任何单位不得以虚假的经济业务事项或者资料进行会计核算。

第十条 下列经济业务事项，应当办理会计手续，进行会计核算：

(一) 款项和有价证券的收付；

(二) 财物的收发、增减和使用；

(三) 债权债务的发生和结算；

(四) 资本、基金的增减；

(五) 收入、支出、费用、成本的计算；

(六) 财务成果的计算和处理；

(七) 需要办理会计手续、进行会计核算的其他事项。

第十一条 会计年度自公历 1 月 1 日起至 12 月 31 日止。

第十二条 会计核算以人民币为记账本位币。

业务收支以人民币以外的货币为主的单位，可以选定其中一种货币作为记账本位币，但是编报的财务会计报告应当折算为人民币。

第十三条 会计凭证、会计账簿、财务会计报告和其他会计资料，必须符合国家统一的会计制度的规定。

使用电子计算机进行会计核算的，其软件及其生成的会计凭证、会计账簿、财务会计报告和其他会计资料，也必须符合国家统一的会计制度的规定。

任何单位和个人不得伪造、变造会计凭证、会计账簿及其他会计资料，不得提供虚假的财务会计报告。

第十四条 会计凭证包括原始凭证和记账凭证。

办理本法第十条所列的经济业务事项，必须填制或者取得原始凭证并及时送交会计机构。

会计机构、会计人员必须按照国家统一的会计制度的规定对原始凭证进行审核，对不真实、不合法的原始凭证有权不予接受，并向单位负责人报告；对记载不准确、不完整的原始凭证予以退回，并要求按照国家统一的会计制度的规定更正、补充。

原始凭证记载的各项内容均不得涂改；原始凭证有错误的，应当由出具单位重开或者更正，更正处应当加盖出具单位印章。原始凭证金额有错误的，应当由出具单位重开，不得在原始凭证上更正。记账凭证应当根据经过审核的原始凭证及有关资料编制。

第十五条 会计账簿登记，必须以经过审核的会计凭证为依据，并符合有关法律、行政法规和国家统一的会计制度的规定。会计账簿包括总账、明细账、日记账和其他辅助性账簿。

会计账簿应当按照连续编号的页码顺序登记。会计账簿记录发生错误或者隔页、缺号、跳行的，应当按照国家统一的会计制度规定的方法更正，并由会计人员和会计机构负责人(会计主管人员)在更正处盖章。

使用电子计算机进行会计核算的，其会计账簿的登记、更正，应当符合国家统一的会计制度的规定。

第十六条　各单位发生的各项经济业务事项应当在依法设置的会计账簿上统一登记、核算，不得违反本法和国家统一的会计制度的规定私设会计账簿登记、核算。

第十七条　各单位应当定期将会计账簿记录与实物、款项及有关资料相互核对，保证会计账簿记录与实物及款项的实有数额相符、会计账簿记录与会计凭证的有关内容相符、会计账簿之间相对应的记录相符、会计账簿记录与会计报表的有关内容相符。

第十八条　各单位采用的会计处理方法，前后各期应当一致，不得随意变更；确有必要变更的，应当按照国家统一的会计制度的规定变更，并将变更的原因、情况及影响在财务会计报告中说明。

第十九条　单位提供的担保、未决诉讼等或有事项，应当按照国家统一的会计制度的规定，在财务会计报告中予以说明。

第二十条　财务会计报告应当根据经过审核的会计账簿记录和有关资料编制，并符合本法和国家统一的会计制度关于财务会计报告的编制要求、提供对象和提供期限的规定；其他法律、行政法规另有规定的，从其规定。

财务会计报告由会计报表、会计报表附注和财务情况说明书组成。向不同的会计资料使用者提供的财务会计报告，其编制依据应当一致。有关法律、行政法规规定会计报表、会计报表附注和财务情况说明书须经注册会计师审计的，注册会计师及其所在的会计师事务所出具的审计报告应当随同财务会计报告一并提供。

第二十一条　财务会计报告应当由单位负责人和主管会计工作的负责人、会计机构负责人(会计主管人员)签名并盖章；设置总会计师的单位，还须由总会计师签名并盖章。

单位负责人应当保证财务会计报告真实、完整。

第二十二条　会计记录的文字应当使用中文。在民族自治地方，会计记录可以同时使用当地通用的一种民族文字。在中华人民共和国境内的外商投资企业、外国企业和其他外国组织的会计记录可以同时使用一种外国文字。

第二十三条　各单位对会计凭证、会计账簿、财务会计报告和其他会计资料应当建立档案，妥善保管。会计档案的保管期限和销毁办法，由国务院财政部门会同有关部门制定。

第三章　公司、企业会计核算的特别规定

第二十四条　公司、企业进行会计核算，除应当遵守本法第二章的规定外，还应当遵守本章规定。

第二十五条　公司、企业必须根据实际发生的经济业务事项，按照国家统一的会计制度的规定确认、计量和记录资产、负债、所有者权益、收入、费用、成本和利润。

第二十六条　公司、企业进行会计核算不得有下列行为：

（一）随意改变资产、负债、所有者权益的确认标准或者计量方法，虚列、多列、不列或者少列资产、负债、所有者权益；

（二）虚列或者隐瞒收入，推迟或者提前确认收入；

（三）随意改变费用、成本的确认标准或者计量方法，虚列、多列、不列或者少列费用、成本；

（四）随意调整利润的计算、分配方法，编造虚假利润或者隐瞒利润；

（五）违反国家统一的会计制度规定的其他行为。

第四章　会计监督

第二十七条　各单位应当建立、健全本单位内部会计监督制度。单位内部会计监督制度应当符合下列要求：

（一）记账人员与经济业务事项和会计事项的审批人员、经办人员、财物保管人员的职责权限应当明确，并相互分离、相互制约；

（二）重大对外投资、资产处置、资金调度和其他重要经济业务事项的决策和执行的相互监督、相互制约程序应当明确；

（三）财产清查的范围、期限和组织程序应当明确；

（四）对会计资料定期进行内部审计的办法和程序应当明确。

第二十八条　单位负责人应当保证会计机构、会计人员依法履行职责，不得授意、指使、强令会计机构、会计人员违法办理会计事项。

会计机构、会计人员对违反本法和国家统一的会计制度规定的会计事项，有权拒绝办理或者按照职权予以纠正。

第二十九条　会计机构、会计人员发现会计账簿记录与实物、款项及有关资料不相符的，按照国家统一的会计制度的规定有权自行处理的，应当及时处理；无权处理的，应当立即向单位负责人报告，请求查明原因，做出处理。

第三十条　任何单位和个人对违反本法和国家统一的会计制度规定的行为，有权检举。收到检举的部门有权处理的，应当依法按照职责分工及时处理；无权处理的，应当及时移送有权处理的部门处理。收到检举的部门、负责处理的部门应当为检举人保密，不得将检举人姓名和检举材料转给被检举单位和被检举人个人。

第三十一条　有关法律、行政法规规定，须经注册会计师进行审计的单位，应当向受委托的会计师事务所如实提供会计凭证、会计账簿、财务会计报告和其他会计资料以及有关情况。

任何单位或者个人不得以任何方式要求或者示意注册会计师及其所在的会计师事务所出具不实或者不当的审计报告。

财政部门有权对会计师事务所出具审计报告的程序和内容进行监督。

第三十二条　财政部门对各单位的下列情况实施监督：

（一）是否依法设置会计账簿；

(二) 会计凭证、会计账簿、财务会计报告和其他会计资料是否真实、完整；

(三) 会计核算是否符合本法和国家统一的会计制度的规定；

(四) 从事会计工作的人员是否具备从业资格。

在对前款第(二)项所列事项实施监督，发现重大违法嫌疑时，国务院财政部门及其派出机构可以向与被监督单位有经济业务往来的单位和被监督单位开立账户的金融机构查询有关情况，有关单位和金融机构应当给予支持。

第三十三条　财政、审计、税务、人民银行、证券监管、保险监管等部门应当依照有关法律、行政法规规定的职责，对有关单位的会计资料实施监督检查。

前款所列监督检查部门对有关单位的会计资料依法实施监督检查后，应当出具检查结论。有关监督检查部门已经做出的检查结论能够满足其他监督检查部门履行本部门职责需要的，其他监督检查部门应当加以利用，避免重复查账。

第三十四条　依法对有关单位的会计资料实施监督检查的部门及其工作人员对在监督检查中知悉的国家秘密和商业秘密负有保密义务。

第三十五条　各单位必须依照有关法律、行政法规的规定，接受有关监督检查部门依法实施的监督检查，如实提供会计凭证、会计账簿、财务会计报告和其他会计资料以及有关情况，不得拒绝、隐匿、谎报。

第五章　会计机构和会计人员

第三十六条　各单位应当根据会计业务的需要，设置会计机构，或者在有关机构中设置会计人员并指定会计主管人员；不具备设置条件的，应当委托经批准设立从事会计代理记账业务的中介机构代理记账。

国有的和国有资产占控股地位或者主导地位的大、中型企业必须设置总会计师。总会计师的任职资格、任免程序、职责权限由国务院规定。

第三十七条　会计机构内部应当建立稽核制度。

出纳人员不得兼任稽核、会计档案保管和收入、支出、费用、债权债务账目的登记工作。

第三十八条　从事会计工作的人员，必须取得会计从业资格证书。

担任单位会计机构负责人(会计主管人员)的，除取得会计从业资格证书外，还应当具备会计师以上专业技术职务资格或者从事会计工作三年以上经历。

会计人员从业资格管理办法由国务院财政部门规定。

第三十九条　会计人员应当遵守职业道德，提高业务素质。对会计人员的教育和培训工作应当加强。

第四十条　因有提供虚假财务会计报告，做假账，隐匿或者故意销毁会计凭证、会计账簿、财务会计报告，贪污，挪用公款，职务侵占等与会计职务有关的违法行为被依法追究刑事责任的人员，不得取得或者重新取得会计从业资格证书。

除前款规定的人员外，因违法违纪行为被吊销会计从业资格证书的人员，自被吊销会计从业资格证书之日起五年内，不得重新取得会计从业资格证书。

第四十一条　会计人员调动工作或者离职，必须与接管人员办清交接手续。

一般会计人员办理交接手续，由会计机构负责人(会计主管人员)监交；会计机构负责人(会计主管人员)办理交接手续，由单位负责人监交，必要时主管单位可以派人会同监交。

第六章　法律责任

第四十二条　违反本法规定，有下列行为之一的，由县级以上人民政府财政部门责令限期改正，可以对单位并处三千元以上五万元以下的罚款；对其直接负责的主管人员和其他直接责任人员，可以处二千元以上二万元以下的罚款；属于国家工作人员的，还应当由其所在单位或者有关单位依法给予行政处分：

(一) 不依法设置会计账簿的；

(二) 私设会计账簿的；

(三) 未按照规定填制、取得原始凭证或者填制、取得的原始凭证不符合规定的；

(四) 以未经审核的会计凭证为依据登记会计账簿或者登记会计账簿不符合规定的；

(五) 随意变更会计处理方法的；

(六) 向不同的会计资料使用者提供的财务会计报告编制依据不一致的；

(七) 未按照规定使用会计记录文字或者记账本位币的；

(八) 未按照规定保管会计资料，致使会计资料毁损、灭失的；

(九) 未按照规定建立并实施单位内部会计监督制度或者拒绝依法实施的监督或者不如实提供有关会计资料及有关情况的；

(十) 任用会计人员不符合本法规定的。

有前款所列行为之一，构成犯罪的，依法追究刑事责任。

会计人员有第一款所列行为之一，情节严重的，由县级以上人民政府财政部门吊销会计从业资格证书。

有关法律对第一款所列行为的处罚另有规定的，依照有关法律的规定办理。

第四十三条　伪造、变造会计凭证、会计账簿，编制虚假财务会计报告，构成犯罪的，依法追究刑事责任。

有前款行为，尚不构成犯罪的，由县级以上人民政府财政部门予以通报，可以对单位并处五千元以上十万元以下的罚款；对其直接负责的主管人员和其他直接责任人员，可以处三千元以上五万元以下的罚款；属于国家工作人员的，还应当由其所在单位或者有关单位依法给予撤职直至开除的行政处分；对其中的会计人员，并由县级以上人民政府财政部门吊销会计从业资格证书。

第四十四条　隐匿或者故意销毁依法应当保存的会计凭证、会计账簿、财务会计报告，构成犯罪的，依法追究刑事责任。

有前款行为，尚不构成犯罪的，由县级以上人民政府财政部门予以通报，可以对单位并处五千元以上十万元以下的罚款；对其直接负责的主管人员和其他直接责任人员，可以处三千元以上五万元以下的罚款；属于国家工作人员的，还应当由其所在单位或者有关单位依法给予撤职直至开除的行政处分；对其中的会计人员，并由县级以上人民政府财政部门吊销会计从业资格证书。

第四十五条　授意、指使、强令会计机构、会计人员及其他人员伪造、变造会计凭证、会计账簿，编制虚假财务会计报告或者隐匿、故意销毁依法应当保存的会计凭证、会计账簿、财务会计报告，构成犯罪的，依法追究刑事责任；尚不构成犯罪的，可以处五千元以上五万元以下的罚款；属于国家工作人员的，还应当由其所在单位或者有关单位依法给予降级、撤职、开除的行政处分。

第四十六条　单位负责人对依法履行职责、抵制违反本法规定行为的会计人员以降级、撤职、调离工作岗位、解聘或者开除等方式实行打击报复，构成犯罪的，依法追究刑事责任；尚不构成犯罪的，由其所在单位或者有关单位依法给予行政处分。对受打击报复的会计人员，应当恢复其名誉和原有职务、级别。

第四十七条　财政部门及有关行政部门的工作人员在实施监督管理中滥用职权、玩忽职守、徇私舞弊或者泄露国家秘密、商业秘密，构成犯罪的，依法追究刑事责任；尚不构成犯罪的，依法给予行政处分。

第四十八条　违反本法第三十条规定，将检举人姓名和检举材料转给被检举单位和被检举人个人的，由所在单位或者有关单位依法给予行政处分。

第四十九条　违反本法规定，同时违反其他法律规定的，由有关部门在各自职权范围内依法进行处罚。

第七章　附则

第五十条　本法下列用语的含义。

单位负责人，是指单位法定代表人或者法律、行政法规规定代表单位行使职权的主要负责人。

国家统一的会计制度，是指国务院财政部门根据本法制定的关于会计核算、会计监督、会计机构和会计人员以及会计工作管理的制度。

第五十一条　个体工商户会计管理的具体办法，由国务院财政部门根据本法的原则另行规定。

第五十二条　本法自 2000 年 7 月 1 日起施行。

参考文献

[1] 中华人民共和国财政部. 企业会计准则(2006). 北京：经济科学出版社，2006

[2] 中华人民共和国财政部. 会计基础工作规范. 北京：经济科学出版社，1996

[3] 财政部会计司. 企业会计准则讲解. 北京：人民出版社，2010

[4] 企业财务会计报告条例. 北京：中国财政经济出版社，2001

[5] 会计从业资格考试辅导教材编写组. 会计基础. 北京：中国财政经济出版社，2015

[6] 陈少华. 会计学原理. 厦门：厦门大学出版社，2002

[7] 高香林. 基础会计. 北京：高等教育出版社，2006

[8] 郭惠云. 基础会计(第 3 版). 大连：东北财经大学出版社，2007

[9] 金跃武，王炜. 基础会计(第 2 版). 北京：高等教育出版社，2007

[10] 周小芬，杨群芬. 会计学基础. 北京：清华大学出版社，2004